职业教育电子商务专业系列教材

电商客户服务实务

陈晓红 王 红 主编
姚 岗 陈若涵 任继新 副主编

清华大学出版社
北京

内容简介

本书根据电商客户服务工作过程系统化的思想,结合电商行业企业客服岗位真实工作任务和要求进行模块设计,充分体现"以工作为导向""以学习者为主体""以综合职业能力培养为目标"的理念。本书分为项目准备篇、项目实施篇、项目提升篇、项目拓展篇、项目管理篇5个部分,共有10个模块、26个任务,便于实施模块化、项目化教学,有效提高学生的知识、技能和素养积累。

本书可作为高职及应用型本科层次商科专业"客户服务与管理""网店客服""客户关系管理"等课程的教材,也可作为中高级网络客服人员的业务培训用书。

本书封面贴有清华大学出版社防伪标签,无标签者不得销售。
版权所有,侵权必究。举报:010-62782989,beiqinquan@tup.tsinghua.edu.cn。

图书在版编目(CIP)数据

电商客户服务实务/陈晓红,王红主编.—北京:清华大学出版社,2023.5
职业教育电子商务专业系列教材
ISBN 978-7-302-63537-6

Ⅰ.①电… Ⅱ.①陈…②王… Ⅲ.①电子商务—商业服务—职业教育—教材 Ⅳ.①F713.36

中国国家版本馆CIP数据核字(2023)第079716号

责任编辑:施 猛 张 敏
封面设计:常雪影
版式设计:方加青
责任校对:马遥遥
责任印制:刘海龙

出版发行:清华大学出版社
　　　　网　　址:http://www.tup.com.cn,http://www.wqbook.com
　　　　地　　址:北京清华大学学研大厦A座　　邮　　编:100084
　　　　社 总 机:010-83470000　　邮　　购:010-62786544
　　　　投稿与读者服务:010-62776969,c-service@tup.tsinghua.edu.cn
　　　　质 量 反 馈:010-62772015,zhiliang@tup.tsinghua.edu.cn
印 装 者:三河市科茂嘉荣印务有限公司
经　　销:全国新华书店
开　　本:185mm×260mm　　印　　张:18　　字　　数:394千字
版　　次:2023年5月第1版　　印　　次:2023年5月第1次印刷
定　　价:55.00元

产品编号:098453-01

前　言

党的二十大报告指出："加快发展数字经济，促进数字经济和实体经济深度融合。"数字经济已成为我国经济发展的强劲动力，数字经济的发展给电子商务行业带来了前所未有的发展契机，企业、消费者和政府之间通过网络进行的交易数迅速增长。随着电子商务市场规模的不断扩大，市场竞争的不断加剧，企业如何获取竞争优势，提高客户的满意度和忠诚度，已成为一个重要任务。

电商客服是店铺与客户之间的纽带和桥梁，在网络推广、产品销售以及客户维护方面均起着极其重要的作用，优质的客户服务对店铺的良性发展举足轻重。优秀的电商客服人员，需要具备良好的职业素养、专业知识和职业技能。这需要职业院校创新教育理念，改革教学模式，优化教材结构，将理论与实践融会贯通，培养出适合企业需求的高素质的技术技能型人才。

本书按照学习目标、情境导入、任务布置、实操内容与流程、延伸阅读、考核方案、思考和作业等设计每个模块化课程，与客服职业岗位工作任务紧密对接，书中内容来自行业企业的真实项目需求，体现技能性和实训性。书中融入了职业素养教学和课程思政内容，基于"情境式学习—项目化工作任务—开放性课堂—综合性考评"的理念进行设计，采用"真实项目支撑+学习领域课程"的体系结构，实现了"专项任务技能实践"与"综合职业能力培养"的递进，能较好地培养学习者的客服岗位职业能力、职业道德素养及可持续发展能力。本书的特色主要体现在以下几个方面。

1. 校企合作开发教材，探索教材"双元"开发新模式

本书编者为学校电商专业骨干教师、电商行业专家和企业一线技术骨干，拥有丰富的教学和实践项目指导经验，教材设计、资源建设、教学组织和实施符合电商企业客服岗位职业能力培养需求，围绕深化"德技并修、工学结合"的育人模式，形成了校企共同参与的"双元"合作教材开发新模式。

2. 对接实际工作岗位，突出教材的实践应用性

本书以电商企业客服实际岗位中的工作任务为载体组织教学内容，采用模块化、项目化设计，充分体现了职业教育特色。本书围绕项目准备、项目实施、项目提升、项目拓展、项目管理等几个部分，编写了具体而系统化的项目任务和学习情境，涵盖了电商企业客服岗位的主要工作内容和工作流程，表述清晰，简单明了。

3. 教材设计开放灵活，构建立体化教学资源库

本书编排以客服实际岗位需求为主线，体现了"自主、探究、合作"为特征的学习方式，注重对学习者技能的训练，充分发挥学习者的学习主动性、积极性和创造性；教材配套有浙江省精品在线开放课程"客户服务与管理"(扫描二维码)，线上教学资源同步企业真实项目，深度对接行业、企业标准，呈现形式丰富，实时更新，形成了立体化的多媒体教学资源库。

4. 强化课程思政融入，确保教材体现正确价值导向

本书在总体谋划和内容编写中高度重视思政把关，强化课程思政，教材编写服务于"技能型人才"培养和促进"综合职业能力"发展的目标，"工匠精神"教育始终贯穿于学习者的学习过程，从而更好地发挥培根铸魂、启智增慧作用，为培养德智体美劳全面发展的高素质技术技能人才提供有力支撑。

本书由杭州职业技术学院陈晓红、王红担任主编，姚岗、陈若涵、任继新担任副主编。具体编写分工如下：

"项目准备篇""项目实施篇"由陈晓红编写；"项目提升篇"由王红编写；"项目拓展篇"由陈若涵、任继新编写；项目管理篇由陈晓红、姚岗编写。陈晓红负责教材的整体设计和后期统稿，王红参与教材的整体设计。

本书的编写得到了辛鲍士(浙江)服饰有限公司、购运动(厦门)网络技术有限公司、杭州郝姆斯食品有限公司、杭州富罗迷电子商务有限公司等企业的支持和帮助，在此致以衷心的感谢！

本书配有电子教案、教学设计、技能训练等教学资源，学习者可登录浙江省高等学校在线开放课程共享平台在线学习，或网站留言、发邮件与清华大学出版社编辑联系。

由于编者水平有限，书中疏漏之处在所难免，恳请读者不吝批评和指正。

编　者
2022年11月

目 录

项目准备篇 ·· 1

模块1 客服人员招募 ··· 3
    任务1.1 岗位职责和任职条件 ··· 4
    任务1.2 招聘途径和人员选拔 ··· 15

模块2 客服岗前培训 ··· 24
    任务2.1 产品知识培训 ·· 25
    任务2.2 客户认知培训 ·· 38
    任务2.3 沟通技巧培训 ·· 45

项目实施篇 ·· 57

模块3 售中工作内容 ··· 59
    任务3.1 客户询单过程 ·· 60
    任务3.2 交易达成过程 ·· 74
    任务3.3 工作绩效提升 ·· 84

模块4 售后工作内容 ··· 91
    任务4.1 正常交易 ·· 92
    任务4.2 纠纷交易 ·· 102

项目提升篇 ·· 113

模块5 客户维护管理 ··· 115
    任务5.1 客户信息维护 ·· 116
    任务5.2 构建会员等级 ·· 125
    任务5.3 客户数据分析 ·· 140

模块6 客户价值提升 ··· 156
    任务6.1 客户关系管理 ·· 157
    任务6.2 客户微信运营 ·· 168

项目拓展篇 173

模块 7　跨境电商客服 175
  任务 7.1　工作内容和工作特性 176
  任务 7.2　工作基本流程 183
  任务 7.3　工作思路与技巧 195

模块 8　直播电商客服 210
  任务 8.1　工作内容和工作特性 211
  任务 8.2　工作流程和规范 219
  任务 8.3　效能提升技巧 228

项目管理篇 237

模块 9　客服团队建设 239
  任务 9.1　客服团队组建 240
  任务 9.2　客服团队文化 247
  任务 9.3　客服团队激励 253

模块 10　客服绩效考核 260
  任务 10.1　绩效考核流程 261
  任务 10.2　绩效考核指标 269

参考文献 279

项目准备篇

【导言】

电子商务是借助互联网开放的网络环境在全球范围内进行各种商贸活动,实现消费者的网上购物、商户之间的网上交易和在线电子支付等商务活动的新型商业运营模式。21世纪,电子商务正以极快的增速覆盖人们工作和生活的方方面面,也改变着人们的工作和生活方式。从事电子商务的企业深刻意识到服务与品质提升的重要性,"电商客户服务"是电商企业运营中不可或缺的一环。电商客户服务工作质量直接关系到电商企业及旗下店铺的美誉度和回购率。在电商企业经营中,客服是必不可少的角色。因为在电商企业各岗位中,客服是唯一能够跟客户直接沟通的岗位,这种沟通融合的情感,会给客户带来更好的沟通体验，在企业产品推广、产品销售以及客户维护方面均起着极其重要的作用。

随着电商行业的不断扩张，企业对电商客服这个基础又重要的岗位越来越重视。电商企业要结合本企业的客观实际确定客服岗位的职责和任职条件，通过合适的招聘途径和方法，招募到符合客服岗位基本素质和能力要求的人员，并通过岗前培训，使新员工快速掌握产品知识、平台知识、客户知识和沟通技巧，以适应客服岗位工作需要。

模块1　客服人员招募

电商企业想要把网店做大做强，仅凭店长或运营的力量是不够的，往往需要一支专业化、规范化的客服团队负责营销与售后方面的工作。想要创建一支专业的客服团队，就必须将客服工作的性质与客服工作的要求对应起来，明确客服的岗位职责和任职条件，选择合适、高效的客服招聘途径，遵循专业的客服招聘流程，有针对性地对客服进行招聘，以满足企业对客服岗位的需求。

【学习目标】

知识目标

- 了解电商企业客服岗位职责和任职条件；
- 了解电商企业客服招聘方法和途径。

技能目标

- 能调研、整理电商企业客服岗位的设置情况和任职条件，为今后的职业生涯规划奠定基础；
- 能收集、了解电商企业客服人员招聘方法和途径，为顺利成为客服人员做好准备；
- 能整理、编制电商企业客服岗位职责、基本素质和能力要求手册，为胜任客服岗位做好准备。

课程思政目标

- 把握和运用好习近平新时代中国特色社会主义思想的世界观和方法论；
- 树立自信自强、守正创新的健全人格；
- 形成诚实守信、爱岗敬业的职业意识。

【情境导入】

匹克集团是一家以"创国际品牌，做百年企业"为宗旨的企业，创立于1989年，主要从事设计、开发、制造、分销及推广"PEAK匹克"品牌的运动产品，包括运动鞋类、服装及配饰，至今已有30多年历史。匹克在中国的零售网点有5000多家，在海外拥有100多个经销商、1000多个经销网点，已建立起产销结合的国际品牌运营体系，业务遍及欧、美、亚、非、澳五大洲100多个国家和地区。匹克天猫官方旗舰店于2010年7月建立，经过10余年的运营，粉丝数量已达710万，在运动类目排名居前5，动态评分为4.8分，年销售额超数亿元。历经数年发展，匹克天猫官方旗舰店已拥有一支管理规范、业务娴熟的客户服务团队，并能依据业务的发展和大促活动的需求，不断优化和补充客服团队成员。

资料来源：王鸥，郑莹. 国潮新科技，运动新风尚[EB/OL]. (2022-08-09) [2023-03-07]. http://finance.sina.com.cn/jjxw/2022-08-09/doc-imizmscv5412799.shtml.

思考题：
(1) 电商企业客服岗位的工作职责和任职条件包含哪些内容？
(2) 一般通过什么途径招聘电商企业客服人员？
(3) 如何评估电商企业客服人员的基本素质和能力要求？

任务1.1 岗位职责和任职条件

【任务布置】

一年一度激动人心的天猫"双十一"购物狂欢节又将来临，整个大促期间依旧是各个品类轮番上阵，并且会在各品类的会场设置品类红包，以往的品类神券也在品类会场限时限量发放。匹克天猫官方旗舰店"双十一"大促活动急需招募客服团队。请问，为了完成客服团队的招聘任务，公司客服部门应该协同人力资源部门做好招聘前期的哪些准备工作？客服岗位说明书包含哪些内容？客服岗位的任职条件如何与人才市场和本企业实际接轨？

【实操内容和流程】

● 实操内容

(1) 学习电商客服的含义、特点和作用；
(2) 调研典型电商企业的客服部门和岗位设置情况；
(3) 收集前程无忧(51job)等招聘网站上电商客服的招聘资料，分析其岗位职责、任职条件，形成客服岗位说明书；
(4) 结合电商客服人员所应具备的基本素质和岗位能力，制定客服人员基本素质和职业能力提升的培训方案。

● 实操流程

实操流程1：小组成员一起学习电商客服的含义、特点和作用，并结合电商企业的特点，分析客服岗位与其他岗位的差异。

知识窗1.1.1 电商客服的含义、特点和作用

1. 电商客服的含义

电商客服，是指在电子商务活动中，充分利用各种通信工具，为客户提供相关服务的人员。与传统行业不同，电商客户服务多数是在不与客户直接面对面接触的情况下进行的，服务难度和复杂度较传统行业要大。电商客服依赖于网络展开工作，为客户解决一些问题、促成双方的订单交易、完成日常规定的销售额、提供恰当的售后服务等

是一名电商客服的基本职责。随着使用互联网人数的不断激增,网络在线咨询服务的工作量日益繁重,一些电商企业推出了自助服务的电商客服,这类客服通常被称为"店小蜜"。

2. 电商客服的特点

1) 工作语言的规范性

电商客服只能通过图片和文字向客户传达店铺和产品的信息,客服与客户的一切交流都只能通过旺旺窗口,没有了语气、语调、面部表情、动作的辅助,文字在电商客服中显得特别重要。电商客服说怎样的话、如何去说好一段话都是有严格要求的。一些形成规模的电商企业都有统一的话术,而话术就是客服工作语言规范性的最佳总结。

使用规范性的工作语言有很多好处。首先,规范性的语言可以让客户感受到店铺的专业性和规模化;其次,规范性的语言是经过筛选和修改的,能够降低客服的出错率;最后,规范性的语言能减轻客服的工作负担。

2) 工作内容的重复性

电商客服每天要接待50~200位客户,客户咨询的问题不尽相同,却也免不了重复。客户大致会针对几类问题咨询客服,客服面对这些重复性极高的问题要耐心解答,不能情绪化。有经验的客服会针对这些重复性极高的问题设置统一的回复方式,一方面可以减轻自己的工作量,另一方面可以降低出错率。

3) 服务对象的多样性和流动性

以女装销售为例,在实体店,客户大多为自己购买,亲自试穿,客户群体一致;而在网上店铺,一部分客户为自己购买,还有一部分客户将其送给适龄女性。同时,电商企业的商品面向所有地区,客户遍布五湖四海,这些客户各有特色,各有需求,合格的电商客服一定要善于在短时间的接触中快速准确地抓住服务对象的特点,进行有针对性的推荐和销售。

因为电商销售的商品同质化越来越严重,在淘宝购物的人很少刻意去找哪家店铺的某个商品,他只需要搜索关键字,就会出现无数的商品,然后通过自己的喜好进行购买。在这样的购物模式下,商家除了要做好产品外,还必须让自己的客服做出自己的特色,这样才不容易被客户遗忘,并达到让客户成为回头客甚至带来更多的客户光顾的效果。

4) 软件操作的熟练性

电商客服对于客户订单的处理都是通过网页、软件来完成的,所以电商客服必须要掌握一些软件知识。客服对于常常使用的销售后台,如订单软件、发货软件等,都应该熟练掌握。而且客服也要在日常工作中不断熟练这些软件,以提高自己的工作效率。

3. 电商客服的作用

1) 塑造店铺形象

对于一个网上店铺而言,客户看到的商品都是一张张的图片,既看不到商家本人,也看不到商品本身,无法了解各种实际情况,因此往往会产生距离感和怀疑感。这个时候,客服就显得尤为重要。客户通过与客服在网上的交流,可以逐步了解商家的服务及其他,客服的一个笑脸(旺旺表情符号)或者一个亲切的问候,都能让客户感觉到他不是在跟冷冰冰的电脑和网络打交道,而是跟一个善解人意的人在沟通,这样会帮助客户放弃开始的戒备心理,从而在客户心目中逐步树立起店铺的良好形象。目前,第三方平台对店铺的服务质量有一系列的评分标准,当店铺评分不符合标准时,就会影响店铺商品在搜索结果中的排名以及店铺参加活动的资质,所以店铺评分很重要。商家要尽量保证自己店铺的服务类评分达到或者超过同行业的均值,而客服岗位在售中和售后都会与客户有"亲密"接触,客服质量的优劣将直接影响店铺的服务类评分,影响店铺形象。

2) 提高店铺的销量

客户成交一般有两种方式:一种方式是客户通过阅读商品描述详情页面,对商品有了认知后静默下单;另一种方式是客户在咨询客服后再下单。通过数据调查发现,咨询过客服的客户,其客单价往往比静默下单的客户的客单价要高。很多客户在购买产品之前,会针对自己不太清楚的内容咨询卖家,或者咨询优惠措施等。有时候客户本身对产品不一定有什么疑问,只是想确认一下商品与描述是否相符,与在线客服的沟通就能打消客户的很多顾虑,促成交易。一位细心、拥有良好专业知识和良好销售技巧的客服可以帮助客户选择合适的商品,促成客户的购买行为;对于没有及时付款的客户,客服的跟进沟通、催付也是店铺提高转化成交量的保障。

3) 提高客户回头率

由于现在网络平台上商品繁杂,客户的搜索浏览成本越来越高,当客户进入一家店铺以后,在客服的良好服务下,完成了一次良好的交易后,客户不仅了解了卖家的服务态度,也对卖家的商品、物流等有了切身的体会。只要商品满意、服务贴心,当客户需要再次购买同样商品的时候,就会倾向于选择他所熟悉和了解的卖家,所以,良好的客户服务能有效地提高客户对店铺的忠诚度,从而提高客户再次购买的概率。

4) 更好地服务客户

电商客服与客户进行网上交流,仅仅是服务客户的第一步。一个有着专业知识和良好沟通技巧的客服,可以优化客户的购物体验。在与客户交流的过程中,客服会耐心询问、认真倾听,可以给客户提供更多的购物建议,可以更完善地解答客户疑问,可以更快速地对客户售后问题给予反馈,让客户享受良好的购物体验。只有更好地服务于客户,电商才能获得更多的机会。

实操流程2: 以小组为单位,选定两三家电商企业,采用实地走访、电话访问、网络调查等方法开展以下调研活动:①起草访问或调查提纲,选择有代表性的电商企业和客服部门;②调研客服部门设置、客服岗位设置、客服职业生涯规划;③整理出调研分析报告。

实操流程3: 小组成员分工,分别通过前程无忧(51job)、智联招聘、Boss直聘等招聘网站收集以下资料,并整理形成匹克天猫官方旗舰店的电商客服岗位说明书:①电商客服人员的岗位职责；②电商客服岗位的任职条件；③电商客服岗位的晋升空间和薪酬福利。

知识窗1.1.2　电商售中客服岗位描述

根据对前程无忧、智联招聘等招聘网站分析，售中客服通常包括天猫、京东、淘宝、拼多多等多个第三方平台网上店铺客服。

■ 岗位职责

(1) 熟悉电商第三方平台相关业务，与客户建立联系，并负责各电商在线销售；

(2) 通过第三方平台聊天工具和电话与客户沟通，能及时、准确、合理地在线解决客户咨询问题；

(3) 充分了解客户需求，准确传递客户需求信息；

(4) 解决客户在做出购买决定中遇到的困惑和疑虑，促成销售；

(5) 熟悉第三方平台客服人员的工作流程，受理客户咨询、投诉、建议及意见等，并做好记录；

(6) 负责与相关部门进行业务协调，及时解决客户提出的问题，并做好记录；

(7) 对工作中发现问题及时处理并反馈，积极提出改进意见和建议；

(8) 完成领导交办的其他工作。

■ 任职条件

(1) 男女不限、大专以上学历；

(2) 熟悉电商店铺后台、操作流程以及各电商平台交易规则；

(3) 打字速度不低于60字/分，熟悉计算机基本操作和Office系列办公软件；

(4) 具备较好的沟通能力和流畅的语言文字表达能力，思维清晰，理解能力强；

(5) 能吃苦耐劳，工作细致有耐心，勤奋踏实；

(6) 态度热情，积极主动，有较强的工作责任心和上进心；

(7) 具备良好的服务意识与团队合作精神，能配合公司的工作调动安排、完成公司分配任务；

(8) 适应白晚班的作息时间(早班8：00—17：00；晚班16：00—24：00)。

■ 晋升空间

初级客服→中级客服→高级客服→客服组长→客服主管→客服经理
　　　　　　　　　　　　　　　　　→店长助理→店长

■ 薪酬福利

转正后薪资：基本工资+住房补贴+餐补+全勤奖+绩效奖金+夜班津贴+社会保险，月入4000～8000元。

休息：单休，公司排班、排休。

福利：年终绩效奖、优秀员工奖、工龄奖、带薪年假、增值培训课程、团队沙龙会、年度旅游、年度体检、生日会、下午茶、享受公司运营品牌产品内购价。

知识窗1.1.3　电商售后客服岗位描述

根据对前程无忧、智联招聘等招聘网站分析,售后客服通常包括天猫、京东、淘宝、拼多多等多个第三方平台网上店铺客服。

■ 岗位职责

(1) 负责天猫、京东、淘宝、拼多多等多个电商平台的售后客户服务工作;

(2) 负责处理店铺的退换货、退款、维权、纠纷、投诉等相关售后服务事项;

(3) 负责跟踪产品发货动向,及时与客户沟通,避免客户不满意的情况出现;

(4) 熟悉各大平台的相关规则与业务流程,及时、准确、专业地解决客户诉求;

(5) 通过各大平台的客服工作台、电话等相关工具与客户沟通,维护客户关系,提高客户满意度;

(6) 负责与相关部门进行业务协调,及时解决客户提出的问题,并做好记录;

(7) 对工作中发现问题及时处理并反馈,积极提出改进意见和建议;

(8) 完成领导交办的其他工作。

■ 任职条件

(1) 熟悉电商店铺后台和操作流程以及各电商平台交易规则;

(2) 具备良好的服务意识,较好的电话沟通能力和流畅的文字表达能力;

(3) 熟悉计算机基本操作要求,熟练使用Office系列办公软件;

(4) 能吃苦耐劳,有责任心,做事认真负责,积极主动;

(5) 具有团队合作精神和挑战精神,有良好的抗压能力;

(6) 打字速度不低于60字/分,有电商客服工作经验者优先。

■ 晋升空间

售后客服→高级客服→资深客服→客服组长→客服主管→客服经理
　　　　　　　　　　　　　　　　→店长助理→店长

■ 薪酬福利

转正后薪资:基本工资+住房补贴+餐补+全勤奖+绩效奖金+夜班津贴+社会保险,月入6000~10000元。

休息:单休,公司排班、排休。

福利:年终绩效奖、优秀员工奖、工龄奖、带薪年假、增值培训课程、团队沙龙会、年度旅游、年度体检、生日会、下午茶、享受公司运营品牌产品内购价。

实操流程4: 小组成员一起学习和了解电商客服所应具备的基本素质和岗位能力,整理形成客服基本素质和岗位能力提升的解决方案。

知识窗1.1.4　电商客服的基本素质和岗位能力

1. 电商客服的基本素质

不管是学习还是工作,拥有良好的基本素质,是维持可持续发展的保障。一个合格的电商客服，应具备以下基本素质。

1) 心理素质

电商客服工作的过程是不断与客户接触和沟通的过程。在这个过程中，电商客服可能遇到各种各样的人或问题，承受着各种压力、挫折，这就要求客服人员拥有良好的心理素质，始终保持高度的工作热情与自豪感，能够通过积极的方式来化解矛盾、解决疑难问题，积累更多的实践经验，让自己的综合能力得到提升，使自己的胆识和沟通能力越来越强，最终成为一个能够独当一面的优秀电商客服；同时，电商客服要具有洞察客户心理的本领，能够抓住客户的心，了解客户的想法和动机。总体来说，可以从以下4个方面着手提高电商客服的心理素质。

(1) "处事不惊"的应变能力。电商客服要能控制情绪，控制局势，能够对一些突发事件进行有效处理，善于随机应变。作为电商客服，每天要面对不同的客户，当遇到突发事件或与客户意见不合时，客服人员一定要保持冷静的头脑，客观有效地控制事件的发展，妥善解决出现的问题，让客户满意。

(2) 挫折承受力。挫折承受力就是在遭遇挫折情境时，能经得起打击和压力，能摆脱和排解困境而使自己避免心理与行为失常的一种耐受能力，也是客服适应挫折、抵抗和应付挫折的一种能力。

作为电商客服，每天都要面对各种各样的误解甚至辱骂，需要具备足够的承受能力。当遇到挫折和失败时，不要灰心，要保持积极进取、永不言败的良好心态。

(3) 情绪的自我调节能力。情绪的自我调节，即控制自己的情绪活动以及抑制情绪冲动的能力。情绪的自我调节能力是建立在对情绪状态的自我觉知的基础上的，是指一个人如何有效地摆脱焦虑、沮丧、激动、愤怒或烦恼等消极情绪的能力。电商客服要有一个好的心态来面对工作和客户，遇到不好说话的客户，就要控制好自己的情绪，耐心解答，有技巧地应对，用真挚的感情感染客户的情绪。电商客服人员应建立自己的情绪管理机制，善于调动自己的情绪，从而影响客户的购买决定。

(4) 坚持不懈的能力。人生的道路是很漫长的，不会一直平坦，也不会一直坑洼不平，重要的是有目标，并且坚持不懈地去追求它，去实现它，决不因为一两次失败而放弃自己追求的目标。无论成功与失败，我们都应该坦然去面对。电商客服在面对客户一次次指责时，不能轻言放弃或逃避，要调整好心态，始终为每一位客户提供最好的服务，以饱满的热情投入工作，提升客服的工作状态和工作绩效。

2) 品格素质

(1) 有一颗宽容的心。宽容是优秀电商客服的美德，要尊重他人，多换位思考，确保有效沟通；尊重客户，自觉维护企业形象，以微笑面对一切，在工作当中积极主动地为客户解决问题。电商客服要学会换位思考，不冷漠，不推卸责任，在坚持原则的基础上争取实现客户和公司都满意的双赢目标，用强烈的责任心和服务意识，以及熟练的接待技巧为客户解决问题，提供优质的服务。同时，电商客服要拥有同理心，苦练服务意识和接待技巧，真诚对待每一个客户，对客户热情主动，充满激情，让每位客户感受到你的真诚服务。

(2) 爱岗敬业。优秀的电商客服应该对其所从事的客户服务岗位充满热爱,忠诚于企业的事业,自觉维护企业形象,兢兢业业地做好每件事;应该对企业有归属感,能够开拓进取,顾全大局,不计较个人得失,以积极乐观的心态来面对工作;应该学会自我激励,当遇到工作和生活的挫折时,能积极调节情绪,不影响本职工作。

(3) 诚实守信。电商客服作为店铺或公司的"发言人",其一言一行代表的都是店铺或公司的形象,因此一定要明白自己的行为代表着企业,会对企业产生非常大的影响,切不可在沟通过程中失信于客户。电商客服要做到以下几点:注重承诺,以诚信为本,不轻易承诺,说到就要做到,如果不能做到,就不要轻易承诺;诚实守信,为人正直,言行一致,不受压力影响,不受外部利益的诱惑,通过正确的渠道和流程客观反映情况,并且能客观、准确地表达自己的观点。

(4) 团结协作。团队精神、团队协作也是企业最为推崇的价值取向,电商客服要具有主人翁意识,积极地融入团队,精诚团结,和睦相处;积极发表建设性意见,充分参与讨论,并用言行配合和支持团队工作,积极主动分享业务知识和经验,主动给予别人力所能及的帮助,同时乐于接受同事的帮助,善于利用团队的力量来解决问题。在工作中,电商客服要善于和不同类型的同事合作,秉承对事不对人的态度,不把个人喜好带入工作,只针对问题发表看法,提出不带有个人主观色彩的客观意见,充分体现顾全大局的胸襟。

3) 技能素质

(1) 网络营销能力。电商客服要有效挖掘客户深层次的需求,并将产品卖点与客户需求进行匹配,进而提升网络营销能力:。一方面需要具有了解客户的能力,具备对客户心理活动的洞察力,只有这样才能清楚地知道客户心理变化,可以有针对性地对其进行分析和引导;另一方面需要掌握好互联网技术的应用,如SEM①、SEO②、网络广告、电子邮件营销、用户体验评估与优化等的方法。

(2) 商品的"百事通"。电商客服要拥有丰富的行业知识及经验,具有丰富的产品知识,保证第一时间回答客户的疑问;对平台及平台规则有所了解,在回答有关店铺内部的活动、店铺参与的平台活动、活动商品在哪里展示、什么人可以享受活动价格、平台有哪些功能及如何使用等有关平台的问题时,能够娓娓道来,如数家珍。因为客服对平台越了解,对店铺商品展示的位置越清楚,就越能够迅速地帮助客户找到适合的商品,也才能游刃有余地处理客户的异议,维护店铺和客户的利益。

(3) 语言表达和沟通能力。良好的文字语言表达能力、高超的语言沟通技巧,是优秀的电商客服应具备的专业技能。良好的语言表达能力是实现客户沟通的基础。只有电商客服能够很好地表达自己的意思,口齿伶俐,能言善辩,才能在有限的对话框和对话时间内,用最简练的方式,明确阐述想要表达的事情。高超的语言沟通技巧是促成客户购买的重要因素之一,不但可以顺利地完成工作,还有可能将新客户发展成老客户,也

---

① SEM,search engine marketing,搜索引擎营销。
② SEO,Search Engine Optimization,搜索引擎优化。

有可能使老客户介绍新客户。

(4) 网上商机的捕捉能力。店铺供应产品的结构、数量和客户需求结构的差异就是店铺和客服可以捕捉的商机，当客户对某一类商品表现出很大兴趣的时候，也是店铺的商机，电商客服要及时反馈这样的商机，调整产品结构，抓住商机。作为整个团队中每天直接面对所有客户的一个岗位，电商客服聆听并解决所有客户提出的问题，也可以从中发现商机。

4) 综合素质

(1) "客户至上"的服务观念。电商商品交易是在虚拟的网络环境中进行的，客户只能通过与电商客服的接触，从电商客服的文字、语言中来判断店铺的商品是否值得购买。因此，电商客服在与客户沟通的过程中，要谨记"客户是上帝"，不要冷落任何客户，不要对客户出言不逊。对于一些要求较多的客户，电商客服要保持良好的心态，循序渐进地对客户进行积极引导，消除客户的疑虑。服务观念是决定电商客服能否胜任工作的基本条件，拥有良好的服务观念才能更好地服务客户，从而提升店铺的转化率。

(2) 独立处理客服工作的能力。独立处理工作的能力重点表现为快速应变能力。快速应变能力是电商客服必须具备的能力，是考验一名电商客服综合素质是否过硬的标准。开放的网络环境可能会助长部分客户肆无忌惮发言的不良习惯，当面对那些无理的要求、辱骂时，电商客服除了要保持冷静、客观的心态外，还需要思路清晰，灵活应对。在与这些客户沟通过程中，电商客服要注意保持冷静，不能急于求成，要摸清对方的底细和意图，然后寻找机会"应变"，方能"反败为胜"。

(3) 分析解决问题的能力。电商客服工作中容易遇到的问题主要有客户的无理要求、中差评、投诉以及退换货等。当遇到这些问题时，电商客服要先分析产生这些问题的原因，从"源头"入手，洞悉客户的心理，快速拟订最佳的处理方案，并辅以良好的服务态度，按照实际情况，站在中间立场进行处理。电商客服要尽量保证店铺与客户双方的利益都不受损，这样既能让客户心服口服，又能让客户产生信赖感，进而让客户认同客服人员的服务，认同店铺的信用，进而解决问题。

(4) 人际关系的协调能力。人际关系的协调能力即"人际交往能力"，是指人们妥善处理企业内外关系的能力，包括与周围环境建立广泛联系和对外界信息的吸收、转化能力，以及正确处理人际关系的能力。网络购物虽然是在虚拟环境中进行的，但客户是真实存在的，在与客户打交道的过程中，需要电商客服通过良好的交际能力来处理与客户之间的关系。首先，在与老客户的相处中，客服人员不要频繁地提一些与生意相关的信息，而应该将他们当作朋友，多聊一些生意以外的东西，以人情味来打动他们，拉近与他们之间的距离，将老客户发展成店铺的忠实客户；其次，当客户有一些特殊要求时，客服人员不要一开始就果断拒绝，可以灵活地进行处理，可以通过委婉的方式来表达无法满足这些要求的难处，不要因为心直口快而损失一个长期的客户。

2. 电商客服应具备的岗位能力

1) 文字表达能力

用简短的文字把客户想要了解的问题说清楚，并且合理表达自己的看法，同时要注意针对不同的人说不同的话。

2) 资料收集能力

保存重要的历史资料,如客户喜好、性格、购买力等特质,销售记录,活动效果等;收集对销售技巧、产品知识、行业知识等工作领域有价值的资料。

3) 思考总结能力

摸索各种问题的对应处理方法,加以归纳和改进;对于各种能够提升效率、服务质量的技巧及时加以总结。

4) 适应变化能力

适应变化能力,也称为学习能力。没有哪个行业比电子商务行业发展得更快,这个行业的技术、模式、观念都在不断更新,只有不断学习,才能善于把握新事物,适应新变化。

【延伸阅读】

1. 客服岗位与其他岗位的关系

电商客服是店铺中唯一直接与客户产生交互的岗位,代表了整个店铺的对外形象。但是客户购买行为及购物体验并不完全取决于客服岗位,其他岗位的工作也会对客户的购物体验产生影响。这就需要整个店铺各个岗位的人员协同合作,为向客户提供优质的购物体验而共同努力。各个客服岗位之间,以及客服岗位与其他岗位之间存在的联系如下所述。

1) 售中客服与售后客服

售中、售后客服的配合与协作在很大程度上会影响到客户的购物体验。例如,当客户收到商品后出现了售后问题,会找购买商品时接待过自己的售中客服,当客户陈述完自己的问题后,售中客服会把客户转接给售后客服。很多售后客服会询问客户,让客户把自己遇到的问题再次陈述一遍。由于需要再次陈述自己遇到的问题,客户就会感觉处理烦琐,从而增加了售后处理的难度。所以,售中、售后客服是相互协作的岗位,只有合理设置售中、售后客服岗位之间的交接流程,以及明确权责划分,才能给客户带来更好的购物体验。

2) 客服与运营

客服岗位除具有销售和服务功能以外,还要为全店运营服务。电商客服是全店唯一能与客户直接交流的岗位,店铺中对客户信息的收集、问题的反馈、建议的整理等都是由客服岗位来完成的,而这些信息又为全店运营提供了重要依据。因此,客服岗位和运营岗位之间经常有信息的交流和反馈,这样也更有利于运营岗位对店铺的整体运营方案做出调整。

3) 客服与推广

在店铺中,推广岗位是负责引流的,而客服岗位负责流量的询单转化,所以客服岗位和推广岗位之间有着千丝万缕的联系,客户的转化除了客服的努力工作外,在一定程度上可以反映流量的精准程度，也能反映活动设置是否合理，是否易于操作，是否有助于提升客户的购物体验。

4) 客服与美工

客服和美工之间有很多问题可以交流，比如色差问题。通常客服会向客户解释拍照光线和显示器的参数设置不同，很难保证实物与图片完全没有色差。但是当店内的某件商品多次被多位客户提出实物与图片色差严重时，客服就应该向美工岗位的人员进行反馈，检查在拍照或者修图时是否造成了比较严重的色差问题，看看是否可以调整，如果不能调整，客服就要注意在推荐商品时如实向客户描述商品的色差问题。

5) 客服与仓储

客服和仓储岗位也是有很多交集的，商品由仓储人员打包、发货，有时客户对订单有特殊要求，客服要及时与仓储人员沟通，通常采取订单备注的方式，客服在进行订单备注时，要把需要仓储人员注意的信息备注在靠前的位置。当包裹出现缺件、少件、延迟发货的情况时，客服也要及时与仓储人员沟通，确认包裹情况，及时帮助客户解决问题。

6) 客服与物流

虽然物流运输不是店铺工作，但因为物流是店铺与客户之间的纽带，且店铺和物流的联系更加紧密，所以物流服务的质量也会直接影响到客户的购物体验。当客户与物流之间出现问题时，客服需要主动与物流取得联系，尽量帮助客户解决物流问题，以保证客户顺利地收到包裹，同时也要协调客户与物流之间的关系，避免双方矛盾激化。

2. 电商客服人员的素养构成

电商客服人员的素养构成一般分为外部素养和内部素养。员工拥有的知识与工作技能，即为员工外部素养。这类素养可通过入职培训、员工实践等逐步优化。员工的价值观以及其解决问题的态度，即为员工内部素养。这类素养则需要企业通过长期考察来把握。基于冰山模型，可将客服人员的素养构成细分成7个不同层级，如表1.1所示。

表1.1 电商客服人员的素养构成

素养层级		定义	内容
第1层级	技能	能够胜任或完成特定任务的能力	如学习、决策和表达等特定任务
第2层级	知识	了解某领域或行业的能力	如了解产品、消费者、有效沟通等知识
第3层级	角色定位	个人对未来职业发展的规划	如客服主管、部门经理、店铺店长、培训师等职位
第4层级	价值观	对特定事物的看法、判断和认知	如甘于奉献、团队协作
第5层级	自我认知	对自己的判断和认知	如乐观、积极、自信
第6层级	品质	个人表现出来的持续性特征	如责任心、诚信、耐心、认真等特征
第7层级	动机	引导、驱动个人行为的喜好和认知	如人际交往、成就感、个人价值

3. 胜任力模型

企业招聘时多在面试环节、笔试环节和事件分析环节应用素养模型，以综合评定应聘者的职业素养和其他素养，再以此为据甄选录用合适的应聘者。企业更倾向于通过测试评定应聘者的核心素养，看其是否匹配企业发展规划，从而提高招聘有效性。

客服个体的价值观、工作态度、工作动机与个性都会影响其客服工作情况。胜任力模型可帮助企业区分品质优秀和一般的员工，也可以让员工正确评估自己的能力和努力的方向。胜任力模型如图1.1所示。

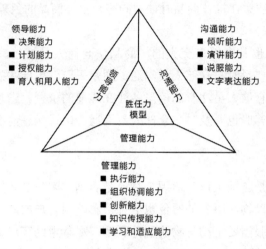

图1.1 胜任力模型

胜任力模型既能帮助企业判断员工核心品质，又能判断员工的专业技能和通用能力。因此，企业倾向于在招聘中应用胜任力模型，制定人才战略时也将胜任力模型及识别视作起始点。根据岗位胜任力特征，企业可有效促进招聘工作、人岗匹配工作、培训工作、员工绩效考核工作和薪酬管理工作。结合胜任力模型开展的人才招聘工作，有助于企业招到与岗位企业文化更匹配的应聘者。

【考核方案】

3～5人为一个学习小组，小组成员明确分工，落实具体工作。整个学习过程中既有独立的思考，又有团队协作、共同实践的任务。成果考核由成员自评、小组互评和教师评价构成。小组内成员对本组客服岗位说明书、客服人员基本素质和岗位能力提升的解决方案进行自评、完善；小组之间对客服岗位说明书、客服人员基本素质和岗位能力提升的解决方案的完整性、规范性开展互评，并写出评价意见；指导教师对各组的实操演练过程和成果进行评价，各组成员继续完善相关环节。

岗位任务主要考核点如下所述。

(1) 熟练搜索招聘网站的信息并汇编；

(2) 掌握电商企业客服的含义、特点和作用；

(3) 掌握典型电商企业的客服部门和岗位设置情况；

(4) 完成客服岗位说明书编写；

(5) 完成客服人员基本素质和岗位能力提升的解决方案编写。

【思考和作业】

(1) 电商客服人员通常会分布在企业的哪几个部门？工作内容有何差异？

(2) 要胜任电商客服岗位，应具备怎样的条件？

(3) 电商客服人员的职业生涯发展路径是如何规划的？

任务1.2　招聘途径和人员选拔

【任务布置】

为了帮助匹克天猫官方旗舰店"双十一"大促活动组建客服团队，完成客服团队的招聘任务，公司人力资源部门应如何依据公司的运营目标和客服岗位的要求选取招聘途径，并吸引且找到与客服岗位要求相符合的客服人员？客服人员招聘的数量和质量如何保证？如何做好客服人员选拔评估，以保证招聘质量，为客服人员再招募奠定良好的基础？

【实操内容和流程】

● 实操内容

(1) 学习和了解电商企业客服的招聘途径和招聘方法；

(2) 掌握电商客服的招聘工作流程；

(3) 学习和掌握电商客服的选拔方法和选拔流程；

(4) 编写电商客服招聘计划书。

● 实操流程

实操流程1：小组成员一起学习和了解电商企业客服的招聘途径和招聘方法，分析各招聘途径的优缺点，讨论匹克天猫官方旗舰店的客服人员招聘适用的招聘途径，并阐述理由。

知识窗1.2.1　电商企业客服的招聘途径

招聘是电商企业选取客服合适人才的主要途径。在电商企业客服的招聘进程中，采取何种招聘途径影响着客服队伍策略性及目标性的抉择。较好的客服招聘途径应该能够实现以最低的成本招聘到最符合需求的人才的目的。依据客服应聘者的来源不一样，电商企业客服的招聘途径可分为内部招聘和外部招聘两类。

1. 内部招聘

内部招聘包含职务升迁、岗位调配、再次招聘等形式。内部招聘是常规且高效的招聘途径，是面向企业内员工，结合员工和公司的双向选择，优化企业结构的一种招聘。

这种招聘有利于激发员工的积极性，使员工迅速熟悉岗位的工作，进入工作状态，降低招聘的成本，维持内部的稳定性。

1) 职务升迁

职务升迁，即根据企业架构调整或具体工作的需要，选择可以胜任更高一级的新增或空缺工作岗位的优秀人员。这种招聘给员工以升职的机会，使员工感到有希望、有发展，对于激励员工非常有利。

2) 岗位调配

岗位调配，即企业为了提升盈利能力，对员工和岗位进行重新安排。这种招聘可以使内部员工了解单位其他部门(客服)的工作，与本单位更多的人员有更深的接触，一方面有利于员工今后的提拔，另一方面可以使上级对下级的能力有进一步的了解，为今后的工作安排做好准备。

3) 再次招聘

(1) 内部推荐，包括主管领导推荐和自我推荐。在内部推荐下，推荐人了解企业文化和用人岗位情况，也了解被推荐者(或本人)的能力，具有可靠性。

(2) 内部公开招募，就是根据实际情况定期或不定期统一在公司内部发布空缺岗位，进行公开招募。

(3) 公开竞聘，就是公开竞争，选拔人才，比如在内网发布客服主管竞聘的公告，规定时间内举行一次竞聘选举，让员工引起重视，符合条件的员工即可参与竞聘。

不论采取哪一种客服内部招聘方法，都离不开公正、择优、按需的原则，都需要审核和考评，综合考虑是否合适的人才到了合适的位置。

2. 外部招聘

客服岗位的外部招聘途径比较多，包含现场招聘、传统媒体广告招聘、网络招聘、校园招聘、熟人推荐等。

1) 现场招聘

现场招聘是一种传统的招聘途径，是企业和人才通过第三方提供的场地，进行直接面对面对话，现场完成招聘面试的一种方法。现场招聘一般分为招聘会和人才市场两种方式。现场招聘的优点是可以与客服求职者直接面谈，面试效率比较高，但效果取决于是否在招聘旺季以及主办方的宣传、知名度、影响力。随着互联网、新媒体的盛行，加之近几年的疫情，现场招聘正逐渐被网络招聘所取代。

2) 传统媒体广告招聘

传统媒体广告招聘也是一种招聘途径，即在报纸杂志、电视和电台等载体上刊登、播放招聘信息。这种招聘受众面广，收效快，过程简单，一般会收到较多的应聘资料。例如，我们会在写字楼的LED屏上、地铁上、公交车上看到一些客服招聘信息。传统媒体广告招聘一方面可以提升公司的知名度，另一方面可以实现客服招聘的目的。

3) 网络招聘

网络招聘区别于传统的招聘形式，是企业依托于第三方载体(网络)接收求职者简历,并通过网络或电话对求职者进行初步筛选的一种招聘形式。企业通常可以通过两种方式进行网络招聘,一是在企业自身网站上发布招聘信息,搭建招聘系统;二是与专业招聘网站合作,如中华英才网、前程无忧、智联招聘等,通过这些网站发布招聘信息,利用专业网站已有的系统进行招聘活动。微信公众号、微信朋友圈、短视频平台也属于网络招聘的形式。

4) 校园招聘

校园招聘是一种特殊的外部招聘途径。这种招聘极大地提高了企业在高校的知名度,为企业提供了丰富的人力资源储备。校园招聘一方面可以节约成本,另一方面可以与学校建立长期合作,为招聘人才奠定基础。如果企业考虑的是长远的客服人才梯队建设,那么校招无疑是必选的招聘渠道。

5) 熟人推荐

熟人推荐(即内推)是一种比较新颖的招聘方式。内推发挥了内部员工推荐的积极性,能够利用个人人脉网络,及时、快速地收集到相关人才信息,同时拓宽了企业的人才招聘渠道,提高了招聘工作效率和质量,节省了人力成本。内推多数是互联网公司推崇的招聘方式,推荐的成功率、人选的稳定性相对比其他招聘要高,也有利于团队融合、团队合作。

实操流程2:小组成员一起学习和讨论电商企业客服人员的招聘工作流程,并运用所学知识,为匹克公司招聘客服人员拟订工作流程。

知识窗1.2.2 电商企业客服人员的招聘工作流程

客服人员招聘是一个繁杂、体系性强,且与各个环节相关联的过程。按照招聘前、中、后不同阶段的过程划分,可以将客服人员招聘工作分成招聘前的准备,招聘中的消息发布、简历筛选、面试、录用,以及招聘后的评估等环节。

1. 招聘前的准备工作

准备工作,主要是对客服招聘需求的确认,需要根据电商企业发展状况,研究客服岗位需求,确定客服招聘人数以及招聘类型,并拟订招聘工作开展方案。

2. 招聘中的实施工作

1) 信息发布

做好准备工作后,选择合适的发布渠道、正确的发布时间、准确的招聘内容能够及时有效地将客服招聘需求传递给有需求及有能力的应聘者,达到事半功倍的作用。

2) 简历筛选

在客服招聘信息发布之后,整理收集到的各种简历,严格按照客服招聘的基本需求标准筛选出合适的简历,筛选下一步的面试人员。

3) 面试

面试工作一般包括了笔试和面试。笔试和面试有不同的方法,但最终的目的就是能够对客服应聘者的能力展开准确无误的评估,以便找到满足公司需求的客服人员。

4) 录用

录用工作的重点是把公司的录取消息第一时间告知已确认的客服候选人,且办理试用期入职手续。

3. 招聘后的评估工作

评估工作是客服招聘过程的最后一个环节,看似录用之后招聘环节就已经结束了,实际上还需要及时地对客服招聘工作的过程、招聘方法的有效性和招聘成果进行评估。首先,按照招聘录用人数、人员质量、时效、花费、形式高效性等层面对全部招聘活动进行梳理及总结,查找本次招聘活动存在的不足,编写评价报告,提出处理问题的方案,为下一阶段的招聘工作提供经验;然后追踪新录取的客服人员在试用时间内的表现,整体性评估其在试用期后是否正式录取。

实操流程3:小组成员一起学习和掌握电商客服人员的选拔方法和选拔流程,整理形成客服岗位招聘计划书。选拔电商客服人员所依据的信息主要分为两大类:一类是知识、技能、能力;另一类是人格、兴趣、偏好。

知识窗1.2.3 客服岗位招聘计划书目录示例

招聘计划书简介

1. 招聘目的及意义

2. 招聘原则

3. 现行客服岗位招聘信息

4. 招聘方案设计

  4.1 主要招聘途径

  4.2 补充招聘途径

  4.3 招聘方法

5. 招聘实施计划

6. 面试安排

7. 录用决策

8. 招聘效果统计分析

附录:招聘各类表格

【延伸阅读】

1. 内部招聘的优缺点分析

1) 内部招聘的优点

(1) 能够对企业员工产生较强的激励作用。对获得晋升的员工来说,由于自己的能力和表现得到企业认可,会产生强大的工作动力,其绩效和对企业的忠诚度会随之提高。对其他员工而言，由于企业为员工提供晋升机会，从而感到晋升有望，他们在工作时就会更加努力，增加对企业的忠诚度和归属感。

(2) 招聘的有效性更强，可信度更高。由于企业管理人员对该员工的业绩评价、性格特征、工作动机以及发展潜力等方面都有比较客观、准确的认识，信息相对外部人员来说是对称的、充分的，在一定程度上减少了"逆向选择"甚至是"道德风险"等方面的问题，从而减少用人方面的失误，提高人事决策的成功率。

(3) 内部员工的适应性更强。从运作模式看，内部员工更了解本企业的运作模式，与从外部引进的新员工相比，他们能更好地适应新的岗位工作。从企业文化角度来分析，内部员工已经认同并融入企业文化，与企业形成事业和命运的共同体，更加认同企业的价值观和规范，有更高的责任心和忠诚度。

(4) 招聘费用低。内部招聘可节约高昂费用，如广告费、招聘人员和应聘人员的差旅费等，同时还可以省去一些不必要的培训，也减少了间接损失。另外，一般来说，本企业候选人已经认可企业现有的薪酬体系，其工资待遇要求会更符合企业现状。

2) 内部招聘的缺点

(1) 可能造成内部矛盾。内部招聘意味着竞争，而竞争的结果往往是失败者占多数。竞争失败的员工可能会心灰意冷，士气低下，不利于企业的内部团结。内部招聘还可能导致部门之间"挖人才"现象，不利于部门之间的协作。此外，如果按资历而非能力来选拔，将诱发员工养成"不求有功，但求无过"的心理，使优秀人才流失或被埋没，削弱企业的竞争力。

(2) 容易造成"近亲繁殖"。同一企业内的员工有相同的文化背景，可能产生"团队思维"现象，抑制了个体创新，不利于企业的长期发展。

(3) 失去选取外部优秀人才的机会。一般情况下，外部优秀人才是比较多的，一味寻求内部招聘，降低了外部"新鲜血液"进入本企业的机会，表面上看是节约了成本，实际上是对机会成本的巨大浪费。

(4) 除非有很好的发展/培训计划，否则内部晋升者不会在短期内达到晋升岗位预期要求，而内部发展计划的成本比雇佣外部直接适合需要的人才要高。而且，被提拔员工由于"彼得原理"[①]可能不能很好地适应工作，影响到团队整体的运作效率和绩效。

2. 外部招聘的优缺点分析

1) 外部招聘的优点

(1) 有利于树立企业形象。"外部招聘"是一种有效的对外交流方式，"外部招聘"会起到广告的作用，在员工、客户和其他外界人士中宣传了企业，从而形成良好的口碑。

(2) 能够带来新理念、新技术。从"外部引进"的员工对现有企业文化有一种崭新

---

① 彼得原理：在各种组织中，由于习惯于对在某个等级上称职的人员进行晋升提拔，雇员总是趋向于被晋升到其不称职的地位，导致其不能胜任岗位的要求。

的、大胆的看法，而少有主观的偏见。另外，通过从外部引进优秀的人才和管理者，能够给企业现有人员带来一种无形的压力，使其产生危机意识，激发其斗志和潜能，从而产生"鲶鱼效应"[①]。

(3) 更广的选择余地，有利于招到优秀人才。"外部招聘"的人才来源广泛，企业选择余地充分，具备各类条件和不同年龄层次的求职人员有利于满足企业选择合适人选的需要。外部招聘能引进某些稀缺的复合型人才，在一定程度上，既能节约企业人员内部培养和业务培训费用支出，又能给企业带来急需的岗位知识和技能。

(4) 可以缓解内部竞争者间的紧张关系。由于空缺职位有限，企业内可能有几个候选人，他们之间的不良竞争可能导致钩心斗角、相互拆台等问题发生。一旦某一员工被提拔，其他候选人可能会出现不满情绪，出现消极懈怠、不服管理的现象。而外部招聘可以使内部竞争者得到某种心理平衡，避免了企业成员间的不团结。

2) 外部招聘的缺点

(1) 人员筛选时间长、难度大。要招聘到企业所需优秀的客服岗位人员，企业必须能够比较准确地测定应聘者的能力、性格、态度、兴趣等素质，从而准确预测他们在未来的客服工作岗位上能否达到企业所期望的要求。而研究表明，这些测量结果只有中等程度的预测效果，仅仅依靠这些测量结果来进行科学的录用决策是比较困难的。

(2) 新招聘人员进入角色状态慢。外部招聘的员工需要花费较长的时间才能了解企业的工作流程和运作方式，才能了解企业的文化并融入其中。如果外聘员工的价值观与企业的文化相冲突，那么企业将面临员工不能适应企业文化并不能及时进入岗位角色的风险。

(3) 引进人员成本高，决策风险大。外部招聘时，需要给媒体或者中介机构支付一笔不小的费用，而且由于外部应聘人员相对较多，后续的挑选过程也非常烦琐与复杂，不仅花费了较多的人力、财力，还占用了大量的时间。外部招聘时，企业要通过几次短时间的接触，判断出候选人是否符合本企业空缺岗位的要求，而不像内部招聘那样经过长期的接触和考察，很可能因为一些外部因素(如信息的不对称性、逆向选择及道德风险等)而做出不准确的判断，进而增加了决策风险。

(4) 影响内部员工的积极性。如果企业中有胜任的人未被选用或提拔，即内部员工得不到相应的晋升和发展机会，内部员工的积极性可能会受到影响，容易导致进了新员工、走了老员工的现象发生。

3. 社会化网络招聘

社会化网络招聘是在"六度分隔理论"的基础上形成的招聘观点，而互联网的大发展，也将"六度分隔理论"发挥到了极致，依托于社交网络的支持，全球任意两个个体均可以在短时间内构建关联。不得不说，社交网络缩短了人们彼此间的距离，增大了沟通的范畴，这更深层次地构建起了一种大规模的社交网络，进而链接到更多的小型社会网络和大型社会网络，形成一个全球型的网络形态。

---

① 鲶鱼效应，是指鲶鱼在威胁小鱼生存的同时，也激活了小鱼的求生能力。

1) 社会化网络招聘的优势

(1) 招聘互动性更强。社会化网络招聘不仅仅是人机互动，更多是人人互动。招聘企业可以借助社会化网络招聘，将企业文化、人力资源理念、管理制度等传播出去。求职者也可以在平台上注册账号，了解招聘企业的文化、人才管理理念，以此判断企业价值观和自身的匹配程度，这种互动性明显要强于传统的网络招聘。

(2) 招聘成本耗费更小。通过社会化网络招聘平台，招聘企业无须再依靠其他媒介进行宣传招聘信息，节省了招聘信息的发布费用，也节省了招聘过程中场地、广告宣传等费用。综合比较下来，社会化网络招聘的成本要大大低于传统网络招聘。

(3) 招聘信息公开，透明度高。社会化网络招聘实现了招聘过程中信息的双向交流，招聘企业可以将招聘要求通过不同形式发布出去，而求职者也能不再只是局限于投递简历来展现自身的风采，还可以借助多种形式向企业展示自身的特长。这种模式下，信息得以双向交流，招聘企业和求职者都能对此进行更好的判断，大大提高了招聘过程中的透明度，也提高了招聘信息的真实度，降低了信息的不对称，节约了双方的筛选成本。

2) 社会化网络招聘与传统网络招聘的联系和区别

社会化网络招聘是企业不断革新招聘渠道、充分利用社交网络的平台、将以前弱关系链接发展成强关系链接的产物；传统的网络招聘通过第三方平台将岗位消息推送出去，吸引求职者，实际过程中更多地依靠第三方外部机构的筛选，缺少自主性，也缺少和求职者的互动联系。由定义层面来看，社会化网络招聘和传统的网络招聘这两种形式的基础均是网络，均最大限度地使用网络技术把招聘信息传播出去。但两者更多的特点体现在区别方面。因为传统网络招聘是直线型的，用人单位与应聘者之间常常单方面交流，信息并不均衡。用人单位在求职平台上传播招聘消息，仅仅可以收到履历，不能得到应聘者的经历、性格特点、做过的工作、自身工作计划等信息；应聘者仅仅是在招聘平台上对合适的公司提交履历，也难以有效地获取用人单位完整的招聘计划和用人意向，不能为应聘做全方位的准备，这些信息不对称可能会对招聘成效带来不利影响。而社会化网络招聘只需要借助社交平台发布信息即可，与求职者的互动更强，筛选标准也不再是只看个人简历，而是参考求职者在社交平台上提供的视频、音频、图片等多种形式的求职材料，这种模式丰富了传统网络招聘单一的纸质简历的形式，也让求职者的形象更加立体、生动、全面地展现在用人单位眼前。其中，在个体管控层面，就求职者的履历信息开展管理，可方便地利用上述招聘媒介进行有目标性地推荐空缺岗位。"人际关系"是链接到招聘企业和求职者的重要环节，求职者通过"人际关系"实时掌握招聘企业的动态信息，方便求职者及时了解到企业的发展变化。随着大数据的蓬勃发展，由求职者关注的企业浏览记录，社会化网格招聘能够把应聘者的信息推介至目标性的用人单位，同样能够把用人单位的招聘信息有针对性地推荐给有意向的求职者，这种人工智能更有效地实现应聘者、社会化网络媒介与用人单位三者间的消息互动与搭配。两者之间的差异如表1.2所示。

表1.2 社会化网络招聘和传统网络招聘的差异比较

差异点	社会化网络招聘	传统网络招聘
运转机制	六度分隔理论	直线型
招聘形式	多样化的形式	单一的形式
招聘准则	人-企配置	人-职配置
数据真实度	可信度高	可信度低
沟通层面	高效沟通	沟通少
信息特征	细节化、分散性强	汇集程度高
消息宣传途径	通过社会化网络媒介招聘	通过专门性的平台、公司主页招聘
信息扩散特点	非单一点扩散、圈里扩散，而是社会化扩散	单一点扩散
宣传内容	空缺岗位信息、公司情况、公司管控理念、人力资源实践	仅有招聘信息

4. 招聘评估的信度和效度

信度和效度评估是对招聘过程中所使用方法的正确性与有效性进行的检验，以检验为实现招聘目的而采用的各种测试方法是否有效和可信，决定着招聘的质量。只有信度和效度达到一定水平的测试，其结果才能作为录用的依据。

1) 信度评估

信度又称可靠性(reliability)，主要指同一测试进行重复度量时所得到结果的可靠性或一致性程度。应聘者多次接受同一测试或有关测试时，若其结果相同或相近，我们则认为该测试的可靠性较高。一般认为，一个人的个性、知识、能力和技术在一个较短的时间内是相对稳定的，不会发生太大变化。任何一种选拔手段，如果其信度很低，就不可能是有效的。信度主要分为重测信度、复本信度、内在一致性信度和评分者信度。

(1) 重测信度也称稳定信度，是指用同一种测试方法对一组应聘者在两个不同时间进行测试的结果的一致性。两次结果之间的相关系数用来确定一致性程度，其系数高低不仅与测试方法本身有关，还跟测试因素有关。

(2) 复本信度也称等值信度，是指对同一应聘者使用两种内容、结构、难度等方面相当的测试的结果之间的一致性。例如，如果对同一应聘者使用两张内容相当的个性测试量表时，两次测试结果可能大致相同。

(3) 内在一致性信度，是指把同一组应聘者进行的同一测试分为若干部分加以考察，各部分所得结果之间的一致性。内在一致性信度还可用各部分结果之间的相关系数来判别。

(4) 评分者信度，是指不同评分者对同样对象进行评定时的一致性。例如，有许多人在面试中使用一种工具，给同一求职者打分，他们都给候选人相同或相近的分数，则这种工具有较高的评分者信度。

2) 效度评估

效度是指测试方法的有效性和精确性(validation)。在人员选拔过程中，有效的测试是指实际测到应聘者的特征与想要测的特征符合程度高,其结果应该能够正确地预计应聘者将来的工作成绩,即选拔结果与今后的工作绩效是密切相关的。一个测试必须能测出它想要测定的功能才有效。效度主要有预测效度、内容效度和同测效度三种。

(1) 预测效度,是指测试用来预测将来行为的有效性。在人员选拔过程中,预测效度是考虑选拔方法是否有效的一个常用指标。我们可以把应聘者在选拔中得到的分数与他们在录用后的绩效分数相比较,两者的相关性越大,则说明所选的测试方法、选拔方法越有效,以后可以据此来评价预测应聘者的潜力;若相关性很小或不相关,说明此方法在预测人员潜力上效果不大。

(2) 内容效度,是指测试是否代表了工作绩效的某些重要因素。测试内容效度时,主要考虑所用的方法是否与想测试的特性有关,如招聘打字员,测试其打字速度和准确性、手眼协调性和手指灵活度的操作测试的内容效度是较高的。内容效度多应用于知识测试与实际技能测试,而不适用于对能力和潜力的测试。

(3) 同测效度,是指对现有员工实施某种测试,然后将测试结果与员工的实际工作绩效考核得分进行比较,若两者的相关性很大,则说明这种测试方法的效度很高。但若将同测效度用到人员选拔测试时,难免会受到其他因素的干扰而无法准确地预测应聘者未来的工作潜力。

在对应聘者进行选拔测试时,应努力做到既可信又有效。但应注意的是,可信的测试未必有效,而有效的测试必定是可信的,即信度是效度的必要而非充分的条件,测试的效度受其信度的制约。

【考核方案】

以3~5人形成一个学习小组,小组成员明确分工,落实具体工作。整个学习过程中既有独立的思考,又有团队协作、共同实践的任务。成果考核由成员自评、小组内评价和教师评价构成。小组内成员对本组客服岗位招聘计划书进行自评、完善;小组之间对客服岗位招聘计划书的完整性、规范性开展互评,并写出评价意见;指导教师对各组的实操演练过程和成果进行评价,各组成员继续完善相关环节。

岗位任务主要考核点如下所述。

(1) 了解主流招聘网站的特点并操作熟练;
(2) 掌握电商企业客服的招聘途径和招聘方法;
(3) 掌握电商企业客服的招聘工作流程;
(4) 完成电商客服招聘计划书。

【思考和作业】

(1) 电商客服招聘比较有效的途径有哪些?一般是如何组合使用的?
(2) 电商客服招聘面试一般采取什么方法?主要考核应聘人员的哪些素质?
(3) 电商客服的招聘和选拔应该如何评估?

模块2　客服岗前培训

电商客服岗前培训是客服新员工在电商企业中发展自己职业生涯的起点。客服岗前培训意味着客服新员工必须适应新组织的要求和目标，学习新的客服工作准则和有效的客服工作行为。客服岗前培训是客服能迅速上岗的有力保障，对客服团队的建设具有重要的意义。客服新员工入职后，应做好岗前培训，使其对店铺、产品、规章制度、工作流程、工作要求等都有所了解。客服新员工掌握好客服本职工作所需要的方法和程序，并建立与同事和工作团队的关系，建立符合实际的期望和积极的态度，才能在客服主管的带领下，正式开始工作。

【学习目标】

知识目标
- 了解电商企业产品的相关知识；
- 理解电商企业客户群体的定位、特点和属性；
- 掌握电商客服人员的在线沟通技巧。

技能目标
- 能看懂、识别电商企业不同类目产品知识的主要构成，为客服快速上岗操作奠定基础；
- 能通过电商企业目标客户画像分析、整理不同客户群体的特性，为岗中有效沟通做好准备；
- 能针对电商企业不同客户群体采取相应有效的在线沟通技巧，为提升客服职业技能做好保障。

课程思政目标
- 弘扬社会主义核心价值观，深化爱国情怀和集体主义思想；
- 培养劳动精神、奉献精神和创造精神；
- 建立终身学习、不断进取的职业意识。

【情境导入】

匹克天猫官方旗舰店为了提升新招募客服人员的岗位胜任度，提高工作效率，准备对客服人员进行岗前培训，拟从第三方平台规则和客服工具、产品知识、客户认知、沟通技巧等方面展开。请为匹克天猫官方旗舰店客服人员的岗前培训提供培训方案。

思考题：

(1) 客服上岗前需要掌握哪些知识和技能？

(2) 第三方平台规则和客服工具的运用主要包含哪些内容？

(3) 电商客服在产品知识和客户认知上应从哪些方面入手？

(4) 电商客服的沟通技巧应该如何提升？

任务2.1 产品知识培训

【任务布置】

客服是产品的专家，要对企业、对所出售的产品有最全面的认识，这种全面不单单是指对产品品牌的认识，而是对整个产品类目的认识。除此之外，客服还需要对第三方平台规则进行最详细的解读，这些都是客服能够独当一面所必须具备的业务技能。第三方平台规则和产品知识的培训是新招募客服岗前培训重要内容。请为匹克天猫官方旗舰店的新客服进行第三方平台规则和产品知识的培训。

【实操内容和流程】

● 实操内容

(1) 学习和了解第三方平台(以天猫为例)规则；

(2) 学习和了解网店产品属性的常规构成内容；

(3) 了解匹克天猫旗舰店店铺情况、产品系列情况，并根据其产品特点，分析店铺产品知识的构成，编制匹克天猫旗舰店各系列产品说明书。

● 实操流程

实操流程1： 小组成员一起学习和了解第三方平台规则(以天猫为例)的主要内容。

(1) 首先打开天猫官方网站(https://www.tmall.com/)，如图2.1所示，单击右侧的"商家支持"下的"天猫规则"页面。

图2.1 天猫官方网站首页

(2) 单击"规则辞典"，就可以开始学习总则和细则的内容(见图2.2)。

图2.2 天猫平台规则页面

知识窗2.1.1 天猫店铺的一般违规和严重违规行为

天猫商家在开店的过程中，需要严格遵守平台的规则，如果出现违规的行为，就会被平台处罚。根据商家违规的具体行为，天猫平台将其分为一般违规与严重违规，不同类型的违规行为，遭受的处罚也是不一样的。

1. 天猫店铺一般违规和严重违规行为

1) 一般违规行为

一般违规行为包括以下几种：发布禁售信息、延迟发货、滥发信息、虚假交易、竞拍不买、恶意骚扰、描述不符、违背承诺、未更新或变更营业执照信息、滥用会员权利、不当使用他人权利。

2) 严重违规行为

严重违规行为包括以下几种：不当注册、发布违禁信息、假冒材质成分、盗用他人账户、泄露他人信息、骗取他人财物、出售假冒产品、出售未经报关的进口产品、发布非约定产品、扰乱市场秩序、不正当牟利、拖欠淘宝贷款。

2. 天猫店铺违规处罚

1) 商家严重违规扣分达12分

商家严重违规扣分达12分的，将给予店铺屏蔽、限制发布产品、限制发送站内信、限制创建店铺、限制社区功能及公示警告7天、限制参加天猫营销活动30天、向天猫支付违约金2万元的处罚。

2) 商家严重违规扣分达24分

商家严重违规扣分达24分的，将给予店铺屏蔽、限制发布产品、限制创建店铺、限制发送站内信、下架店铺内所有产品、限制社区功能及公示警告14天、限制参加天猫营销活动60天、向天猫支付违约金3万元的处罚。

3) 商家严重违规扣分达36分

商家严重违规扣分达36分的,将给予关闭店铺、限制发送站内信、限制参加天猫营销活动90天、限制社区功能及公示警告21天、向天猫支付违约金4万元的处罚。

4) 商家严重违规扣分达48分

商家严重违规扣分达48分的,将对商家做清退处理,查封账户并向天猫支付部分或全部保证金作为违约金。

实操流程2:小组成员共同学习,了解和分析网店产品属性的常规构成内容:产品的基本属性(如规格属性、材质属性、功能属性等)、产品其他属性(如包装、安装维修等)。

知识窗2.1.2 网店产品属性的常规构成内容

1. 产品的基本属性

产品的基本属性是其价值和使用价值,主要包括规格属性、材质属性、功能属性。

1) 规格属性

规格属性是指体现、反映产品的性质、性能、品质等的一些指标,一般由字母、数字等符号来体现,包含产品的尺码、重量、长度、颜色、容量和容积等。

规格是区分产品的基本方式。规格是指产品能做什么以及产品的物理形状。不同的产品用不同的方式来区分规格,电商客服在工作中通过规格快速掌握产品的资料,用专业知识服务客户,体现专业性。

(1) 尺码。产品规格可以按照尺码大小来区分,人们常用大小来标明产品的规格,例如人们常说穿多大的鞋子,穿什么号的衣服。

(2) 重量。克(g)、千克(kg)是质量单位。日常总是说一样东西有多"重",在购买物品时,也是按照克重付费的,用克、千克来体现产品的售价,克重越重,售价越贵。

(3) 长度。除了以尺码和重量区分产品外,还有以长度区分产品规格的形式。长度单位有米(m)、厘米(cm)。网店中有许多产品是按照长度来出售的,长度越长,售价越高。客服在接待客户的时候需要做好这方面的了解,有效地引导客户购买合适的产品,避免选择过短或者过长的物品,影响客户的正常使用。

(4) 颜色。人们对颜色有独特的解读,甚至颜色也会和人的性格有一点关系,对颜色的感觉也会受到环境和周边事物的影响。颜色本来是人们为了区分大小、形状、结构方面完全相同的物体而常常利用的视觉现象,但如今人们也把颜色赋予了不同的寓意。客服需要学会颜色搭配原理和了解颜色的寓意,合理为客户做引导,及时辅助客户挑选合适物品。

(5) 容量和容积。容量指的是一个物品的体积大小,或者是一个物品的空间。例如,计算机硬盘和U盘等存储类电子产品一般用容量(如GB、TB)来表示。容积是指容器所能容纳物品体积的多少,体积的单位通常是升(L)、毫升(mL)。网店以容量区分的产品大部分是液体产品。

2) 材质属性

产品的材质属性主要包括面料、配比、成分、款式和风格、等级、味觉等。

(1) 面料。面料是区分产品的基本物质属性。例如一件服装,面料的主要成分可以粗略地分为纺织面料和非纺织面料,还可以分为天然面料和非天然面料。以天然面料为例,还可以分为动物纤维、植物纤维、合成纤维等。

(2) 配比。销售混合面料产品,通常需要给出成分配比。例如,聚酯纤维:30%,棉:60%、锦纶:10%。某类成分的配比往往是客户比较关注的,例如,含有多少精华成分的护肤品能让皮肤缓解干燥的症状,含糖量多少的产品适合特殊人群使用。不同产品的成分配比表现的形式是不同的。

(3) 成分。产品的成分是指产品由哪些物质或者物品组成。产品的成分会让产品达到一些特定的功效和作用,客户关注成分的目的就是了解这款产品能否让自己在使用后达到预期的效果。

(4) 款式和风格。款式通常就是产品的样式,例如茶杯的款式、座椅的款式、衬衫的款式、大衣的款式等。同类产品会有不同的款式,例如女鞋有高跟、低跟、中跟等。作为客服,需要了解产品的款式,根据款式明确店铺的产品优势。款式通常由结构、流行元素、质地三个要素组成。

风格是指产品的特色,区别于其他产品的独特之处。产品有风格的店铺往往有明确的定位,店铺会根据定位,结合流行元素把控产品风格。客服可为客户提供专业化的建议,告诉他们最近的设计以及当前流行的颜色和款式细节等,帮助客户选择产品。

(5) 等级。用等级来区分规格常见于钻石珠宝等饰品。例如,钻石净度等级用VVS1、VVS2、VS1、VS2等来表示,成色(颜色)等级用D、E、F、G、H等来表示。除了这些产品外,其他类目的产品也可以用等级来区分,例如茶叶分特级、一级、二级、三级等,皮革中的牛皮分为头层皮、二层皮等。

(6) 味觉。味觉是指食物在人的口腔内对味觉器官化学感受系统的刺激而使人产生的一种感觉。从味觉的生理角度分类,传统上有酸、甜、苦、辣、咸5种基本味觉。产品可以根据味觉来区分,例如原味牛肉干、水果味糖、酸甜柠檬、糖心苹果等。

3) 功能属性

产品的功能属性主要包括舒适度、使用方法等。

(1) 舒适度。舒适度是人的主观感觉,没有具体可以衡量的方法。影响舒适度的因素与条件十分复杂,因此它是一个因人而异且很难量化的概念。舒适度的涵盖内容非常广泛,例如座椅的舒适度、沙发的舒适度、服装的舒适度等,主要指产品带给人的舒适感受。以服装为例,舒适度可以表现为服装的厚薄,是否有弹力等,也可以用柔软指数、厚度指数、弹性指数、版型指数等来描述。

(2) 使用方法。正确地使用产品会延长产品的寿命。产品的保养是对产品正确的保管和养护的方法，正确保养产品可提高产品的使用寿命。

2. 产品其他属性

产品的其他属性主要是指一种产品相对不变的属性，如产品编码、产品名称、生产厂家、产品条码、产品类别等。一般情况下，这些属性不发生变化。电商客服在工作中只需了解一下与售后服务有关的产品其他属性，如包装、安装维修等，以便为客户提供更好的服务。

1) 包装

产品包装是指为保护产品，方便运输，促进销售，按一定的技术方法而采用的容器、材料及辅助等的总体名称。产品的包装上要有产品的品牌标志、产品的质量、生产日期、厂家、有效日期和使用方法等。包装不仅是为了在运输过程中保护产品、避免损坏、方便运输，也是为了宣传品牌，带来品牌知名度。电商客服了解产品的包装能够更加高效地处理纠纷。

2) 安装维修

安装维修即安装、维护、保养、修理出售的产品，是商家向客户做出的售后承诺。有些类目的产品需要上门安装，且提供维修和维护服务。电商客服要了解店铺内产品的相应维修维护服务，在销售过程中给予客服提醒，在售后过程中给予指导说明。通常店铺有维修服务的产品，都有相关的售后服务体系以及相应的维修服务流程，电商客服可以根据所在店铺的要求认真执行。

实操流程3：了解匹克天猫官方旗舰店店铺情况、产品系列情况，并根据其产品特点，分析店铺产品知识的构成，编制匹克旗舰店各系列产品说明书。

店铺的基本信息包括店铺简介、店铺定位、店铺历程等。

(1) 店铺简介。店铺简介就是店铺总体的介绍，包括店铺网址、成立的时间、主营的业务、店铺的规模以及店铺的成交额等信息。

(2) 店铺定位。店铺定位具体可以理解为店铺的风格定位、店铺销售人群的定位以及店铺的价格定位等。店铺风格定位即店铺固有的特色，例如韩风、日系、中国风、欧美风等；店铺销售人群的定位即产品销售的目标人群；而店铺的价格定位即店铺出售产品的平均价格。

(3) 店铺历程。店铺历程是指店铺从创立至今所经历的各种挑战与取得的成果。电商客服需要对店铺的历史进程有一个全面的了解，从而意识到店铺发展的不易。

知识窗2.1.3 产品说明书

整理店铺产品的专业知识，形成清晰、完整、结构化的产品说明书，能够建立客服对自己店铺产品的信心，从而促进销售。产品说明书需要全面阐述产品的信息。这些信息侧重在11个方面。

(1) 产品类型。例如，男鞋中有篮球鞋、跑步鞋、板鞋、休闲鞋、网球鞋、户外鞋等产品，篮球鞋中又有专业篮球鞋、明星篮球鞋和外场篮球鞋等产品。

(2) 产品材质。例如，鞋面采用了高强度网布叠加皮革设计，鞋款底部搭载双层抗扭结构，内置尼龙板及大面积异形TPU聚氨酯等。

(3) 产品规格、尺码。电商客服掌握产品规格、尺码能正确引导客户选择适合自己的产品。

(4) 同类产品优缺点的对比。例如，将跑步鞋和户外鞋进行对比，分析优缺点分别是什么。

(5) 产品搭配技巧，即怎样才能让产品功能最大化，或表现出最好的效果。

(6) 产品真假对比。例如，真皮和皮革的对比，优劣对比等，并给出鉴别技巧。

(7) 标杆竞争对手。找出标杆竞争对手，分析竞争产品的客户人群、处于什么价格区间、都有什么类型、具有什么特点，重点显示自己产品的优点。

(8) 生活小技巧，即展示可以更好使用本类产品的技巧。

(9) 产品的使用方法，主要包含保养技巧、洗涤方式，以及正确的使用方法。

(10) 购买误区或认识误区。

(11) 产品可能出现的售后问题，即针对可能出现的售后问题，做出解决方案和预防方案。

【延伸阅读】

1. 第三方平台的客服接待工具(以千牛工作台为例)的主要模块功能

第三方平台的客服接待工具可以为商家提供一站式的店铺运营管理功能。以千牛工作台为例，其包含卖家工作台、消息中心、阿里旺旺聊天功能、产品管理等。其中对运营店铺帮助最大的是卖家工作台。如果电商客服能够熟练运营千牛卖家工作台，可以大幅度减少工作负担，进而提升工作效率。

(1) 下载千牛工作台，然后用淘宝账号、密码登录"千牛工作台"即可。单击千牛工作台悬浮窗中的第三图标即可直接进入千牛卖家中心，如图2.3所示。

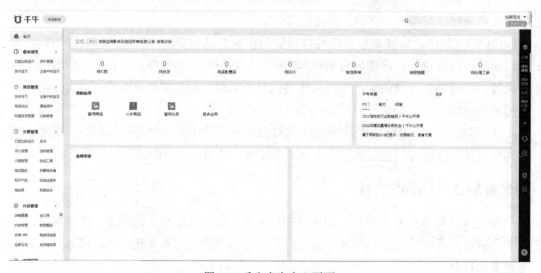

图2.3 千牛卖家中心页面

(2) 进入千牛卖家中心后，我们可以看到它主要由商品管理、交易管理、内容管理等部分构成。在千牛卖家中心最上方右侧分别有淘宝网首页、我的淘宝、千牛卖家中心、卖家服务、联系客服和卖家地图等内容。单击"淘宝网首页",可直接进入淘宝网;单击"我的淘宝"可以直接进入自己店铺;单击"卖家地图"可以发现很多丰富内容,可以在这里找到规则中心、淘宝客等。千牛卖家中心主要功能模块如图2.4所示。

图2.4　千牛卖家中心主要功能模块

(3) 在千牛工作台还有"店铺体检"的内容,显示亟待卖家改正的店铺违规情况;工具箱可以提供卖家店铺运营中所需用到的若干实用工具,如知识产权市场、品质提升工具、恶意行为防控等;在右上角有可查询的规则。千牛工作台"店铺体验"模块如图2.5所示。

图2.5　千牛工作台"店铺体验"模块

(4) 千牛工作台右侧是店标,在这里我们可以看到店铺消保、掌柜信用、动态评分,可以查看店铺,进行店铺设置等,见图2.6。

图2.6 千牛工作台显示店铺信息

(5) 服务订购。在千牛工作台查看更多应用,可单击"服务"(见图2.7),单击进入"服务市场",可以看到目前店铺使用的第三方工具(见图2.8),通常有代运营、营销推广、短视频服务、购物小程序、客户外包等。如果想要订购其他第三方工具,可以搜索订购所需工具。

图2.7 千牛工作台的服务应用

图2.8 千牛工作台店铺使用的第三方工具

(6) 最常使用。顾名思义，"最常使用"就是店铺经常进行的操作，因此每个店铺"最常使用"内展现的操作类目是不同的。通常有已卖出的宝贝、发布宝贝、出售中的宝贝、评价管理等，如图2.9所示。

图2.9　店铺的交易管理页面

如果客服要搜索查看宝贝订单，可以单击打开"已卖出的宝贝"。千牛工作台的"已卖出的宝贝"页面如图2.10所示。

图2.10　千牛工作台"已卖出的宝贝"页面

可以看到它的内容填充模块，客服只需根据目标，选择相对应的模块，输入相对应的信息，单击"搜索订单"即可看到相对应的宝贝订单状况。例如，买家询问发货了但没收到货问题，客服就可以通过将买家购买产品的订单编号(每成交一单会产生专属订单编号)复制到"已卖出宝贝"中的"订单编号"模块，即可查看到这位买家的订单状况。

2. 客服快捷短语的设置方法

作为电商客服，在日常工作中会被客户问好多相似的问题，这时候如果每次都手动打字去回复，影响回复速度不说，还会影响客户购物体验，所以如果客服能提前设置好回复的话术，效果就会好很多。如果在活动前，客服或客服主管提前针对活动内容涉及的问题，编辑好话术，设置好快捷短语，也能减少客服的很多工作量，提高效率。

(1) 打开千牛的聊天窗口，在输入窗口的右上角找到"快捷短语"选项，单击进入快捷短语页面，如图2.11所示。

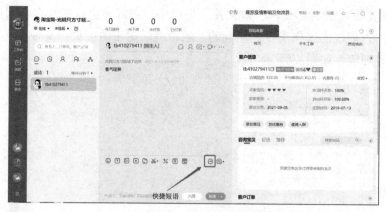

图2.11 快捷短语设置页面

(2) 如果编辑个人使用的快捷短语,可以在页面选择"个人"选项,在右上角找到"新增"选项,单击进入新增页面,如图2.12所示。

图2.12 快捷短语个人设置页面

编辑的快捷短语要内容生动,能有效回复问题,如图2.13所示。

图2.13 快捷短语编辑页面

(4) 客服工作大多是在键盘完成的，因此，在设置快捷短语的时候，可以设置"快捷编码"，这样客服在使用的过程中，只要键盘输入快捷编码就可以将快捷短语发送。另外，为了方便管理快捷短语，可以为其设置分组。设置好后，单击右下角"保存"按钮即可完成，如图2.14所示。

图2.14　快捷短语编码和分组页面

设置好快捷编码后，在与客户聊天的时候，直接在输入框输入"/"及快捷短语的编码，按"Enter"键即可，也可以使用鼠标单击选择。输入好内容后，单击发送按钮，即可将消息发送出去。

(5) 编辑团队使用的快捷短语，可以在页面选择"团队"选项(见图2.15)，单击"管理团队快捷短语"进入新建页面，重复前述步骤即可。

图2.15　快捷短语团队设置页面

3. 产品的专业知识

电商客服在与客户的沟通中，整个对话大部分是围绕产品本身进行的，客户很可能会提及几个关于产品信息的专业问题和产品的性能问题，因此，客服对产品知识的熟悉是与客户交流谈判的基础。如果客服不能给予恰当的答复，甚至一问三不知，无疑是给客户的购买热情浇冷水。对产品越熟悉的客服，客户在购买过程中越信赖。

1) 对产品质量的了解

产品质量指产品的适用性，即产品的使用价值。产品适合一定用途，能够满足人们某种需要所具备的特性，是产品吸引客户的最重要、最稳定的部分，产品的耐用性、安全性、独特性是客户较为看重的。产品质量特征可概括为以下几个方面。

(1) 产品性能。产品性能是产品应达到使用功能的要求，如电视机图像清晰、无杂音，是产品质量的基本要求。

(2) 产品寿命。产品寿命是产品在规定条件下，满足规定功能要求的工作时间期限，如产品无故障工作时间、精度保持时间等。

(3) 产品的安全性。产品的安全性是指产品在流通和使用过程中保证安全的程度。

2) 对产品尺寸的掌握

产品的尺寸主要以产品的大小和体积规格进行区分。产品的大小是消费者选择产品的依据，一般指产品与人体相应部位的具体尺寸，如鞋码、衣服尺码、戒指尺码；产品的体积与产品的容量相关，如箱子、杯子等的容积。产品尺寸直接影响着客户对产品的使用情况，客服可以分别从产品的大小和体积上来把握产品的尺寸规格。

3) 对产品注意事项的说明

对产品注意事项的说明，旨在产品在使用过程中更大限度地发挥使用价值，让客户更多地享受产品所带来的使用价值体验。电商客服对产品注意事项的了解主要从产品的使用禁忌和产品的保养两个方面进行掌握。

(1) 产品的使用禁忌。产品使用禁忌主要是指客户在使用产品的过程中需要规避的行为。不正确的使用行为一方面可能无法发挥产品本来的效果，另一方面可能引起不必要的危险。所以客服一定要了解产品的使用禁忌，如鞋类的使用环境、家电的使用说明等。

(2) 产品的保养。任何产品都有一定的使用寿命，但我们在使用产品的过程中如果注意对其进行必要的维护，在一定程度上可以延长它的使用时间，我们将这一过程称为产品的保养，即对产品进行保护修理，使它保持正常状态。商品均配有使用说明书，如衣物的洗涤说明、家电的清洗说明等。电商客服对这类产品知识的掌握会让客户对其另眼相看，也会间接得到客户的信赖。

4. 产品的周边知识

产品的周边知识是指这些知识对客户选择产品没有直接关系，但能在一定程度上指导或影响客户选择，能够增加客户对产品的深度认识的知识。客服人员对产品周边知识的掌握，能够加深客户对客服专业性的肯定。这里主要从产品真伪的辨别、产品附加信息掌握和同类产品三个方面来探讨客服对产品周边知识的掌握。

1) 产品真伪的辨别

客户的求真心理往往使他们纠结所购买的产品是不是真的，尤其是在真假难辨的线上市场。客服首先要掌握辨别自家产品真伪的办法，再转告给客户，让客户按照这些辨别真伪的方法直接检验你的产品，往往比强调产品真伪来得方便。对产品真伪辨别知识的掌握，不仅可以增加客户对于这类产品的认知，还能让客服的专业性获得认可。

2) 产品附加信息的掌握

产品的附加信息是指产品在生产销售中并没有这方面的信息包装，但由于一些知名人物的使用，使这些产品焕发新的生命，如某某明星推荐产品、某某明星珍藏、某某明星同款等，这在无形中给产品寻找到了一个代言人。客服要把握住客户的心理，有目的性地收集知名人物的使用情况，并将这些信息告知客户，坚定客户购买决心。

3) 同类产品的了解

电子商务的快速发展使得这个市场的同质化现象越发严重，多数情况下客服都会收到客户这样的疑问："为什么某某家和你们家的款式是一样的，你们的价格却要贵一些？"面对这样的疑问，客服需要熟悉竞争产品，做出比较，这样才能客观公正地回答客户的疑问。

(1) 质量的比较。产品的质量是客户选择的最稳定的因素，客服要对自己的产品质量有最为全面的认识，对产品的面料、填充物、版型、厚度、舒适度等都应该有所掌握。而对于同款式的产品质量，客服也要进行了解，明确有何区别，这既可以作为解除客户忧虑的直接的有力的证据，也能让客户更加清楚竞争产品存在的不足，突出自己产品的优势所在，赢得更多客户的支持。

(2) 货源的比较。货源的比较也能成为影响客户选择的因素之一。客服除了了解自家产品的质量，还要了解产品的进货渠道和生产渠道。"自家工厂制作""大工厂定做""品牌直供"等字样常常让客户觉得更加可靠放心。正规的货源不仅是对产品质量的保证，还能让客户感受到店铺经营的正规化、流程化，更加放心地购买产品。

5. 产品手册

制作产品手册是客服准备工作的重要内容。通过制作产品手册，客服能够尽快熟悉产品，上岗后查找产品也会更加方便。

制作产品手册时，首先列出类目，然后根据实际情况逐个填写，如表2.1所示。对于已经发布的产品，可以直接从出售中的宝贝里复制粘贴图片，这样就会自动加上超链接，今后单击这张图片即可直接进入该产品页面，查看产品的具体信息。

表2.1 产品手册

编号	图片	品名	品牌	货号	款式	尺码	尺寸	颜色	面料	数量	售价	备注

客户并非真正了解产品的使用方法和步骤，特别是市场上少见的新奇特产品，很可能因为错误的使用方法而导致产品没有产生应有的作用，引起客户对产品质量的怀疑，甚

至因为使用不当让产品变成了废品，埋下交易纠纷的隐患，所以做好产品手册很重要。

【考核方案】

以3~5人形成一个学习小组，小组成员明确分工，落实具体工作。整个学习过程既有独立的思考，又有团队协作、共同实践的任务。成果考核由成员自评、小组互评和教师评价构成。小组内成员对本组产品说明书和客服人员产品培训方案进行自评、完善；小组之间对产品说明书和客服人员产品培训方案的可操作性、规范性开展互评，并写出评价意见；指导教师对各组的实操演练过程和成果进行评价，各组成员继续完善相关环节。

岗位任务主要考核点如下所述。

(1) 熟练操作第三方平台的客服工作台主要功能模块；
(2) 掌握第三方平台(天猫)规则中一般违规和严重违规的常见案例；
(3) 掌握网店产品属性的常规构成内容；
(4) 完成匹克天猫官方旗舰店各系列产品说明书的编制。

【思考和作业】

(1) 天猫规则中，网店较常见的违规行为有哪些？如何规避？
(2) 如何快速学习和掌握网店产品知识？
(3) 请分析产品说明书和产品手册的相同点和差异点。

任务2.2　客户认知培训

【任务布置】

沟通是双向的，每位客户的职业、年龄、素养、个性等都有差别，每位客户的购物需求也不一样，但网购客户都有共同的购物心理，有共同的规律可循。只有掌握客户心理，设身处地地为客户着想，从客户的角度看待问题，才能为客户提供便利快捷的服务，让客户感到满意。请分析匹克天猫官方旗舰店的客户群体特点，并为店铺新客服进行客户认知培训。

【实操内容和流程】

● 实操内容

(1) 了解网店客户产品购买过程和心理变化过程；
(2) 根据店铺产品特点，分析客户群体定位，分析客户特性和属性；
(3) 提出不同客户的应对策略，形成客户手册。

● 实操流程

实操流程1：小组成员一起学习和了解网店客户产品购买过程和心理变化过程，掌握客户的购买心理。

知识窗2.2.1　客户消费行为变化过程和消费心理变化过程

客户从产生购买需求到购买产品，再到对产品的评价，在整个过程的心理变化是十分复杂的。客户的心理变化往往会随着购买环节的不同而有所变化，我们把其消费行为变化过程和消费心理变化过程总结为以下几个阶段，如图2.16所示。

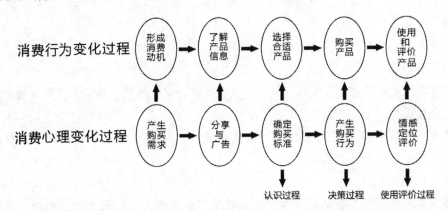

图2.16　客户消费行为变化过程和消费心理变化过程

1. 客户消费行为变化过程

客户在购买产品的过程中会经历5个阶段的消费行为，分别是形成消费动机、了解产品信息、选择合适产品、购买产品，以及使用和评价产品。

消费行为总是从客户的需求出发，只有当客户对某一产品产生需求时，才会激发形成相应的购买动机；客户有了消费动机，就会通过一些较为可信的渠道去了解产品的信息。一般来说，了解产品的主要途径是别人的经验分享，其次才会借助相关的广告信息进行了解，当然客户了解产品的过程就是客服介入的最佳时机；在了解并掌握了产品的部分信息之后，客户就会在心中形成一个标准，在这个标准下挑选出适合自己的产品，客户的购买标准是影响消费行为的关键因素；客户对比选择的结果，使购买意向转化为购买行为，这就是客户购买和客服营销的双向过程；客户通过对产品的实际使用情况，对产品产生一定的情感定位评价，并将这种评价通过网络平台转告他人，间接影响他人的购买心理和购买行为。

2. 客户消费心理变化过程

客户的消费心理往往是通过消费行为表现出来的。客户的消费心理变化是极为复杂的，可以概括为三种不同的心理过程，即认识过程、决策过程和使用评价过程。这三种心理过程贯穿于整个产品购买过程，对消费者的消费行为产生十分关键的影响。

实操流程2：小组成员一起根据店铺产品特点，分析客户群体定位，分析本店铺客户属性，做出店铺的消费者画像。

知识窗2.2.2　目标客户群定位

要划分好目标客户群体，就需要对其进行画像。所谓目标客户群，就是买这个产品的人群，即消费者。电商企业所要做的是把他们找出来，打上标签，形成消费者画像。电商企业一般从消费属性和消费行为两个方面来定位目标客户群。

1. 消费属性

消费属性从人口特征、社会特征、个性特征、文化特征几个大的方面来考察。

1) 人口特征

消费者人口特征主要从年龄、性别、种族、国籍、所在地等方面来考察。

2) 社会特征

消费者社会特征主要从收入、职业、社会阶层、家庭特征、生活方式等方面来考察。

3) 个性特征

消费者个性特征主要从个性这个角度来考察，一般可分为冲动、保守、积极、沉稳、热情、冷静等个性类型。

4) 文化特征

消费者文化特征主要从教育水平、宗教信仰、民族文化、亚文化、小众文化、爱好等方面来考察。

2. 消费行为

1) 消费者购买决策过程中角色

消费者购买决策过程中的角色可以分为5种，即消费的倡导者、决策者、影响者、购买者和使用者。

(1) 消费倡导者，即本人有消费需要或消费意愿，或者认为他人有消费的必要，或者认为他人进行了某种消费之后可以产生所希望的消费效果，他倡导别人进行这种形式的消费，这种人即属于消费的倡导者。

(2) 消费决策者，即有权单独做出决策或在消费中拥有与其他成员共同做出决策的人。

(3) 消费影响者，即以各种形式影响消费过程的一类人，包括家庭成员、邻居与同事、购物场所的售货员、广告中的模特、消费者所崇拜的名人等。

(4) 购买者，即做出最终购买决定的人，也即直接购买产品的人。

(5) 使用者，即最终使用、消费该产品并得到产品使用价值的人，有时称为"最终消费者""终端消费者""消费体验者"。

2) 影响消费者购买行为的因素

影响消费者购买行为的因素主要有动机、感受、态度、学习。

(1) 动机。需要引起动机，需要是人们对于某种事物的要求或欲望。就消费者而言，需要表现为获取各种物质需要和精神需要。需要产生动机，消费者购买动机是消费者内在需要与外界刺激相结合而形成的，包含使用时机、使用意图、使用频率等。

(2) 感受。消费者购买行为还体现在其对外界刺激物或情境的反应，这就是感受对消费者购买行为的影响。感受指的是人们的感觉和知觉，现在通常指消费者体验。

(3) 态度。态度通常指个人对事物所持有的喜欢与否的评价、情感上的感受和行动倾向。作为消费者，态度对消费者的购买行为有着很大的影响。电商企业客服人员应注重对消费者态度的研究，提高消费者和品牌的黏性。

(4) 学习。学习是指由于经验引起的个人行为的改变，即消费者在购买和使用产品的实践中，逐步获得和积累经验，并根据经验调整自己购买行为的过程。学习是通过驱策力、刺激物、提示物、反应和强化的相互影响、相互作用而进行的。

消费者画像是为了能够有效建立起"谁接受—谁需要""谁接受—谁购买""谁决策—谁使用"的逻辑链，这是明确目标人群的最后一块拼图。按照以上的系统认知，我们就可以把目标人群划分为"尝试者—体验者—早期多数—后期多数—保守者"。

实操流程3：小组成员经过充分讨论，提出不同客户的应对策略，形成客户手册。

在消费多元化的今天，客户的个性、心理及消费偏好都是不一样的，要让不同的客户满意，就非常有必要对客户群体进行划分，分别采取相应的策略来满足他们的期望。下面，针对匹克天猫官方旗舰店的客户特点，形成客户手册。

知识窗2.2.3　客户类型及应对策略

网购客户通常可以划分为10种类型，客服应对不同类型的客户，采取不同的策略，如表2.2所示。

表2.2　客户类型及应对策略

编号	客户类型	具体表现	客服应对策略
1	急躁型	急躁，容易发怒	与这类客户沟通时要慎重，不能随便套近乎；响应速度要快，不要让客户等得不耐烦
2	犹豫型	思来想去，难做决定	必须重点说明产品的性价比和给客户带来的利益，并排除其抵抗心理。只要其心中有安全感，必能推荐成功
3	健谈型	比较爱说话	耐心聆听，并抓住机会适当引导客户进入宝贝的相关话题；客服一定要掌握主动权，但不能强迫客户接受
4	博学型	知识与见识丰富	对客户的学识加以赞赏，分析客户的兴趣爱好，推荐合适的产品，千万不要班门弄斧
5	精明型	理智、合理性消费，经常与其他店铺的产品作对比	巧妙恭维，表达你对他的判断和讨价能力的赞赏，给他面子，同时说明本店产品的性价比，促成销售
6	怀疑型	防卫戒备，不相信他人	使用惊讶、夸张的表情，不要争论，多承认自己的缺点；要用逻辑和事实进行耐心说明，解开其心中的所有疑问
7	沉默型	不太爱说话	仔细观察，不要丧失耐心，要采取提问的方式进行沟通，引导客户开口，用感性带动对方的热情

(续表)

编号	客户类型	具体表现	客服应对策略
8	冲动型	反应快，容易下结论，行为很容易受情绪的影响	直接进入主题，防止绕圈子；可以提出建议，但不要告诉对方怎么做，要有所保留
9	依赖型	很容易依赖别人，要别人替自己做决定	在了解客户需求的情况下，尽最大努力帮助客户解决疑虑，然后介绍产品，满足他的需求
10	挑剔型	对产品、价格、服务等都容易挑剔	忌多言，细心听取其批评，了解其内心偏执的原因

【延伸阅读】

1. 客户的购物心理及应对策略

要想成功销售自己的产品，就一定要学会换位思考，站在客户的角度去思考"我为什么要买这件产品""这件产品的优势在哪里"等问题。客户进店以后，除了对具体的某个(或某些)产品的需求以外，他们还有其他一些常常被我们忽视的需求，如被尊重的需求、被理解的需求等，这就要求客服人员学会分析客户，并对客户的心理和购物需求等准确把握。

1) 客户的购物心理分析

常见的客户购物心理有8种，如表2.3所示。

表2.3　客户购物心理分析

编号	客户心理	表现形式
1	求美心理	客户对产品的品质与外观的要求都比较高，是完美主义者
2	疑虑心理	客户害怕上当受骗，购物时疑心重重、反复挑选，事后容易后悔
3	仿效心理	客户喜欢仿效别人所买的东西，喜欢从众，例如亲戚朋友买过的东西
4	求廉心理	物美价廉是这类客户是否购买的主要因素，所以要尽量为客户省钱
5	求新心理	客户一般都比较前卫，他们喜欢尝试最新的产品
6	求便心理	客户很讨厌烦琐的购物流程，喜欢简便、快捷的购物流程
7	服务心理	客户比较注重别人对他的态度，因此要热情、耐心地对待这类客户
8	安全心理	客户注重产品的安全性，因此要推荐质量可靠、信誉度高的产品

2) 4种典型客户购物心理的应对策略

(1) 求美心理。爱美是人的本能和普遍要求，具有求美心理的客户在网购产品时更关注产品的风格和个性，强调"艺术美"，而且关心产品的包装、款式、颜色等欣赏价值。因此，经营化妆品、服装的卖家一定要注意在文字描述中写明"包装""造型"等信息。

当客服人员遇到怀有求美心理的客户时，可以这样沟通：

客服：亲，您选的这款产品规格没有发生任何改变，但外包装有了一定的变化，变得更加精致、漂亮了，我可以把最新款的外包装图片发给您看一下。

客服：亲，您选购的这款宝贝，外包装比以前更加漂亮了，但规格是没有变化的。如果亲喜欢的话，可以先拍下哦，今天就能发货了。

(2) 疑虑心理。这种心理的核心就是怕吃亏上当。怀有疑虑心理的客户在购物的过程中，对产品的质量、性能、功效持怀疑态度，怕不好使用，怕上当受骗，满脑子的疑虑。因此他们会反复向客服咨询，仔细地比较产品，直到心中的疑虑解除后才肯购买。客服在和这类客户打交道时，一定要强调产品的质量经得起考验，如果出现质量问题可以退换货。

当客服人员遇到怀有疑虑心理的客户时，可以这样沟通：

客服：亲，我们已加入平台的"假一赔三"服务，如果是假的，您可以申请3倍的赔偿，这对您来说是有保障的呢！

客服：亲，您可以拿到专柜验货，如果是质量问题，您可以随时和我们联系，我们承担来回的运费。

(3) 仿效心理。这种心理的核心就是不甘落后或者想胜过他人，怀有这类心理的客户多为女性客户。她们平时总是留心观察周围人的打扮，喜欢打听周围人的购物信息，从而产生模仿和暗示心理，总想跟着潮流走。她们还极易接受别人的劝说，有人一说好，她就有购买意向，有人一说不好，她多半会放弃。因此，作为卖家，如果有大批产品积压需要处理，就可以根据这种心理写说明文字，再加上价格的优势，聚拢人气，销售量定会攀升。

当客服人员遇到怀有仿效心理的客户时，可以这样沟通：

客服：亲，这款衣服是我们店的明星产品，您真有眼光。您可以提供下您家宝贝的身高和体重吗？我这边可以帮您参考选择对应的尺寸！

(4) 求廉心理。这是一种想少花钱多办事的心理，其核心是"低廉"。怀有这类心理的客户在选购产品时，往往要对同类产品之间的几个差异进行仔细比较，还喜欢选购折价或处理产品。只要价格低廉，他们对其他的方面都可以不太在意。具备这种心理动机的人以经济收入较低者居多。当然，也有一些经济收入较高而节约成习惯的人，他们精打细算，想尽量少花钱。对于这类客户，卖家只能利用低价格来吸引他们，并做好讨价还价的准备。

当客服人员遇到怀有求廉心理的客户时，可以这样沟通：

客服：亲，我们家的产品是从正规渠道进货，价格已经比线下店铺低很多啦！今天有个客户一下子就买了5件，都是这个价格呢。

客服：亲，这个价格已经很低了哦，对于初次交易我们都是这个价格的。今天您拍了，我把您的名字备注一下，以后您再来购买时，我一定给亲争取最大的优惠。

2. 判断分析买家

判断分析买家，有利于客服更好与客户沟通，促成交易。

1) 查看买家信用和注册时间

以淘宝为例，客服可以在千牛工作台查看买家信用和注册时间，具体操作方法如下所述：单击"接待中心"界面右侧信息显示区右上角的"添加"按钮，在打开的"旺旺插件中心"对话框中选择"客户"插件，然后单击"勾选"按钮，将"智能客服"插件成功添加到"接待中心"。此时，在信息显示区将显示"智能客服"插件，并在"客户信息"选项卡中显示该好友的详细信息，包括买家信用、注册时间、好评率等，如图2.17所示。

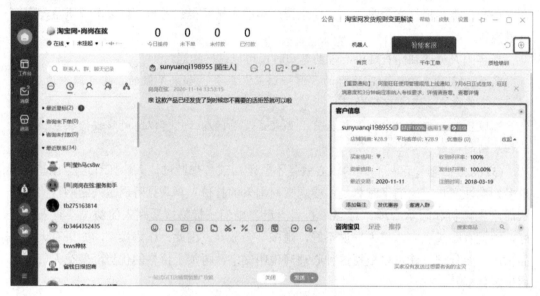

图2.17　千牛工作台中的客户信息查询

2) 判断分析买家类型

以淘宝为例，客服可以在千牛工作台通过买家信用和注册时间来分析买家的类型。买家类型有以下几种。

(1) 买家信用低，注册时间短。这类客户一般属于新客户，对平台的操作不熟悉，价格因素影响小。

(2) 买家信用低，注册时间久。这类客户一般缺乏安全感，对价格敏感。

(3) 买家信用高，注册时间久。这类客户一般属于成熟买家，熟悉规则，会比价，相对理性一些。

(4) 买家信用高，注册时间短。这类客户一般属于冲动购物型。

【考核方案】

以3～5人形成一个学习小组，小组成员明确分工，落实具体工作。整个学习过程既有独立的思考，又有团队协作、共同实践的任务。成果考核由成员自评、小组内评价和教师评价构成。小组内成员对本组客户群体定位分析和客户手册进行自评、完善；小组之间对客户群体定位分析和客户手册的完整性、正确性开展互评，并写出评价意见；指导教师对各组的实操演练过程和成果进行评价，各组成员继续完善相关环节。

岗位任务主要考核点如下所述。
(1) 熟练操作第三方平台的客服工作台主要功能模块；
(2) 完成网店客户产品购买过程和心理变化过程的分析；
(3) 完成客户群体定位、客户属性的分析过程和分析；
(4) 完成店铺客户手册编写。

【思考和作业】
(1) 客户求新心理的表现形式是什么？
(2) 挖掘客户的购物需求有哪几种方法？
(3) 简述客户类型，至少写出5种。

任务2.3 沟通技巧培训

【任务布置】
沟通是了解和满足客户需求的重要途径。客服只有和客户认真沟通，才能知道客户需要什么样的帮助和服务，知道客户有哪些不满和抱怨，才能"对症下药"，解答客户的问题，并提供客户所需的产品或服务。请在任务2.1、任务2.2的培训基础上，整理出客服岗位的沟通技巧，为匹克天猫官方旗舰店的新客服进行在线沟通和电话沟通技巧的培训。

【实操内容和流程】
● 实操内容
(1) 了解沟通的要义和主要分类方式；
(2) 掌握人际有效沟通的方法；
(3) 掌握客服在线沟通和电话沟通的技巧和方法。
● 实操流程
实操流程1：小组成员共同学习沟通的要义和主要分类方式，并结合自己在工作、学习和生活中遇到的沟通问题，提出解决方案。

知识窗2.3.1 沟通的要义和分类

1. 沟通的要义

沟通是指社会中的个人或群体彼此交流思想、观点、情感、知识等各种信息的过程。沟通是建立良好人际关系的基础，是协调社会组织与其公众之间关系的有效手段。沟通的要义表现为以下几点。

1) 每一件事情都是在沟通
每天，我们以许多方式进行沟通。我们交流思想、情感以及期待；交流对各自所喜欢和尊敬的人的看法；交流各自的欢乐、变化、高兴和痛苦。不论是简单或复杂的，有意或无意的，有计划或无计划的，积极或消极的，沟通是实现目标、满足需要、实现抱负的重要工具之一。

2) 75%的工作时间在沟通

不论我们所做的沟通是否有效，它都构成了我们日常生活的主要部分。事实上，我们每天有75%以上的工作时间都花在交流和沟通上。

3) 沟通呈现的是一种由上至下逐渐减少的"漏斗"趋势

漏斗的特性就在于"漏"。对沟通者来说，沟通漏斗图是指如果一个人心里想的是100%的东西，当你在众人面前、在开会的场合用语言表达心里100%的东西时，已经漏掉20%了，你说出来的只剩下80%了。而当这80%的东西进入别人的耳朵时，由于文化水平、知识背景等关系，只剩下60%。实际上，真正被别人理解了、消化了的东西大概只有40%。等到这些人遵照领悟的40%来具体行动时，已经变成了20%；一定要掌握一些沟通技巧，争取让这个漏斗漏得越来越少。

2. 沟通的分类

1) 直接沟通和间接沟通

根据是否需要第三者传递，沟通可分为直接沟通和间接沟通。

(1) 直接沟通，即运用人类自身固有的手段(如语言手段和非语言手段)而进行的面对面的沟通。

(2) 间接沟通，即人们借助技术手段(如书信、文章、电话等个人媒介，报纸、电视、互联网等大众媒介)而进行的不见面的沟通。

2) 语言沟通与非语言沟通

根据所借用的媒介的不同，沟通可分为语言沟通与非语言沟通。

(1) 语言沟通，是指以语词符号为载体实现的沟通，主要包括口头沟通、书面沟通等。口头沟通的主要特征是快速传播、即时反馈，但信息容易失真。书面沟通的主要特征是正式规范，易于长期保持、大规模传播，但沟通耗时长，无法及时反馈对信息的理解，受文化修养的影响大。

(2) 非语言沟通，是指通过身体动作、体态、语气语调、空间距离等方式交流信息、进行沟通的过程，主要包括身体语言沟通、副语言沟通和物体的操纵。身体语言沟通是指通过身体动作姿态、服饰仪态、空间位置等方式交流信息、进行沟通的过程；副语言沟通是通过非语词的声音，如重音、声调的变化，以及哭、笑、停顿来实现的沟通；物体的操纵是人们通过物体运用和环境布置等手段进行的非语言沟通。

实操流程2：小组成员结合店铺的特点和电商企业客服的岗位要求，针对"求美心理""疑虑心理""仿效心理""求廉客户"开展模拟实操，学习并掌握有效沟通的方法。

知识窗2.3.2 客服有效沟通方法

1. 了解需求

沟通之前，电商客服首先要了解以下内容：客户是谁(包括职业、性别、年龄、个性、地区等信息)；他的需求(他需要什么)；他的偏好(他关注价格、款式、效果哪个方面)。

2. 精准推荐

1) 多听少问

和客户沟通时，客服要七分听、三分问，避免盲目推荐产品，因为盲目推荐产品达不到预期的效果。

2) 提问

客服采取有效的提问方式询问客户，可以缩小范围，锁定目标，挖掘消费需求。

3) 熟悉产品

客服上岗前熟悉店铺产品特性，可以精准地推荐合适的产品，满足客户所需。

4) 换位思考

客服向客户推荐产品时，要善于站在对方的角度考虑产品的功效，像朋友一样提出有效建议。

5) 诚信

当店铺有优惠活动时，客服一定要及时告知客户；在接待客户询问时要有主动营销意识，做好关联销售。

3. 妥善应答

电商客服在回答客户的提问时要有亲和力，问答要对等，遇到不能满足的要求时要委婉拒绝，在与客户沟通时要抱着交朋友的思维，不夸大产品功效的宣传，不乱承诺不能实现的服务。

实操流程3：小组成员一起学习和掌握在线沟通的技巧和方法，并结合店铺产品的特点，开展模拟实操，1人扮演客服角色，其余人扮演客户角色，进行询盘、还盘、签约的即时沟通；轮换角色；组内总结，班级同学分享经验。

知识窗2.3.3 在线沟通的技巧

1. 在线沟通的3W1H

1) 知道说什么(What)

知道说什么，就是要明确沟通的目的。如果沟通目的不明确，就意味着不知道说什么，自然也不可能让别人明白，也就达不到沟通的目的。

2) 知道什么时候说(When)

知道什么时候说，就是要掌握好沟通的时间。在沟通对象正忙于工作时，你要求他确定衣服的尺码，显然不合时宜。所以，要想很好地达到沟通效果，必须掌握好沟通的时间，把握好沟通的火候。

3) 知道对谁说(Who)

知道对谁说，就是要明确沟通的对象。虽然你说得很好，但你选错了对象，自然也达不到沟通的目的。

4) 知道怎么说(How)

知道怎么说，就是要掌握沟通的方法。你知道应该向谁说、说什么，也知道该什么时候说，但你不知道怎么说，仍然难以达到沟通的效果。沟通是要用对方听得懂的语言——包括文字、语调及肢体语言，而你要学的就是透过对这些沟通语言的观察来有效地使用它们。在线沟通还需要辅以备忘录、表情包等。

2. 在线沟通技巧

在线沟通的本质在于与客户的互动与交流，其沟通技巧如下所述。

1) 语气助词要慎用

在线沟通时，大家经常会带一些语气助词，比如哈哈、嘿嘿、呵呵等，客服在使用这些语气助词时，要思考另一端的人看了这些词汇后，会有什么感觉。如果在和客户沟通时用错了语气助词，会让对方有不良的心理感受，那我们的最终目的绝对是达不到。

2) 图片表情要慎发

图片表情是大家在线交流中最喜欢用的元素之一，一个恰当的图片表情能够起到调节关系、缓和气氛的作用，但同语气助词一样，不适当地使用图片表情，同样会使对方产生不良的心理感受。所以客服在用图片表情时尽量不要用那些可能引起别人抵触情绪、让人反感或是降低自己形象的图片，一些低俗的图片更是不能使用。

3) 聊天速度要适当

在线沟通交流时，主要通过打字进行，这就涉及聊天速度的问题，在这个问题上，客服应该本着"就慢不就快"的原则。比如对方一分钟打20字，而客服一分钟能打120字，这时候就要迁就一下对方，按照对方的节奏交流，否则对方跟不上思路，会产生沟通障碍。除了聊天速度外，在线沟通过程中，还要注意回复速度，回复对方的速度要适中，不能过快，也不能过慢。

4) 称呼称谓莫乱用

中国人非常讲究称谓，所以使用称谓要谨慎，不能乱称呼别人，或是称呼中带有贬低的意思。例如，在称呼别人时，尽量不要用"小"字，如小王、小路、小李之类的，因为"小"字通常是长辈称呼晚辈，或是上级称呼下级时才使用的。

5) 字号字体莫乱改

在线沟通时，有些人不喜欢默认字体，于是就乱改一通，比如改成大红大绿、火星文等，没有考虑别人的感受。比如很多人喜欢绿色、黄色，但是这些颜色的字体在手机上会非常刺眼，让人感觉不舒服。再如火星文等个性字体，阅读起来比较吃力，而且还给人幼稚的感觉，所以轻易不要修改默认字体，默认字体虽然普通，但却是大众最习惯的。

6) 回复及时莫耽误

客户不知道什么时候就会发来一条信息，他此时肯定是希望客服以最快的速度回复，解决他的问题。如果客户等了很长时间都没有接到回复，就会感觉你对他不够重视，可能会咨询其他卖家，直接导致失去这个客户，所以回复一定要及时。

7) 注意礼貌

沟通时要用"您好""您""请""谢谢"等这些词汇。在线交流时只能看到文字，无法看到表情，不管在交流时的内心如何感受，对方都看不到，只能通过文字来传达，所以聊天时要注意语言规范，不能说一些不友好的话，或是让别人误会我们在轻视、侮辱对方，这样才能保持沟通的顺畅。

实操流程4：以一个团队为单位，组内成员循环扮演客服和客户的角色，练习以下情境的电话沟通，各组电话录音全班分享，并指出需要完善的环节。

(1) 电话沟通开场白；
(2) 就物流问题进行沟通；
(3) 电话回访产品质量；
(4) 与给予中差评的客户沟通；
(5) 向老客户推荐新产品。

知识窗2.3.4 电话沟通技巧

1. 接听电话的流程

1) 接听电话
2) 主动报出自己单位的名称、自己的姓名和职务
3) 询问对方单位名称、姓名

明确对方的身份是顺利进行沟通的前提；自报家门后应主动询问对方单位的名称以及对方的姓名，以初步了解来电目的，避免转接过程中遇到问询难以回答的情况，浪费宝贵时间。

4) 详细记录通话内容

很多问题并非在电话中就可以解决的，可能要稍后解决，如果你并非过目不忘的人，就要将通话内容记录下来；有时候我们可能要帮助同事接听电话，这时候尤其要记录通话内容；有些电话虽然是给你的，但需要解决的问题是其他同事负责的，因此也需要详细记录通话内容。

5) 复述通话要点，以便得到确认

复述通话要点时，要复述以下内容：对方的电话号码；双方约定的时间、地点；双方谈妥的产品数量、种类；双方确定的解决方案；双方认同的地方，以及仍然存在分歧的地方；其他重要的事项。

复述通话要点的好处：不至于因为信息传递不一致，导致双方误解；避免因为口误

或者听错而造成的不必要的损失；便于接听电话者整理电话记录。

6) 整理记录提出拟办意见

用5W1H检查记录内容的完整性：Who(是谁)；What(什么事)；When(什么时候)；Where(什么地方)；Why(为什么)；How(怎么样)。

7) 呈送上司批阅或相关人员

对一些重要电话，内容关系较大，已经超出自己可以决定的权限，要将电话记录呈送上司批阅。

2. 拨打电话的流程

1) 提前想好谈话要点、列出提纲

提纲内容包括以下几项：我的电话要打给谁？我打电话的目的是什么？我要说明几件事情？它们之间的联系怎样？我应该选择怎样的表达方式？在电话沟通中可能会出现哪些障碍？面对这些障碍可能的解决方案是什么？

2) 拨打电话

在拨打电话时要注意使用礼貌用语；注意语言简洁明了。

3) 说明自己单位、姓名、职务

4) 询问对方姓名、职务

5) 讲述电话沟通的内容

6) 主动询问是否需要再说一遍

7) 在通话记录上注明接听人及时间

3. 需要注意的电话沟通细节

1) 聆听

客服人员要抓住重点，留心细节；让电话另一端的人感到你在用心听他讲话；重要内容要复述得到确认；不要随意打断对方的说话；有目的地将你有利销售的话题引向深入。

2) 表达

电话沟通时目的要明确，主题要集中，观点要鲜明：我为什么要打电话？这次电话的主题是什么？我的观点、主张是什么？

陈述事实要简洁，说明要点有条理。简洁的事实陈述是指用最少的语言交代清楚以下内容：When(什么时候)、Where(什么地方)、Who(谁)、What(什么事情)。

3) 列出电话沟通提纲

4) 微笑

虽然客户不能真实地看到客服人员的笑脸，但通过电话中的语音、语调，可以传达出热情、友好、耐心的信息，给客户"微笑服务"的感觉。

5) 礼貌

礼貌是一种基本的个人素养，任何人都不会拒绝礼貌的语言。特别是作为在线沟通的电商客服，礼貌用语可以给客户一种尊重对方的感觉。电商客服在与买家的日常交流中，要牢记使用"您"来称呼买家，多使用"请""谢谢"等礼貌用语。

【延伸阅读】

1. 电商客服的服务意识提升策略

电商客服的服务意识指的是在与客户交流中，客服人员所体现的热情、周到、主动的服务欲望和意识，即自觉主动地做好服务工作的一种观念和愿望。作为向客户提供产品或服务的人员，电商客服必须具备强烈的服务意识，才有可能成为店铺的"金牌"客服。

优质的客户服务可以对店铺的经营产生较大的影响，可以树立品牌，带来更多的客户；可以使客户满意度大幅提升，成为店铺的忠实客户，产生多次购买行为；也可以使店铺得到良性循环发展。

电商客服在网店的形象树立、店铺推广、产品销售及相关售后、客户维护等方面均起着重要作用，其价值不可小觑。客服人员在工作中提升客户服务意识的主要策略有以下几个。

1) 热情服务

电商客服在接待客户咨询过程中，首先必须热情，并让客户真切感知。在客户与客服打招呼，提出疑问，发起咨询时，客服必须快速响应。客服在整个交易流程中与客户的沟通必须有礼有节，无论最终是否成交，都要使用礼貌用语，通过良好的沟通与客户达成共识。欢迎语、结束语等接待话术的运用也是树立商家形象、体现服务质量的重要方式。一句亲切的问候，会让客户放松戒备，从而在客户心中树立良好的店铺形象。

2) 换位思考

电商客服在接待客户咨询的过程中，需要遵照换位思考的原则。客户希望购买的产品所具有的价值是符合预期的，带着一分价钱一分货的理性消费观购物；商家受到固定的经营成本和服务局限，本着不虚构价值，诚信经营的基本理念，双方能够找到各自合理的可获得的利益点，交易即会在友善的过程中达成。即使后续因认知不同而发生退换货的行为，如果商家与客户能够站在彼此的角度去处理，那么即使在交易过程中产生分歧，也容易达成共识。

当客户对产品品质或价格提出异议时，客服需要耐心说明，不能直接否定客户。客户对产品及商家的认识必然是从无到有，从陌生到熟知再到建立信任。如何能够快速卸下客户的防御心理，给予客户最大满意度，更好地引导客户进行消费，是售中客服应该着重考虑的。客户多数是在自己不清楚产品信息或者是咨询优惠信息的情况下咨询客服人员的，有着专业知识和销售技巧的客服人员可以消除客户的疑问，打消客户的犹豫，促使购买行为发生。在一次愉快的交易后，客户体会到良好的服务、产品及物流，当需要二次购买时，会倾向选择自己熟悉的店铺。

3) 主动沟通

电商客服在接待客户咨询的过程中，还必须遵循主动沟通的原则。客户的购物习惯正在改变，网店的流量正在呈现碎片化状态，无线网络的崛起使消费行为发生的时间及场地表现出自由性，也就是说客户浏览店铺的时间零碎，会受各种外界因素影响而中断。主动沟通之所以是客服的工作重点，是因为主动沟通可以不断唤起客户的购买兴趣，促进客户集中关注店铺，从而顺畅地发生购买行为；对曾经发起询问，但因各种原因未曾下单购买的客户应建立分组，有针对性地进行沟通，不定期且主动地打招呼和发布店铺最新动态，但要适度，不能对客户造成骚扰，否则客户可能不予理会，甚至产生厌烦；通过与客户对话发现其未曾购买的真实原因，对客户的关注点进行备注，在恰当时机针对客户的关注点给出解决方案，从而再次唤醒客户对店铺的记忆。主动沟通的原则是有张有弛，找到与客户关注点契合的时机才是正确的做法。例如，在大型的店铺活动时，在客户曾经咨询的产品价格发生变动时，或者在客户特殊纪念日时，主动沟通才有可能打动客户。具有专业知识和良好沟通技巧的客服人员，能给客户提供购物建议，更高效地做好售后及问题反馈，从而提高店铺整体服务水平。

2. 说服客户应遵循的原则

电商客服说服客户的关键就是取得客户的信任，这就要求客服人员从一开始就要营造出认同的氛围，从客户的角度出发，为客户着想，再理性分析、对症下药，站在专业的角度为客户出谋划策。

1) 先假定客户是认同的

从谈话一开始，客服人员就应该试图营造一种说"是"的氛围，而不要形成一种说"否"的氛围，也就是不要把客户置于不同意、不愿做的位置，然后去批驳他、劝说他。如"我知道你不会买的，可是你已经拍下了，还能怎样呢？"这样的说法客户往往是难以接受的。在说服客户时，客服人员要先假定客户是认同的，如"我知道您觉得这件产品挺适合您，只是还有点犹豫而已""这条裤子很适合您"等，从积极、主动的角度出发，去启发、鼓励客户，帮助他提高信心，并接受自己的建议。

2) 一切从客户角度出发

要想说服客户，客服人员就要考虑到客户的观点或行为存在的客观理由，即设身处地地为客户着想，使客户产生一种"自己人"的感觉，这样说服的效果会十分明显。客服人员与客户的交流一定要追求双赢，在交易时要注意，不要把对客户没有用或并不适合客户的产品介绍给他，也不要让客户花多余的钱。要尽量减少客户不必要的开支，即使没有交易成功，也可以多积累一个潜在客户。只有从客户的角度出发，理解客户的真正顾虑，找到问题的真正原因，知道从哪里入手说服客户，也才能用客户的思维方式考虑问题，说出客户的想法，帮助客户做出决策。

3) 积极取得客户的信任

客服人员在说服客户的时候，最重要的是取得客户的信任。只有在客户相信客服人员之后，他才会正确地、友好地理解客服人员的观点和理由。信任是人际沟通的"过滤器"，只有对方信任你，才会理解你的动机；否则，即使你说服他的动机是友好的，也会经过"不信任"的"过滤器"而变成其他意图。因此，在说服客户时取得客户的信任是非常重要的。在沟通中，客服人员友善的态度、饱满的工作热情也有助于取得客户的信任，同时客服人员要注意和客户保持长期关系，信任感是可以积累的，这有利于以后的服务工作。

3. 回答客户问题的方法和技巧

客服人员在回答客户提问时，必须注重方法和技巧，平淡无味的回答会让客户缺乏兴趣，失去对店铺的好感，而注重技巧的回答会让客户对店铺充满兴趣。

1) 巧妙地否定

客户经常会问"对不对""是不是"之类的问题，对于这类问题，如果需要否定客户，那么不能回答得太生硬，这时不妨带客户"绕绕弯"，不仅能让沟通气氛变得更融洽，还能把问题说得更明白，获得客户的信任，如以下对话：

客服：您好，这里是骑行单车专卖店，请问有什么需要帮助的吗？

客户：我想买一辆山地自行车，想了解一下你们店铺销售的自行车到底怎么样？

客服：您肯定知道，山地自行车是我们店的主打产品，很感谢您能关注我们的产品，不知道您还有哪些方面的顾虑？

客户：据说××店铺的自行车质量更好一些，你们店的产品质量是不是真的不如它们？

客服：不知道您是从什么渠道获得的信息，我如果只说我们店的产品质量更好，则可能无法说服您，但是您可以了解一下，我们店的山地自行车目前在国内的销售量是最高的，市场占有率在20%以上，而××店铺的销售量不到我们的一半。所以，如果我们店的产品质量真的不如它们，也就不会有那么多客户选择我们了，您说是吗？

客户：我知道你们店的名气更大一些，但我还是不大确定产品质量。

客服：我建议您上网查一下，看看广大车友对我们产品的评价，您心里大概就有答案了。

客户：这倒是一种办法！

客服：谢谢，我对我们店的产品是绝对有信心的，也希望您能选择我们店的山地自行车。

客户问了一个"是不是没有××店铺的产品质量好"的问题，客服人员没有直接给出答案，否定对方，而是从侧面说话，如"拿销量对比""让客户自己上网查看客户的评价"，这样的做法会比正面回答更有说服力，还可以避免因否定客户而带来的尴尬。另外，客服人员回答这类问题的态度也很重要，一定要友好中带着自信，可以批驳客户的观点，但不能表现出轻视的态度。

2) 巧妙地肯定

对于封闭式问题，客服人员不可直接生硬地否定，而应在需要肯定回答的时候，根据具体情况选择回答的方式。当沟通气氛融洽或者时间比较紧迫时，客服人员可直接用"是的""对"等词简单、有力地肯定；当需要活跃气氛、调动客户情绪的时候，客服人员就需要回答得更巧妙一些，不妨借机对客户适当加以赞美和鼓励，如以下对话：

客服：您好，我们是时尚家居店，请问有什么需要帮助的吗？

客户：你好，我想咨询一下，购买你们家具的流程是我们先下订单，然后你们生产的吗？

客服：没有问题，我们可以根据客户的订单生产家具。

客户：那要是按我们设计好的样式呢，也能生产吗？

客服：您问得很有水平，这正是我们店的最大特色，我们可以生产出客户想要的任何款式的家具。

客户：哦，这样挺好，是不是你们也做来料加工的业务呢？

客服：您又说对了，如果你们提供材料，那么我们可以帮忙加工；如果你们没有材料，那么我们提供材料，生产出您想要的家具。

客户：如果和订单不符，那可以退货吗？

客服：这还用说吗？不过我们还从未遇到过客户退货的情况。

客服人员在肯定一系列的封闭式问题时，用到了"没有问题""您问得很有水平""您又说对了""这还用说吗"等不同的表达方式，比一味单调地回答"是的"更容易引起客户情感上的波动，服务效果往往会好很多。

3) 附和式回答

客户经常会提出一些自己的观点，以此来征求客服人员意见。如果这些观点跟客服人员的想法是一致的，或者观点本身对主题没有什么影响，那么客服人员只需附和就可以了，如以下对话：

客服：您好，欢迎光临数码音响店，请问有什么需要帮助的吗？

客户：你好，我前几天在你们店里买了一对音响，收货时没有注意看，今天使用的时候发现音响的按钮坏了，能换吧？

客服：您好，我们所有的音响设备都是7天内无条件退换货的，您只要在收到货7天内有任何的不满意，都可以随时退换货。

客户：那我就放心了，看来你们店的服务确实不错。现在有很多店铺承诺无条件退换货，但到真正去退的时候，它们就找乱七八糟的理由不给退，是这样的吧？

客服：您说的是，但我们店绝对不是这样的。

客户：好吧，谢谢你，我马上把音响快递给你，麻烦你再告诉我一下你们店的地址。

客服：好的，您把货发到×××就可以。

客户提出了一个与主题无关的话题并征求客服人员的意见，客服人员只需随口附和"您说的是"即可，这要比和客户继续聊与工作无关的话题好得多。

有时候客户提出问题并不是为了获得答案，因为双方都很清楚答案是什么，他只是为了语言上的过渡或者情感上的缓冲，客服人员马上附和，会让亲密感提升很多。

4) 报告式回答

有些客户会问一些比较复杂的、关于客观事物的问题，问题内容很多，一两句话解释不清楚，而这些信息却是客户想要了解的内容，这时客服人员就需要像作报告一样用很多语言来描述一件事物，有时甚至需要长篇大论，这就是报告式回答。在进行报告式回答时，客服人员要注意自己的打字速度、适当停顿、断句等，让自己的表达更容易理解。

5) 感性式回答

回答问题是表达自己意见的方式，或者告诉别人本来不知道而又想知道的事情，而有些问题想要让对方准确了解，就只能用自己的感受来讲述，让听者从另外的角度来考虑问题、分析问题，这种用自己的感受来回答问题的方法就是感性式回答。客服人员在工作中经常会用到这种回答方式。很多问题必须通过感性式回答才能描述清楚，才能更有说服力。

【考核方案】

以3~5人形成一个学习小组，小组成员明确分工，落实具体工作。整个学习过程既有独立的思考，又有团队协作、共同实践的任务。成果考核由成员自评、小组内评价和教师评价构成。小组内成员对本组在线沟通技巧和方法的运用进行自评、完善；小组之间对在线沟通的技巧和方法的有效性、实践性开展互评，并写出评价意见；指导教师对各组的实操演练过程和成果进行评价，各组成员继续完善相关环节。

岗位任务主要考核点如下所述。

(1) 熟练操作第三方平台的客服工作台在线沟通模块；
(2) 完成沟通主要分类方式的分析和运用；
(3) 能在生活中运用合理的方法进行有效沟通；
(4) 掌握在线沟通和电话沟通的技巧和方法，并能较好运用。

【思考和作业】

(1) 肢体语言属于哪种沟通类型？它的重要性主要体现在哪些方面？
(2) 如何根据沟通对象的职业和工作特性，确定最佳沟通时间？
(3) 电商企业客服在哪些工作情境需要与客户进行电话沟通？

项目实施篇

【导言】

网络市场具有开放性、隐蔽性和虚拟性等特点。在网络交易过程中,买卖双方无法实现面对面交易,客户也无法直观地判断交易产品的质量,只能通过文字沟通、图片表情来表达彼此的想法、需求等,这就对电商客服的语言表达和沟通能力提出了较高的要求。具有丰富的专业知识和良好的沟通技巧的客服可以帮助客户选择合适的产品,促成客户的购买行为,从而提高店铺的转化率和销售额。

接待客户是客服的主要工作,也是其重要工作。要达到优秀的咨询转化率,遵守工作流程是非常重要的,流程永远是帮助客服团队厘清工作脉络,提升工作业绩的良方。

好的客服工作流程可以提高客服的工作效率，使其养成严谨的工作作风，减少重复性失误，使其接待服务更加规范化和专业化，快速达到一个优秀电商客服的标准。

售中工作流程主要包括8个环节：进门问好、咨询接待、产品推荐、异议处理、交易促成、订单确认、礼貌告别、下单发货，每一个环节的工作重点有所不同，沟通要点略有差异，但规范化和专业化要求是一致的。

售后服务就是在产品出售以后所提供的各项服务活动。很多客服人员遇到售后问题会比较头疼，不懂得如何跟客户沟通，不知道如何解决纠纷。其实，售后服务并不停留在不让客户找麻烦，不让客户给差评这个层面上。从长远来看，售后服务注定是市场营销的重要环节，是电商发展的生命所在。优秀的售后服务可以提升客户的满意度，获取优质口碑，提高店铺的复购率，并且有效降低其他因素对店铺的负面影响。

模块3　售中工作内容

产品发布到网上以后,客户通过各种渠道看到了这款产品,但是可能会觉得产品介绍得还不够详细,希望通过直接咨询客服人员的方式来获取更详细和个性化的信息,为下一步购买做准备。可见,网上店铺的在线接待是客服日常工作中的一项重要内容,咨询过程中的沟通技巧也非常重要,会直接影响到交易是否能够达成。最有共性的在线售中工作流程通常分成8个环节,如图3.1所示。

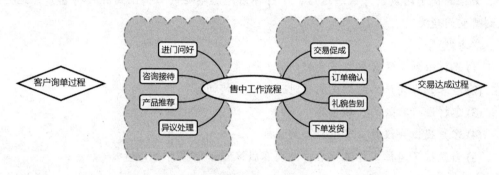

图3.1　售中工作流程

本教材把"进门问好、咨询接待、产品推荐、异议处理"归类为客户询单过程;把"交易促成、订单确认、礼貌告别、下单发货"归类为交易达成过程。

【学习目标】

知识目标
- 了解售中工作流程和工作内容;
- 掌握针对不同类目产品的售中沟通技巧;
- 掌握售中工作的标准话术。

技能目标
- 能在电商企业客服工作实践中灵活运用售中工作流程8个环节相关的工作内容,解答客户的问题;
- 能根据电商企业店铺和产品特点,运用相应的售中工作沟通技巧,完成店铺的经营目标;
- 能根据不同类目产品和目标客户的特点,灵活运用售中工作的标准话术,提高客户满意度。

课程思政目标
- 贯彻新发展理念，实现国家和行业高质量发展；
- 弘扬社会主义法治精神，自觉遵守国家和行业法律法规；
- 加强客户信息和个人信息保护意识。

【情境导入】

富罗迷天猫旗舰店是一家在天猫平台上经营了10余年的品牌直营店铺，由宁波市中迪鞋业有限公司开设运营，专营各类男女童鞋、童装等。自创建以来，富罗迷品牌为客户提供最好的产品、良好的技术支持、健全的售后服务，在企业多年的不懈努力下，逐渐成为行业内知名企业。小叶经过理论考试、打字测试和面试，成功应聘店铺的售中客服。紧张的岗前培训及考试通过后，小叶怀着忐忑不安的心情上岗并接待客户，她将会遇到哪些问题呢？

思考题：
(1) 怎样给到店的客户留下良好印象？
(2) 当客户咨询产品的相关问题时，应该如何回答？
(3) 怎样进行有效的产品推荐？
(4) 客户提出异议时，客服应如何化解？
(5) 当熟练了岗位工作流程后，电商客服又该如何提升工作绩效？

任务3.1　客户询单过程

【任务布置】

为了规范客服的工作流程，提高工作效率，给到店客户优良的购物体验，请为富罗迷天猫旗舰店设置进门问好、咨询接待、产品推荐、异议处理的客户服务方案，并整理出客服的标准话术。

【实操内容和流程】

● 实操内容

(1) 根据店铺产品的特性，为店铺客服设置客户进门问好的标准话术；
(2) 整理常见的客户咨询问题，并做出客服咨询接待的标准话术；
(3) 了解店铺产品特性，做出各种款型产品的客服产品推荐标准话术；
(4) 掌握客户产生异议的类型和原因，并整理出客服异议处理的有效话术。

● 实操流程

实操流程1：小组成员分工收集本店铺的各款型(男女童鞋、童装)产品信息、价格信息、客户分类信息；收集同类目竞争对手的相关信息，并做好产品手册。

实操流程2：小组成员一起学习、讨论客户询单过程各个环节的主要内容、工作流程和工作重点。

知识窗3.1.1　客户询单过程的主要流程

1. 进门问好

进门问好，就是热情、快速、礼貌地迎接买家，良好的第一印象是成功沟通的基础，将直接影响交易的结果。在进门问好环节，在线客服应该使用规范化、标准化的迎客语，快速响应，同时礼貌待客，热情大方，配合合适的表情包，提升店铺在客户心中的专业形象，并设置好自定义个性签名和自动回复，有效提升呼入转化率。

1）快速响应

当客户前来咨询时，客服要第一时间回复客户，一般在6秒钟内必须有问候的反馈。如："您好，亲，欢迎光临××店铺，我是客服××，很高兴为您服务！(笑脸表情)"。

客户买东西都会货比三家，可能会同时跟几家店铺联系，这时候谁第一时间回复，谁就抢占了先机。在进门问好的过程中，回复时间的快慢将直接决定客户停留与否。如果因为在线客服长时间不能响应而使得客户被迫另选商家，那么对于一家网店来说，是一个很大的损失。每一个客户的呼入，都有可能是在花费了很多运营成本之后才得到的，这样就造成了资源的浪费。

2）设置个性签名和自动回复（以千牛工作台为例）

个性签名首选是体现店铺促销活动的标语，其次可以是一些名言或者品牌文化格言。个性签名的设置方法：登录千牛，单击"聊天"，打开客服工作台→单击右上角的"设置"按钮→单击个性设置的"个性签名"按钮→单击"修改"或"新增"，输入店铺的个性签名后单击"应用"，单击"确定"即可，如图3.2所示。

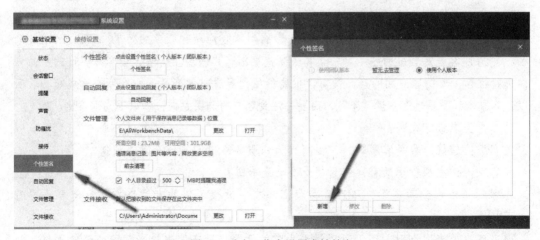

图3.2　千牛工作台设置个性签名

"自动回复"也同样设置。

2. 咨询接待

咨询接待是客服工作流程的重要环节。客户如果对产品没有需要了解的问题，通常会采用静默下单的方式，而发起咨询的基本都是有疑问的客户。客户会在不确定是否购买时提出一些涉及产品、商家、品牌、服务等内容的疑问，此时客服人员就要运用专业的产品知识以及娴熟的沟通技巧，认真倾听客户需求，准确回复客户咨询，做好"导购员"，获得客户的认同，进一步创造良好的沟通语境。

3. 产品推荐

通常情况下，客户咨询客服相关问题后，有的直接下单，有的还希望客服能推荐合适的产品，这时候客服就必须了解清楚客户的需求，根据客户确定购买的产品，分析客户还有哪些自己没有想到的需求，精确推荐能满足客户需求的产品。

4. 异议处理

在经过沟通和产品推荐之后，客户可能会产生一些异议，这是客户针对客服人员及营销推广活动所做出的一种反应，是客户对客服人员、促销方式和交易条件提出的否定或反对意见。为了更好地处理这些异议，客服需要对客户提出的各种问题进行回应和解释，以退为进，促成交易。

实操流程3：小组成员之间结合店铺产品特性，整理好常见的客户咨询问题和客户产生异议的类型，逐一开展进门问好、咨询接待、产品推荐、异议处理的话术实操演练，并形成客户询单过程的客户服务方案和标准话术。

知识窗3.1.2　客户询单过程的沟通技巧

1. 进门问好，热情迎客

进门问好是在线客服在接待客户流程中的首个环节，有着很深的学问。进门问好，我们把它归结为一个字，就是"迎"。"迎"指的是迎接客户的艺术，良好的第一印象是成功的沟通基础，"迎"的成功与否会影响到客服沟通和服务的效果。

热情迎客是对客服的基本要求。客服要挖掘出客户的潜在需求，按客户咨询的产品方向进行推荐，哪怕客户问的产品没有，也要留住他多看其他产品，才有可能达成交易。所以，客服永远不要对客户说"不"，而要关注到客户的购买意向，如以下沟通案例。

客户：老板，在吗？

客服：您好，我是客服××，很高兴为您服务，请问有什么可以帮您？

客户：你家那款婴幼童洋气甜美女套装还有吗？

客服：很抱歉卖完了，不过现在我们还有一款很不错的女童连衣裙，您要不要看一下？

当客户前来咨询时，我们可以运用幽默的话语、动态的表情来营造交谈的气氛，尝试用建议的口吻推荐店铺中的其他相近款式的产品，让客户感受到客服的热情和亲切，增加对店铺的好感，提高成交概率。很多商家在参加大促活动的时候，尤其是一些本身销售额就比较高的商家，忙起来根本来不及和每个客户都长篇大论地进行沟通，这时候可以使用正面的、积极的、善意的个性签名和自动回复。

2. 咨询接待，热情专业

咨询接待的目的是引导客户认可产品和商家，解答客户的疑虑，达成购买，所以电商客服必须掌握沟通技巧和咨询话术。

1) 咨询接待的沟通技巧

(1) 及时回复，给客户留下好印象。客户呼入的前六秒，我们称之为"黄金六秒"，客服只有快速回复客户的咨询，才能及时留住客户，获得下一步向客户推荐产品的机会。

在不繁忙的情况下，客服需亲自回复客户，但当大促活动或接待量大增时，为了给客户留下好印象，通常可以使用快捷短语和自动回复，取得缓冲时间，以便开展下一步的咨询接待工作。以千牛为例，可根据店铺客户经常关注的问题，整理出本店铺的快捷回复短语，这样即使繁忙的时候也能够游刃有余地接待多位客户，节约宝贵的时间，提高客服的工作效率，而且能保证店铺内所有在线客服人员对同一问题的答复保持口径一致。快捷短语应控制在30条之内，以便客服可以快速找到并回复。当咨询量特别大或者暂时离开的时候，可以采用自动回复的方式。自动回复必须简单、明了，重点体现内容要用重点字体和颜色强调，自动回复后，要尽快地联系客户。在不做活动期间尽量不要使用自动回复，要注意如何留住客户，告知优惠信息，如有的店铺提倡自助下单会有额外礼物，这样不需要太多咨询的客户就会直接下单购买。

(2) 善用语气词，提升客户良好体验。网络对话没有语音、语调，很容易使客户感觉单调、生硬，会影响购买的欲望，所以客服在沟通时，要学会在回复中恰当使用"噢""嗯""哦"等语气词，弥补语音语调缺失的不足，提升客户的体验，最好能采用双音词回复，如"嗯嗯"表示友好，客户收到会产生种亲切感。

(3) 待客如朋友，给予客户恰当建议。要让客户在店铺里停留时间较长的方法不是不断向客户推荐产品，而是先和他们交朋友，试着接近他们的内心，像朋友一样跟客户沟通和给出建议，才能让客户放下戒备，进而产生信任。客户在店铺留得越久，也越容易下单。

(4) 善于识别，注意网络交易安全。在线网络交易的安全非常重要，电商客服要时刻注意客户发来的链接，不要随便接收和打开客户发过来的链接、文件，链接前是绿色小钩的才是安全的网站，而图片的展示可以要求客户使用聊天工具的截图功能。

(5) 搭配表情包，给亲和力加分。在线沟通存在很大的局限性，因为无法使用表情、声音和手势，在很多情况下容易造成误解，所以要学会使用表情包来替代客服的表情和手势，补充我们日常用文字表述的一些内容。

一个合适的表情包能够让客户对卖家增加亲切感，拉近彼此的距离，有利于促成交易。以阿里旺旺表情为例，除默认的外，还可以自定义添加表情，建议在跟陌生客户沟通的时候，尽可能选择那些积极向上，能表达善意的表情包。此外，一般的快捷回复也多以文字为主，如果加上一个恰当的表情包，就是一个加分项，与客户的沟通将达到事半功倍的效果。所有的旺旺表情都有相应的代码，只要将鼠标在旺旺表情上停留一秒钟，该表情的代码就会显示出来，只要在快捷短语里加入相应的代码，使用时，对话框里这段代码的位置出现的就是对应的旺旺表情。

2) 咨询接待的咨询话术

(1) 关于质量和售后问题的咨询话术。

客户：买了不喜欢怎么办?

客服：亲，我们家支持七天无理由退换货的哦。只要衣服没洗，吊牌还在，7~15天都可以退换货。小店有赠送运费险，拍下有显示赠送运费险的宝贝就可以享受。如需退货，申请退货后填写正确退货单号，保险公司审核后会赔付部分运费的哦。

客户：收到有质量问题怎么办?

客服：因质量问题产生的来回运费都是由我们承担的，您退回来的时候先帮忙垫付下运费，等换好后，再联系我们把运费打到您的支付宝里哈。

(2) 关于发票的咨询话术。

客户：你们可以开发票吗?

客服：亲，我们店铺都是可以提供发票的，您提供下付款单位名称和项目内容，我们会根据您的付款金额开具发票。项目为服装或者具体商品明细，发票和商品是分开发物流的哦。(客人提供发票相关内容后，客服应及时在开发票表格中，由售后统一发给财务开票)

(3) 关于物流的咨询话术。

客户：你们发什么快递的?

客服：亲，我们默认发中通、圆通快递的，不支持指定物流的哈。

客户：什么时候发货呢，多久可以到我这?

客服：亲，我们一般会在您拍下付款后的24小时内发货哦(预售款除外)，默认发中通、圆通快递。省内正常是1~2天收到，省外是3~5天可以收到，乡镇或偏远地区一般5~7天到货哦。(注意：特殊活动，如品牌团、聚划算、"双十一"、"双十二"等大促活动期间的发货时间以活动前通知为准，到货时间也有可能延长)

客户：可以发其他快递吗?

客服：亲，本店暂不支持其他快递，实在很抱歉。

3. 产品推荐，关联销售

"产品推荐"是一个引导和说服的过程，客服必须掌握察(观察)、应(应答)、问(提问)、荐(推荐)等4个方面的技巧。

1) 察

"察"即观察，客服在短时间内完成对客户性格、特征、购买倾向、购买力等信息的观察，并做出总结。在整个沟通过程中，客服需要对客户的语言进行提炼，逐步完善客户资料。客户在对话中的表情符号、语言习惯、文字输入速度，甚至客户ID、会员等级、消费记录等基本资料都是观察客户、收集信息的入口。一个优秀的客服必须善于总结归纳，并根据这些内容进行判断分析。在与客户的交流中，预估客户的期望，在不影响商家利益、不超越岗位职责的前提下，回应时尽可能接近客户的期望。

(1) 观察客户ID。当客户发起询问对话后，在弹出的对话框中单击客户的头像，然后单击"查看基本信息"，可以看到客户的地址、性别、信誉级别、注册时间、上次登录时间等。通过对不同个性的客户ID进行解读，快速判断其分类，确定后期交流风格的基调，从而找到合适的聊天风格，以便更好地促成订单。

(2) 观察客户其他有效基本信息。观察客户地址，可以直接预估出产品到达时间，在客户成功购买后对到货时间进行说明提醒；观察客户信誉，可以推测出客户购买倾向，信誉较高的客户搜索产品和价格比对的能力较强，为其介绍店铺优惠活动、热卖产品搭配套餐比较容易，能够提高客单价；结合客户信誉和ID注册时间，可以推测出客户的大致购买频次；观察客户好评率，可以推测出客户的评价习惯，通常习惯给出差评的客户对产品品质和商家服务都有极高的要求，在沟通的过程中不建议对其进行过多关联推荐，应该详细说明产品特点和问题，对客户的疑虑详加说明，降低客户的预期。

(3) 查看客户历史购买记录。通过客户曾经购买的产品，可以了解其消费能力和喜好特点。商家在店内通常会有中高低档产品的划分和类型的区分，在客户选购产品的过程中，客服应根据客户的喜好和消费能力推荐产品，以让客户轻易接受。

(4) 观察客户是否有某种情结。通过聊天过程观察客户是否有某种情结，例如，在与客户沟通过程中留意客户使用的字体、颜色和常用的表情符号。通常字体在客服工作平台的展现是固定的，如果发现客户使用的是其他字体，首先要意识到这位客户很可能是PC端浏览状态，与之交流时间有可能相对长些，这个时候可以向其推荐店铺的搭配套餐、新品等。爱使用表情符号的客户通常属于比较容易沟通的类型，往往性格比较活泼，在遇到这类客户时，建议把"！"符号换成"……"，这样的语气更加契合。在交流的过程中观察客户的用词、停顿、语气，都可以帮助客服分析客户的性格特点，有助于建立良好的沟通关系。

2) 应

"应"指的是在沟通过程中对客户提出的各种问题进行回应和解答，这是客服的重要工作内容。客服的回复是对客户的尊重和关注，也是引导客户购买的重要环节。应答客户提出问题的目的是打消客户的疑虑。通常有两个方面的疑虑需要解决。

(1) 客户对产品品质和服务的不确定。客户对产品品质的疑虑来自对品牌的不熟悉，对产品本身功能的不了解，此时客服对产品知识的掌握程度直接影响到应答的效果。客服不仅需要了解自身店铺内的产品知识，还需要了解同行同品类商家的产品，以便更好地向客户介绍自身产品的卖点。另外，在应答环节，突出售后保障服务同样重要，优质的服务保障有助于打消客户的疑虑。

(2) 客户自身的不确定。面对自身消费目的不明确的客户，客服需要重点介绍产品的特点及属性，帮助客户逐步了解产品，同时通过产品使用场景的描述增加使用代入感，激发客户需求，此时的回应重点在于客服必须具备足够的耐心和专业度，否则很难达成交易。

3) 问

在与客户沟通中向客户提出有效问题，可以帮助客服逐步确定客户的特点和真实需求，以达到精准推荐产品并达成交易的目的。通过提问，一是表达对客户的关注；二是可以获取客户更多的信息，从更多维度观察客户的性格、需求及关注点；三是待时机成熟，可以激发客户的潜在需求。提问是客服主动的行为，提问的方式要有技巧，提问的内容要经过提炼。

(1) 问简单的问题。在与客户沟通初期，问一些相对简单的问题便于客户回应，容易拉近与客户的距离，让客户在看到问题时不产生抵触心理。

类似这样的提问有：

"您买给多大的孩子穿啊？"

"亲，一周做几次面膜呢？"

在整个沟通过程中，客服人员提出的问题应简单明了，容易回答，建立良好的沟通语境，从而方便在短时间内进一步明确客户最终的购买意向。在与客户沟通的整个过程中，客服人员要注意节奏，与客户思维进度和频率保持基本一致，不可操之过急，在时机不成熟时急于催促或过度推荐，都很容易造成客户反感而前功尽弃。

(2) 问封闭式的问题。客户对产品品质特点与店铺服务、优惠力度等都不如客服人员熟悉，那么此时客服人员给出的建议或者意见应该是A或者B的选择，选择权交给客户是尊重，让客户按预设的方向选择。在客户犹豫不定时，客服应给予有选择余地的推荐，而不是只能有一个选项。

类似这样的提问有：

"您是倾向于单衣，还是有夹棉的？"

"您家孩子是不是出席较正式场合穿这个衣服？"

(3) 问一些有肯定答案的问题。在与客户沟通的过程中，为了要与客户达成共识，取得信任，以便于沟通，客服要以"有肯定答案"的问题进行提问。在客户的潜意识里，对答案的肯定就是对客服问题的肯定和对客服后期引导的肯定。

类似这样的问题有：

"质量最重要，您说是吗？"

"亲，售后服务有保障很重要，您说对吧？"

这类表达常见于议价环节中，便于与客户拉近距离，取得信任。客服提出的问题都是需要客户回应的，所以切记不要连着发问，不提复杂问题。

通过有效提问，可以进一步了解客户真正意图，以便取得更佳处理方案；通过有效提问，可以了解客户的情况，找到真正适合他的购物习惯和需要的产品，提高推荐成功率。

4) 荐

"荐"就是推荐的意思，简单地说，就是向客户介绍推荐其他产品。没有经过分析客户基本信息的推荐是盲目低效的。推荐产品这个工作步骤是建立在"察"与"问"之上的。有效的推荐不是复制产品详情，也不是复制活动细则，而是针对客户喜好，符合客户购买意向的精准建议。

假设通过观察与交流得出的结论是某位客户对某款产品有购买意向，在这种情况下，通常按客户最后回答的意向推荐，按客户感兴趣的方向推荐。

推荐以成交为目的，主要推动客户完成"立即购买"的过程。在推荐产品的过程中，客服要遵循以下三大原则。

(1) 明确自身优势。自身优势包括货源优势、质量优势以及价格优势。客服人员应明确，自身的产品究竟和竞争对手的产品有什么样的差异？当今是差异化竞争的时代，谁能够为客户考虑更多并且能够迎合客户的心理，就等于给客户多了一个选择你的产品的理由。商家通常会把产品的优势详细地呈现在产品描述页面里，希望客户看到并了解产品，但实际上很多客户并不会仔细看，而是通过对客服提问来了解产品。如果客服能够通过细致学习和观察掌握产品的信息和精髓，那么，在和客户沟通时就可以充分介绍产品，获取客户。

(2) 参考店铺内的历史数据。客服应有意识地把店铺当中销售的产品进行统计和划分。比如在进行关联销售的时候，哪两种产品做关联卖得比较好；哪些产品适合哪种类型的客户；等等。这些都是需要关注的重点。另外，店铺本身的库存参数也是一个参考依据，商家应从内部沟通着手，不仅要了解实时的库存情况，还要了解哪些产品的补货速度是可以保证的。从营销上来说，永远要向客户推荐库存充足的产品，但又要让客户觉得这是最适合他的。

(3) 喊出客户的利益。在推荐产品过程中，最重要的就是要站在客户角度分析推荐产品的优势，明确客户利益，为他解决问题，并最终获得双赢结果。如果只是遵从"低价走量"的原则，那么卖家能得到的只是虚拟的成交数据，而无法真正获得利润。

4. 异议处理，促成下单

异议是客户内心想法的宣泄，它表明店铺提供的利益目前仍不能满足他的需求。在与客户的沟通过程中，一般的客服通常对异议抱有负面的看法，面对异议有一种挫折感与恐惧感。而那些经验丰富的客服人员，却能从另外一个角度积极地看待和体会各类异议并发现异议的另一层含义。异议经过妥当处理，将缩短与订单达成之间的距离。

1) 了解客户异议的分类

客户表达异议的方式多种多样，内容五花八门，有的客户直接说对产品没有兴趣，有的客户说需要和他人商量等。这些异议的背后，隐藏着真实的反对意见。

(1) 需求异议。需求异议，是指客户以自己没有这种产品需求为由而提出的异议。该异议的实质应从两个方面来解读：一是客户真的不需要；二是客户需要，只是没有决定购买。此时需要深层次挖掘客户需求，找出客户拒绝的真正理由。

(2) 价格异议。讨价还价是大多数客户的购买习惯，客服人员可以用产品质量、款式等解除这种价格异议。

(3) 产品异议。产品异议也称质量异议，是对产品质量提出的质疑，属于异议中较难处理的一种。客服人员可以用权威认证、产品销量、客户评价等方式来解除产品异议。

(4) 购买时间异议。这类异议多数是借口，客服人员要有效地让客户表达出这背后的真实原因，采取相应的方法来解除异议。

(5) 服务异议。服务异议是指客户对购买产品或服务前后一系列服务的具体方式、内容、时间等提出的反对意见。对于这类异议，客服人员应通过提高服务水平、尽量与客户进行协商来解决，最好能采取一些补救措施。

(6) 支付能力异议。这类异议很少直接表现出来，往往转变成了其他异议。如果客户直接表示没钱，可能是在掩饰需求或价格异议。即使客户真的没有支付能力，客服人员也要对客户真诚对待，给对方留下好的印象。对于假装不具备支付能力的客户，客服人员要想方设法找到真正原因，进而解除异议。

2) 明确异议处理的原则

在确定客户异议是属于哪种类型之后，客服在处理异议时，要做到以下几点。

(1) 事前做好准备。客户提出的异议是有一定规律的，客服人员在与客户交流之前，就要将客户可能提出的各种异议罗列出来，然后制定标准应答话术，记住并熟练运用。如果事前有准备，客服人员就可以从容应对，给客户一个圆满的答复，从而说服客户。

(2) 选择恰当的时机。异议答复时机有以下几种。

① 异议尚未提出时。防患于未然，是消除客户异议的最好方法。对于客户可能提出的某一异议，最好在客户提出之前，客服人员就主动提出来并给予解释，这样可争取主动，先发制人，从而避免因纠正客户看法或反驳客户意见而引发的不快。

② 异议提出后立即回答。绝大多数异议需要立即回答。客服人员对客户异议响应的速度，既体现了客服人员的个人素质和修养，也反映了店铺服务流程设计是否合理及管理水平的高低。对客户异议及时反馈，既可以促使客户购买，也是对客户的尊重。

③ 异议提出后过一段时间再回答。以下异议提出后，需要客服人员暂时保持沉默，过一段时间再来回答，或让经验丰富的客服人员前来接待：客户过早地提出价格异议；异议属于琐碎且无聊的问题；客户提出的异议，在以后的沟通中会有合适的解答；异议的处理超出了客服人员的权限范围和能力水平。

④ 不予回答。有的异议不需要回答，例如，无法回答的奇谈怪论，容易造成争论的话题，异议具有不可辩驳的正确性等。客服人员在不回答客户提出的异议时，可以保持沉默；假装没听见，按自己的思路说下去；答非所问，转移对方的话题。

(3) 不要与客户争辩。不管客户如何批评，客服人员永远不要与客户争辩。因为争辩不是说服客户的最好方法。与客户争辩，失败的永远是客服人员。"争论占的便宜越多，客服人员吃的亏越大"。

同一个异议，不同的回复，表达了不一样的情感。例如，"是的，这件产品价格比较高，但是，它比市场上其他产品经久耐用。""是的，这件产品价格比较高，而且，它也比市场上其他产品经久耐用。"前者有解释的意思，后者则有产品品质高档的意思。

(4) 要给客户留"面子"。客服人员无论如何都要尊重客户的意见。客户的意见无论是对是错、是深刻还是幼稚，客服人员都不能表现出轻视，而且也不能语气生硬地对客户说"您错了""连这您也不懂"，更不能表现得高高在上，如"让我给您解释一下……""您没懂我说的意思，我是说……"。这些说法，明显地抬高了自己，贬低了客户，会挫伤客户的自尊心。

3) 确定异议处理的步骤

(1) 采取积极的态度。在很多时候，客户异议不仅是简单的抱怨、挑剔，还蕴含着丰富的内容。有经验的客服人员知道，最难沟通的是那些保持沉默、不愿交流的客户。那些提出异议的客户，实际上是对产品感兴趣的人。研究表明，在咨询过程中，当客户有异议时，64%的结果是下单购买；而客户保持沉默，下单的概率只有54%。因此，客服人员要控制好自己的情绪，积极地看待客户异议。

(2) 认同客户的感受。认同的作用是淡化冲突，然后提出双方需要共同面对的问题，以利于进一步解决异议。认同并不等于赞同，赞同是同意对方的看法，而认同是认可对方的感受，了解对方的想法，但并不是同意对方的看法。客服人员要做的不是赞同，而是认同，一个有效的认同方法是重复客户的反对意见，并将反对语气淡化。

(3) 使客户异议具体化。在认同了客户的想法和感受之后，客服人员要尽最大努力，通过提问和询问细节，使客户的反对意见具体化，即了解客户反对的细节是什么，有哪些因素导致了客户的反对，这将有助于彻底找出导致客户异议的真正原因。

(4) 给予补偿。处理异议的前三个步骤都是基于同一个目的：找出客户持反对意见的真正原因。在知道了异议的真实原因之后，给予客户补偿是解决问题、达成交易的一种有效途径。

如果客户的反对意见的确切中了产品或服务中的缺陷，千万不要回避或直接否定，而应该肯定客户的意见，然后淡化处理，利用产品的优点或售后服务来弥补已产生的缺陷，也可以给予客户一定的补偿，使客户的心理达到平衡，从而快速做出购买决策。

【延伸阅读】

1. 咨询接待的场景分析

在客户对某一店铺其他方面了解得比较清楚的情况下，一般会有两种咨询，即库存咨询和产品咨询。

(1) 库存咨询，即咨询产品库存情况，比如这款有没有货，这个款的货齐不齐全。客服可按照图3.3的流程进行回答。

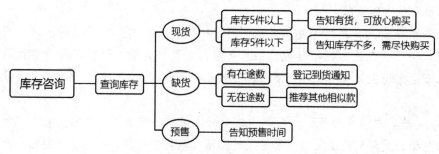

图3.3　库存咨询流程

当客户前来咨询产品库存时，客服首先要通过ERP系统查询库存情况：如果库存大于5件，告诉他有货；如果库存在5件以下，告诉他尽快购买；如果缺货但货在途中，告诉他到货时间；如果缺货且无在途数，不能直接回复没有，要告知客户因产品太受欢迎卖完了，并致歉，让客户看看店里其他的产品，推荐类似款给客户；如果是预售产品，要及时告诉他店铺预售的时间和最后发货的时间，核对客户等货情况。

不允许发生的行为是，不查询库存直接告诉客户有库存；对于预售款，不与客户核对等货情况，也不备注等货情况。

(2) 产品咨询。产品咨询包括产品成分、产品材质、产品细节等。

① 产品成分。客服应根据页面描述如实告诉客户，千万不要主观夸大产品优点。具体处理流程是，查看宝贝描述中的具体面料成分及特性，如实告知，不允许告诉客户虚假的信息。

② 产品材质。如客户要购买服饰时，往往会问道："面料会起球吗？""面料会缩水吗？"这时客服应如实告诉客户产品材质的真实情况，不能为了销售夸大其词。

③ 产品细节。客服应根据页面描述或者产品资料表如实告诉客户，不能弄虚作假。

2. 针对不同类型客户的推荐技巧

不同类型的客户在购物时会表现出不一样的购买行为和习惯，客服根据客户类型，采取不同的推荐技巧，才能有效促进交易的达成。

(1) 初次网购的客户。在接待初次网购客户时，客服除了做基本的产品推荐外，还需要手把手教他如何拍下产品，如何使用网银等。这类客户一旦与商家建立了信任之后会有较好的黏性，重复购买的概率较高。

(2) 友善型的客户。这类客户属于优质的客户，会换位思考、讲礼貌，也更容易沟通。他们语气和蔼，经常使用"您""请""是否可以…""麻烦……"等词汇。在与这类客户沟通时，客服人员要待以同等礼貌，尽可能陈述自身产品优势，适当地赠送礼物，给予最大优惠，表示对其的感激和尊重，以期达成订单。这类客户品牌黏性较大，后期维护成本较低。

(3) 多顾虑的客户。这类客户可能因为以往的不良购物体验，或者对人的信任感较低，对产品、服务等各方面比较挑剔，会再三反复确认。要打消这类客户的顾虑，就要具备足够的耐心，给出细致、全面、肯定的答案。

(4) 自我型的客户。这类客户对产品、交易流程、平台保障等有一定了解，比较坚持自己的主观判断，对于客服的介绍、建议和提醒接受度较低，所以在与其沟通中，首先要做到不否定，尽量赞美和认同对方，对于关系到交易实质的内容，需要明确、清晰地进行强调和告知。对这类客户进行售后，相对而言会有一定难度。

(5) 不喜欢沟通的客户。不回复或者很慢才回复的客户分为两种：一种原因可能是网速慢或客户对输入法不熟悉，另一种原因可能是不愿意多做交流。面对不喜欢沟通的客户，客服需要主动、反复沟通，推测客户不沟通的真实原因，适时地进行试探性提问，引导客户尽快购买。

(6) 喋喋不休型的客户。这类客户针对很多内容不停地重复提问，与"多顾虑的客户"不同的是他们问题重复，没有主旨思想，天马行空，思维和问题都非常跳跃。一般来说，这类客户比较健谈，爱聊天，相对来说时间空闲。客服应该鼓励引导他们多参加微淘互动话题，在与对方聊得比较愉快时，能够适时拦住对方的提问，告诉客户："再不拍就没有您的尺码了。""亲，今天发出的订单就快要截单了。"将话题拉回到产品上，避免客户脱离购物场景。

3. 提问的类型

客服人员的提问类型通常分封闭式、开放式、特定式、可选择式。

(1) 开放式提问。开放式提问主要是指一些不能轻易地只用一个简单的"是""不是"或者其他一个简单的词或数字来回答的问题。使用开放式提问时，客户能就有关事情做进一步的描述，并把注意力转向描述事件的某个具体方面。开放式提问可用于不知道明确答案的情况，如："您对款式有啥要求？""您还想要买什么吗？"可引导客户说出更多真实的想法，收集更多的客户资料，甚至有意外发现。

(2) 封闭式提问。封闭式提问是指提出问题的答案具有唯一性。如："给您发圆通快递好吗？""给您可脱卸款好吗？"答案只能是"好"或"不好"。封闭式提问的优点是能很快了解客户的想法，锁定谈话方向，节约时间，可确认已知情况是否正确。

(3) 特定式提问。特定式提问就是将问题和对象联系在一起，如提问："你最近在做些什么？""亲，请问你会在什么场合下穿这套衣服呢？"通过特定式提问，客服可快速了解对方在某个时间、某种情境下的想法或做法，以便做出有效的解决方案。

(4) 可选择式提问。可选择式提问是指提出两个或两个以上可能的答案供对方选择。一个"两选一"或"多选一"的问题，可以限定客户的注意力，要求客户在限定范围内根据实际情况回答，让客服人员而不是让客户掌握主动权。如："您看快递是发圆通，还是发韵达？""您周一到周五什么时候有空？"

4. 客户的还价方式及应对话术

不同类型的客户，在购物过程中和客服的讨价还价方式也有所不同，客服要有针对性地应对不同情况。

(1) 允诺型客户的还价方式及应对话术。

客户：太贵了，第一次来，你给我便宜点，我下次会再来买的，我也会介绍很多朋友来买的。

客服：非常感谢亲对本店的惠顾，不过，对于初次交易我们都是这个价格的。当然，在此次交易后您就是我们的老客户了，以后不论是您再次购买还是介绍朋友来购买，我们都会根据不同金额给予优惠的。

(2) 对比型客户的还价方式及应对话术。

客户：××店这样的东西比你这个便宜多了，你卖便宜点吧？

客服：亲，同样的东西也有档次的区别呀，都是汽车，QQ车只几万，而法拉利为什么要几百万呢？就算是同档次的东西，也会因为品牌、进货渠道等因素而有区别，我不否认您说的价格确实存在，但我们这个品牌没办法做到这个价格，我也不介意您再多比较比较，如果您能选择我们，我们会在力所能及的情况下尽量给您优惠的。

(3) 武断型客户的还价方式及应对话术。

客户：其他的什么都好，就是价格太贵！

客服：我完全同意您的意见，但您应该知道价格和价值是成正比的吧？现在来看，您也许觉得买得比较贵，但是长期来说反倒是最便宜的。因为您一次就把东西买对了，分摊到长期的使用成本来说，这样是最有利的。常言说好货不便宜，便宜没好货，所以，我们宁可一时为价格解释，也不要一世为质量道歉。

(4) 威逼利诱型客户的还价方式及应对话术。

客户：就是我说的价格了，卖的话我现在就拍，不卖我去别家买了。

客服：亲，实在抱歉哦，我们不能赔本做生意的，现在生意难做哦！如果您一定要走，真是非常遗憾，不过我们随时欢迎您再次光临。

(5) 借口型客户的还价方式及应对话术。

客户：哎呀，我的支付宝里钱不够，刚好就只有这么多钱(正好是他讲价时提出的金额)。

客服：哎呀，亲，本来如果您支付宝余额多一些呢，我就咬咬牙卖给您了，但是您这个差得也太多了，我们完全没有利润了，看来，我们只有等到您什么时候余额够了，再下单。不过，因为这个销售得不错，我们真的不能保证到时候一定有货哦。

5. 价格异议的处理方法

价格异议是销售的最后一道关卡，只要突破这道关卡，成交就水到渠成了。客户提出价格异议其实是成交的一个明显信号，客服既不能盲目妥协，也不能贸然一口回绝，而是要通过合适的处理方法，在不违反公司整体利益的前提下巧妙化解，让客户买得满意，买得高兴。客服可以采用以下几种方法处理价格异议。

(1) 转化为卖点。对于客户提出异议的地方，客服人员往往可以巧妙地将其转化为产品的卖点，例如，客户如果认为某件产品的价格太高，那么这时就应针对客户的这一异议向客户强调，导致价格高的原因是进货渠道正规，可长久地为客户提供最优质的服务，这不仅能使客户彻底免除质量问题的困扰，还相应地为客户节省不少的维修费用，而且能间接地为客户带来更大的经济效益。诸如此类的答复，客户在很多情况下是乐于接受的。

(2) 体现价格优势。当销售的产品质量确实有问题,而客户恰恰提出:"这东西质量不好。"客服人员可以从容地告诉他这种产品的确有问题,但不影响使用。所以我们才削价处理。这样一来,既打消了客户的疑虑,又以价格优势激励客户购买。

(3) 其他利益补偿。一个产品是由多方面的要素组成的,这些要素就构成了多方面的利益。例如,对于家用电器这类产品来说,价格和售后服务都是构成要素。如果客服人员在价格上不肯让步,那么可以利用产品的其他利益对客户进行补偿,如在售后服务上给予客户更多的优惠,以此来有效地抵消客户在价格要素上的异议。

(4) 设定让步范围。在给予客户补偿时,往往意味着客服一方要做出让步。因此,在给予补偿时,要有让步的心理准备,并根据自己的权限设定可以让步的范围。在让步时,一定要考虑两点:让步价值和自己所要求的回报。之所以考虑这两点,是因为让步并不是意味着一味后退,而是在让步的同时尽量争取自身的利益。

(5) 赠送小礼品。在规范、公平、明码标价、坚持原则不议价的情况下,适当优惠或赠送小礼品,以满足个别客户追求更加优惠的心理。同时,客服要委婉地告诉客户,要全方位比较、一分钱一分货,还要看产品的材质、工艺、包装、售后等。

6. 预防网络陷阱

在平时的客服工作中,除了保护好账户安全外,还需预防网络陷阱。常见的诈骗类型如下所述。

(1) 通过客服工作台发送携带病毒的文件。客服在日常的工作中不要轻易通过聊天工具接收不明来历的文件,以免文件中夹杂一些恶意程序,对电脑内信息或者密码进行窃取。一般在与客户交流的过程中,交易详情或者产品问题用语言表达不清楚时,用截图功能也可以很好地传达。所以,当对方提出要发送文件时,客服可以委婉地表达,出于安全考虑,按岗位规定不能随意接收文件,但可以通过截图的方式发送相应内容。总而言之,聊天时不明来历的文件坚决不能接收。

(2) 通过客服工作台发送不安全链接。客服需要学会对店铺产品安全链接的识别,不管是一般的网页浏览,还是客服工作台消息,安全链接都有绿色的安全标志。相反,如果是不安全链接,则会有黄色的问号提示,对于这类网页,最好不要轻易点击,钓鱼网站会伪装成第三方平台或者支付工具的登录页面,诱导点击者输入账户名和密码,造成信息泄露,导致账户出现安全问题。凡是通过聊天窗口点击的第三方平台的正常页面,只要在子账号的权限范围内,就不需要再次输入账户名和密码,这也是辨别第三方平台正常页面和钓鱼网站页面的一种方式。

(3) 假冒平台工作人员。平台工作人员在卖家心目中是神秘的,尤其是集市卖家,很少有机会接触到平台工作人员,有些不法分子会利用卖家对平台工作人员的不了解和敬畏来骗取信任,以达到骗取卖家账号信息、盗取资金、扰乱店铺正常经营的目的。因此,客服要学会识别官方平台工作人员。首先,在客服工作台上都有明显的标识;其次,平台工作人员是不会向卖家索要账号、密码等信息的。总之,无论什么人什么身份向你索要账号、密码或者验证码，都要坚决地拒绝。

(4) 对方要求第三方平台支付。在天猫或淘宝平台，销售订单需要通过支付宝担保交易服务来完成，如果对方以各种借口想规避支付宝担保交易服务，企图通过转账或者其他第三方支付平台来进行交易，客服人员应坚决拒绝。特别是对于天猫店铺来说，同意对方使用其他方式进行交易的行为本身就是违规的，经查实会被扣分，而且无论是对于天猫店铺还是淘宝店铺，这种行为都是不安全的，有些不法分子会故意询问是否可以采取非支付宝担保交易服务进行操作，当客服人员同意后，骗子会立即截图，然后通过电话等方式联系卖家，以举报相要挟进行敲诈。

(5) "客户"要求扫码支付。现在随处可见的就是扫码支付，而这种支付方式虽然给我们的生活带来了便捷，但是也同样留下了很多安全隐患。卖家在不确定的情况下，不要随便扫描各种二维码，以避免发生账户被盗，造成经济损失。

【考核方案】

以3～5人形成一个学习小组，小组成员明确分工，落实具体工作。整个学习过程既有独立的思考，又有团队协作、共同实践的任务。成果考核由成员自评、小组内评价和教师评价构成。小组内成员对本组客户询单过程的客户服务方案和标准话术进行自评、完善；小组之间对客户询单过程的客户服务方案和标准话术的可操作性、规范性开展互评，并写出评价意见；指导教师对各组的实操演练过程和成果进行评价，各组成员继续完善相关环节。

岗位任务主要考核点如下所述。
(1) 熟练操作第三方平台的客服工作台在线接待模块；
(2) 完成进门问好的标准话术练习和编写；
(3) 完成咨询接待的标准话术练习和编写；
(4) 完成产品推荐的标准话术练习和编写；
(5) 完成异议处理的有效话术练习和编写。

【思考和作业】

(1) 咨询接待中，遇到一位专家型的客户，你应如何应对？
(2) 如何向犹豫型客户推荐店铺的经典款产品？
(3) 当客户提出产品异议时，客服应该如何沟通才能解除异议？

任务3.2 交易达成过程

【任务布置】

为了提高客服的咨询转化率，实现店铺销售目标，并增加客户黏性，提升客户满意度，请为富罗迷天猫旗舰店设置交易促成、订单确认、礼貌告别、下单发货的客户服务方案,并整理出客服的标准话术。

🎁【实操内容和流程】

● 实操内容

(1) 根据店铺客户的特点,为店铺客服设置交易促成的标准话术;
(2) 依据店铺订单处理流程,整理客服订单确认的工作规范;
(3) 了解店铺客户心理,设置客服礼貌告别的标准话术;
(4) 掌握店铺工作流程,整理客服下单发货的工作规范。

● 实操流程

实操流程1:小组成员分工收集本店铺客户不下单的信息;收集本店铺订单确认的相关流程和工作规范,并整理成相关文档。

实操流程2:小组成员一起学习、讨论客户交易达成过程各个环节的主要内容、工作流程和工作重点。

知识窗3.2.1 交易达成过程的主要流程

1. 交易促成

1) 催单咨询中断的客户

在提问互动的环节要多用一些封闭式的问题,让客户不用做太多的思考。如:"亲,您是自己穿,还是送人呢?"

2) 催单迟迟不下单的客户

先分析客户担忧的问题是哪一类,是想价格更加优惠些,还是对物流不满意,或者是担心售后;然后采取相应的话术,帮助客户及时地打消疑虑,顺利完成订单交易。如:"亲,我们家现在是搞活动呢,价格很优惠的,活动结束就没有这个价格了。""亲,我们家产品保修一年的呢!"

3) 催付下单不付款的客户

通常未付款的原因归结为钱、人、物三大类。

(1) 关于钱的问题。钱的问题有四类:资金不足、系统升级、密码忘记或者新手客户不熟悉支付流程,这些都有可能导致支付失败。针对和钱相关的支付问题,客服应帮助客户解决,完成最后一步的支付环节。

首先,对于资金不足的客户,可以明确告知,帮他保留货物,可以尽快充值后支付,也可以找朋友代付,或者开通花呗支付。第三方平台的支付方式越来越多,不一定局限于某一种支付方式。

其次,客户支付时也可能遇到系统升级。网银也好,支付宝也好,一段时间内系统都会升级,在升级的时间是无法完成支付的。客服可以主动地告知支付失败的原因以及升级完成的大概时间,让客户体会到店铺周到细致的服务。

再次,密码忘记是较常见的一种情况。网络时代,几乎每个人都有多个账户和密码,偶尔不常用的账户就会忘记或混淆密码,导致密码锁住。这种情况下,可以通过两种方式完成支付:一是等几小时解冻后继续支付;二是及时更改密码,用新密码完成支付。客服可以耐心地指导客户修改密码的流程,帮助客户完成支付。

最后,随着网购的日益发展,越来越多的人加入网购大军,其中不乏一些新手客户,有一些年纪略长,对网络不熟悉的客户,在购买的流程中,往往会卡在支付的环节,要不就是插件没安装好,要不就是密码不确定。客服可以通过客户的信誉等级和注册时间,判断出新手客户可能遇见的支付问题,积极主动地引导其完成支付。

(2) 关于人的问题。"人"的问题主要涉及客服的服务细节,前面说的和钱相关的很多问题其实通过周到的服务都可以解决。有一些是客服态度问题,如响应时间过长,给人感觉不热情;还有一些是由于客服直接拒绝客户议价,产品价格与客户的心理价位有一定的距离,导致客户最后放弃支付。这个时候,在催付的过程中可以适当地赠送一些礼品,以吸引客户,一定要突出赠品的价值,或者实用,或者限量,让客户再次感受到店铺的热情服务。

(3) 关于物的问题。归根结底,客户是为产品买单的,关心这个产品是否满足自己的使用需求。身材略微显胖的客户希望衣服可以显瘦,妈妈们希望宝宝用品更加安全,买生日礼物的人希望不要错过时间,偏远地区的人则希望物流直达。围绕着产品,每个类目下的客户都有不同的需求,在催付的过程中,只有让客户打消这些疑虑,才能实现催付成功。

2. 订单确认

订单需要核对的内容按重要程度依次分为收货地址核对、产品信息核对、特殊备注核对。订单包含的各项信息都需要核对,发送给客户的核对信息要有固定的格式,简洁明了,方便客户在短时间内确认。

3. 礼貌告别

对于一个完整的接单流程,礼貌告别必不可少。与客户真诚地告别,在感谢客户光临的同时,给客户送上简单的祝福,让客户有一次愉快的购物体验,无论成交与否,客服人员都要表现出大方热情,一方面体现客服的专业度;另一方面,为进一步挖掘客户留有余地。

4. 下单发货

1) 订单备注

以天猫为例,在千牛或卖家中心添加备注。

(1) 千牛中备注。在与订单对应的客户对话框右侧,可以对该订单进行备注,如图3.4所示。

(2) 卖家中心备注。在卖家中心"已卖出的宝贝"页面中,在每笔订单的右上角都有一个默认的灰色旗子图标(见图3.5),单击该图标,进入备注页面(见图3.6),填写标记信息,选择旗子颜色,单击"确定"按钮即可。

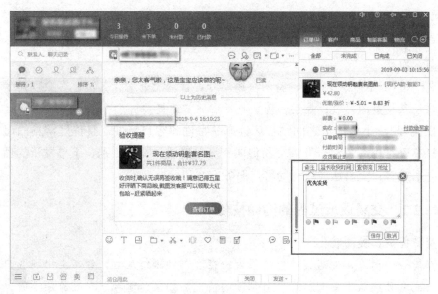

图3.4　在千牛中备注

图3.5　卖家中心的初始灰色旗子图标

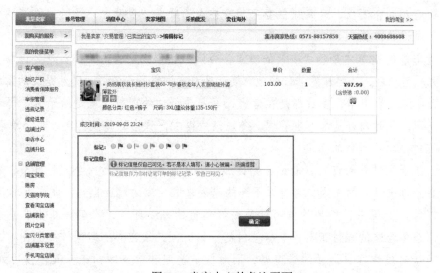

图3.6　卖家中心的备注页面

2) 打单发货

按照店铺的软件和程序操作，审单、确认并最终下单发货。

3) 订单跟踪

首先，进入快递公司官网，输入快递单号进行物流查询；其次，客服以短信的方式提醒客户注意包裹的签收；最后，确认收货后的好评提醒。

实操流程3：小组成员之间结合店铺产品特性和客户特性，整理好常见的追单催付问题和订单确认内容，逐一开展交易促成、订单确认、礼貌告别、下单发货的话术实操演练，并形成客户交易达成过程的客户服务方案和标准话术。

知识窗3.2.2　交易达成过程的沟通技巧

1. 交易促成，提高转化

客户能否快速下单对店铺的影响很大，在客户询单结束后，经常会出现客户突然不再回复，或者已确认下单却迟迟没有付款的情况。如果此时客服对其放任不管，不进行追单催付，就会造成订单的流失。

1) 催单咨询中断的客户

现在移动端的客户越来越多，客户在手机屏幕上一般都是不断切换窗口，逛天猫的同时还可能刷新朋友圈，也有可能购买的时候只是在等车的碎片时间里，所以当客户在咨询过程中突然不再回复，不用太着急，客服要做的就是继续二次跟进。客服要把握好客户询问的第一时间，在提问互动的环节讲究技巧，多用封闭式的问题，让客户不用做太多的思考。

2) 催付迟迟不下单的客户

遇到不下单的客户，客服要有足够的耐心，体现商家对客户的重视。当客户已事无巨细地都咨询过了，有非常明确的购买意向，却迟迟没有下单时，忌盲目追单，先分析客户的疑虑到底在哪里，只有抓住客户实实在在的疑虑，帮助客户及时地打消疑虑，才能顺利完成订单交易。

围绕需求的追单才是行之有效的追单，否则一切形式上的追单都会沦为过场。找准原因，满足需求后，还要注意催付张弛有度。客户咨询得那么清楚，必然是买的意愿大于不买，而最终没有下单，多数都是在考虑，客服最好的处理方式就是给予客户思考、做决定的空间，此时最好是加好友管理，备注清楚需求，适当的时候再次落实下单事宜。

3) 催付下单不付款的客户

对已拍下未付款的订单，催付目标更加明确，就是完成最后一个支付环节，在催付前首先要分析未付款的原因，再针对不同的原因采取相应的对策化解，促成下单。

在催付的流程中，所谓的技巧就是做好催付的每个环节，准确分析出客户未付款的原因，选择合适的催付工具，掌握催付的恰当时间，通常第一时间"抛"出有吸引力的优惠，接着提醒客户活动的紧迫感，同时做一些完善服务的补充。催付技巧如图3.7所示。

图3.7 催付技巧

在催付的最后环节,适当地"抛"出店铺的礼品。如果是老客户,可以说明是针对老客户特别申请的;如果是新客户,可以说明是每天前100名支付的客户享受的特权。说明活动的时间段,让客户体会到这是在此优惠时间段享受的折扣,让客户感到心动。如果抛出优惠,客户还是在犹豫,客服就可以利用店铺的发货时间、已下单产品的库存数量等内容给客户制造一种紧迫感——不支付也许要错过今天发货;支付了可以早点收到产品;不支付再想买的时候,也许喜欢的尺码和颜色就没有了。客户如果继续无动于衷,客服就可以把店铺可做的服务再完善一次,例如可以通过核对订单的动作告知客户已备货,支付后可以第一时间发货,并且确认好物流,保障客户可以第一时间安全收到产品。又如客户担心尺码或者颜色不合适,此时可以告知客户,店铺产品支持七天无理由退换货,并且还有赠送运费险服务,收到产品后如果有不满意的,都可以第一时间联系售后。通过这些服务细节的升级,打消客户最后的疑虑,实现支付成功。

2. 订单确认,保证无误

经过客服的用心接待,客户拍下订单并付款后,客服应该及时与客户核对订单信息,包括订单中各项文字、数字信息,特别关注个性化留言,做好备忘录。核对订单是为了有效避免错发、漏发,尽可能控制售后不必要的麻烦和纠纷,降低订单差错率和产品退换率,减轻售后服务压力,同时提高客户体验。核对订单的完成度与完成质量直接影响到商家的DSR(detail seller rating,卖家服务评级系统)评分。

1) 核对订单的时间节点

客户拍下后的第一时间为核对订单的最佳时间。当客服人员收到提交订单提醒后,应第一时间确认订单信息。付款后再更改订单信息,容易出现备注不及时导致错发货物的情况,尤其是正在使用第三方处理软件的商家,对有修改的订单处理显得更为烦琐,一定要确保衔接,在订单修改后的流转过程中谨慎处理。

随着网购频次的增加,客户对产品购买的交易流程、平台保障熟知后,有时候会不进行咨询而转为静默下单。在大型平台活动、秒杀活动期间,比拼的是成交时间和付款时间,客户基本上也都是静默下单。向静默下单的客户发送订单核对信息话术是商家与客户有效交流的"敲门砖"。核单话术送达后,若客户未在聊天中确认,对于客户自己造成的错拍,核对话术是售后责任认定的参考依据;若收到客户确认信息,可根据客户回复进行进一步的店铺和产品推荐。

2) 核对订单的内容

(1) 收货地址核对。核对订单首先是核对地址，地址不对，将直接影响收货时间。其次是核对收货人联系方式。手机号码是商家和物流联系客户最直接的沟通渠道。在订单生成后，有任何问题都可以通过手机进行联系，诸如产品短缺、仓库爆仓、天气原因以及有可能发生的产品售后处理等。目前许多城市在居民小区、商务写字楼、街道社区、商务园区都设立了快递寄存柜，客户必须凭手机接收到的短信或App(application，简称App)平台取货码收取快件，手机号码必须是确认无误的。再次是收货人姓名。送货人可以根据收货人姓名、正确的收货地址和手机号码快捷地联系到收货人，准确完成送达任务。有时收货人姓名会使用昵称或特殊代号等，所以此项作为次重要信息进行核对。

目前大多数商家在客户订单支付后，在订单平台中复制收货人及收货地址发送至客户核对并确认。这一做法可以降低客户因为有多个收货地址而选择失误的概率，也是核对订单这一环节最基础的工作要求。下单时，如收货地址不是订单默认地址，通常会在与商家对话中说明，或者是在"客户留言"中备注，对于这种情况，客服在核对订单时要特别注意；如果客户需要修改地址，一定要求用拍下的账户对话，并及时标注在备忘录里。

(2) 产品信息核对。核对产品信息可以降低客户多选、错选产品的失误概率。针对产品品名类似、属性较多、单价金额较高的情况，客服应详细核对订单产品信息；对于个别类目产品，根据本身的产品特性，客服在核对收货地址和产品信息后，应备注签收的细节、售后服务细则、退换货条件等约定，并提醒客户如何规避不必要的售后问题。

(3) 特殊备注核对。除核对收货地址、收货产品信息外，如遇客户有特殊要求的，客服应再次与客户核对细节，防止工作疏忽遗漏。与客户的所有聊天记录都属于书面约定，所以对特殊要求的备注进行核对，可以避免不必要的差错和纠纷。

3. 礼貌告别，热情道谢

1) 已成交的客户

对于已经购物的客户，在与客户核对订单后，第一要表示感谢，感谢其对产品和商家的信任和支持；第二要对本次的交易进行总结，重复商家品牌，再次加深客户印象；第三要礼貌地告别，对客户表达希望下一次光临的期待，为未来将发生的咨询接待埋下伏笔，可以预祝合作愉快，请他耐心等待收货，如有问题可以随时联系；第四可以将客服自己的昵称再次告知客户，同时提醒客户关注店铺，了解最新店铺动态，进一步提升客户体验，重申商家对客户服务的一对一专属性。

2) 未成交的客户

即使客户最终没有购物，也要感谢其对商家产品的关注与咨询，对未能达成交易的原因进行总结；在客户未明确表达不购买且长时间停顿无回复状态的时候，适时提醒客户，告知客服在线时间并欢迎客户再次咨询，重复店铺品牌及接待客服人员资料，方便下次客户进店咨询；提醒客户将喜欢的产品加入购物车，店铺加收藏，关注宝贝价格走势，以便后续有机会进店购买；如有必要，可以加对方为好友，备注未购买理由，以便将来进行客户管理和跟进。

无论成交与否，都要把客户按不同特征归入不同好友，方便跟进服务，这种方式不仅有利于养成良好的工作习惯，还能够使客服的工作更有效率。

4. 下单发货，确保准时

订单经过确认后，将要进入最后一个环节：订单备注、打单发货、订单跟踪。

1) 订单备注

根据聊天记录，再次核对订单，并在第三方平台的客服工作台添加备注。

2) 打单发货

由于每家网店的情况不同，使用的打单软件和发货流程也不尽相同，但客服都应认真按照系统的程序操作，审单、确认并最终下单发货。

3) 订单跟踪

订单跟踪是指客服在下单之后，对订单的跟踪与查询，以确认产品安全地到达客户的手中。订单跟踪包括以下几个流程。

(1) 查看物流。售中客服的工作不仅是将快递寄出去，也要适时地跟踪快递信息。客服可以根据客服工作台后台所更新的内容进行查询，也可以进入快递公司官网，输入快递单号进行查询。

(2) 签收提醒。当快递在派件途中的时候，平台会提示客户和卖家产品正在派件，客服收到类似信息的时候，可以以短信的方式提醒客户注意签收。这不仅能让客户感受到店铺的细心和温馨，还能及时向客户反馈包裹的发送进度。签收提醒一般以使用术语为宜。

(3) 确认收货后的好评提醒。客服通过查询订单物流信息，在确认客户已经签收产品之后，同样要以短信的形式对客户的光临表示感谢，并以优惠券、VIP等赠品形式希望客户及时给予好评。

【延伸阅读】

1. 激发客户下单的技巧

有些客户经过多次沟通，还是迟迟不下单。在这种情况下，客服需要运用有效的方法，激发客户下单。

1) 巧用赞美

赞美很重要，任何人都希望得到别人的赞美。客服人员在与客户沟通时，要善于运用赞美的方式赢得他们的好感，从而促成交易。由于多是在线沟通，只能看到客户的淘宝账号(ID)、头像等，客服人员要从这些方面入手来赞美客户，如ID有个性、时尚、容易记，头像有气质、漂亮、帅气，同时也可以赞美客户选购产品有眼光、意识超前，等等，引导客户下单。

2) 制造机会压迫

"数量有限""时间有限""价格优惠有限"已经成为销售行为中最常用的词语，这个词语对客户有一定的杀伤力，客户心里会有怕错失机会的感觉。为了抓住这个机会，客户通常会选择下单。客服人员在与客户沟通时，要掌握好强调"数量有限""时间有限""价格优惠有限"的时机，如客户表示"考虑一下"时，客服给出优惠；掌握好强调"数量有限""时间有限""价格优惠有限"的力度，可以用"非常""紧缺""疯抢""供货紧张""仅有""马上"等词语，或者用数字"只有10人能享受""还有5个名额了"等促使客户下单，客户会因为害怕失去仅有的购买机会，选择趁早下单。

3) 利用从众心理

从众心理是指个体在社会群体的无形压力下，不知不觉或不由自主地与多数人保持一致的社会心理现象，通俗地说就是"随大流"。客服人员要善于抓住客户的这种心理，说服其下单。典型做法就是用数字告诉客户这款产品的销量全国领先，销量有多火爆，用案例强调同龄人都喜欢，直击穿客户的心理底线。

2. 催付的误区

好的催付技巧可以促成客户快速付款，事半功倍；否则事倍功半。客服要避免进入以下催付误区。

1) 盲目催付

盲目催付，即使用一个通用的短信或者设置好的快捷短语，所有的客户都是一样的催付内容。客户没有付款的原因一定有迹可循，是客观原因还是主观原因，要作详细分析。要避免盲目催付，因为这样做收效甚微。

2) 生硬催付

很多店铺的催付直截了当，就是提醒客户尚未付款，这样的催付很容易造成客户的反感。内容上，催付的快捷短语要有趣味性，打破那些一成不变的快捷短语，让催付的方式更加活泼生动，才能更好地打动客户。每个店铺的聊天都可以有自己的风格，高大上也好，接地气也好，就是不能太墨守成规，没有特色的商家很容易淹没在众多的店铺中，没有特色的客服人员也是随时都可以被替代。

3) 频繁催付

频繁催付是催付环节中的大忌。很多店铺用短信催过了，用旺旺继续催；早班客服催过了，晚班客服继续催，甚至同一个班的客服A催过了，客服B再催。这种催付会让人非常反感。为了避免这样的连环攻击，客户可能选择直接关闭订单。所以在催付的环节，及时备注是非常重要的，一个店铺形成一个节奏，这样既可以有效避免订单缺乏跟进，也可以杜绝多人跟进的场面。

3. 缺货订单处理

缺货是指库存无货可售卖。产生缺货订单是较为严重的过失，根据第三方平台规定，订单超过规定时间不发货，是可以投诉卖家的，很多恶意差评也是钻了平台规则的空子，常常将客服弄得很无奈。所以客服一定要定期查阅库存，不足的货品及时提醒补货或下架，尽可能避免订单缺货情况的发生。

若是不巧出现了订单缺货的情况，客服一定要在第一时间与客户取得联系，商议出最佳的解决办法。常见的解决办法是退还客户款项、重新调换产品款式、升级客户的会员等级或者以优惠券进行补偿等。客服在解决这类问题的时候要清楚是自己理亏，所以无论是在说话的语气还是解决的办法上都要尽可能以客户为主，不能强硬处理。如果此类情况处理不妥当，很可能会遭到客户的投诉，影响店铺的排名，得不偿失。

4. 紧急订单处理

在客服处理的各类订单中，有几类订单属于紧急处理类别，需要第一时间进行处理，其中包括错单、投诉单等。

1) 错单

错单主要包括以下两种情况：第一种情况，由于客户填写错误地址和信息，没有第一时间告知卖家，卖家在处理订单准备发货的时候才得知信息是错误的；第二种情况，由于卖家错误地填写了客户的信息或者错误包装了产品。

错单的情况是十分严重的，不仅会损害买卖双方的利益，还会引起客户的不满，所以要及时处理。

2) 投诉单

投诉单是指客服在未发货或货品还在途中的时候，客户出于某些原因对店铺进行了投诉，此时客服需要立刻与客户取得联系，弄明原因，并做出妥善的处理。

【考核方案】

以3～5人形成一个学习小组，小组成员明确分工，落实具体工作。整个学习过程既有独立的思考，又有团队协作、共同实践的任务。成果考核由成员自评、小组内评价和教师评价构成。小组内成员对本组交易达成过程的客户服务方案和标准话术进行自评、完善；小组之间对交易达成过程的客户服务方案和标准话术的可操作性、规范性开展互评，并写出评价意见；指导教师对各组的实操演练过程和成果进行评价，各组成员继续完善相关环节。

岗位任务主要考核点如下所述。

(1) 熟练操作第三方平台的客服工作台在线接待模块；
(2) 完成交易促成的标准话术练习和编写；
(3) 完成订单确认的工作规范练习和编写；
(4) 完成礼貌告别的标准话术练习和编写；
(5) 完成下单发货的工作规范编写。

【思考和作业】

(1) 客服耐心解答客户咨询的问题后，但客户就是不下单，该如何解决？

(2) 订单确认中，客服要注意哪些问题？

(3) 面对最终不下单的客户，应该如何礼貌告别？

任务3.3　工作绩效提升

【任务布置】

富罗迷旗舰店产品涵盖了男女童鞋、童装等，款式繁多，品种齐全，选购方便，为了提高客服销售的客单价，提升工作绩效，请为富罗迷天猫旗舰店设置关联销售方案，并整理关联销售话术。

【实操内容和流程】

- 实操内容

(1) 根据店铺产品的特性，选择适合的关联模型；

(2) 根据选择的关联模型，设置若干个可关联产品；

(3) 为店铺设计合适的促销活动。

- 实操流程

实操流程1：小组成员在任务3.1中收集本店铺的产品信息、价格信息和同类目竞争对手的相关信息基础上，再收集本店铺和竞争对手的关联销售相关信息，并整理成相关文档。

实操流程2：小组成员一起学习和讨论本店铺关联模型和关联产品选择的思路和方法。

知识窗3.3.1　关联销售模型的建立

在建立关联销售模型之前，客服人员首先要思考什么东西可以激发客户的兴趣。关联销售模型通常有替代式、延展式、互补式、热销式。

1. 替代式关联模型

替代式关联模型就是将与推广宝贝相似或相关的宝贝联系在一起而形成的关联模型。图3.8为打底裤的集合页面，即为替代式关联模式。

| 项目实施篇 |

图3.8 替代式关联模式示例

2. 延展式关联模型

延展式关联模型就是推广宝贝可以进行功能扩展使用的关联模型。见图3.9，这家店铺主推的宝贝是天然维生素E，维生素E通过和天然维生素C搭配，构成了延展式关联模型。

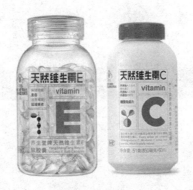

图3.9 延展式关联模型示例

3. 互补式关联模型

互补式关联模型就是搭配产品间的关联。见图3.10,我们可以看到这里主推的宝贝是桌子,其通过与椅子、茶具等的搭配,构成了互补式关联模型。

图3.10　互补式关联模型示例

4. 热销式关联模型

热销式关联模型就是将爆款产品之间形成关联。见图3.11,这是一类春秋女装,是热卖的爆款,通过这些爆款产品间的关联,形成了热销式关联,可以增加客户对店铺的关注,促进成交。

图3.11　热销式关联模型示例

实操流程3：小组成员之间开展关联销售和促销活动设计的实操演练，并总结实操过程中获得的经验和存在的问题，形成店铺关联销售和促销活动方案。

知识窗3.3.2 促销活动设计

对于网店卖家来说，开展有效的促销活动，有助于提升店铺人气，增加产品成交转换率，提高客单价。促销活动设计策略可以从三方面入手，包括如何选择促销产品、选择促销时机，以及选择促销活动的方式等。

1. 选择促销产品

开展店铺促销活动，能够有效增加店铺人气，提升店铺销量，但并不是所有的产品都适合用来做促销，或者说如果促销产品选择得不恰当，只是作为一种单独的回馈存在，确实是一种浪费。一般来说，做促销的产品至少应具备以下几个特点：产品物美价廉、款式大众化、店铺主流产品、断码或过季。因为这类产品能使促销活动达到较好的效果。

2. 选择促销时机

促销活动要表现出与正常销售的不同，需要把握好适当的促销时机。一般的促销有以下几种。一是节日促销，在合适的节日里推出一些让利促销活动，会让客户感受到善意和亲切，更容易促使交易的达成；二是新品上架时的促销活动，可以吸引新老客户的关注，给新品积累人气，借助新品再次为店铺吸引流量，带动店铺其他产品的销售；三是店庆促销，感谢陪伴店铺一路走来的客户，会让店铺更加得人心，走得更远；四是换季清仓，将需要快速处理的产品降价销售，以体现商家的诚意，作为对客户的回报。

3. 选择促销活动的方式

促销活动多种多样，商家可以选择适合自己的方式，通常采取赠送礼品、限时限量促销、积分兑换、抢拍促销、搭配套餐促销等方式。

1) 赠送礼品

赠送礼品，就是在销售某款产品时，为了刺激客户的购买欲，免费送给客户一些东西，以感谢和回报客户。赠品其实是作为附加值依附在客户购买的产品上的，如果客户购买的是品牌产品，那么赠品其实也是对产品品牌的一种宣传和推广。当然，为充分发挥赠品的作用，选择赠品时要注意以下几点：赠品有质量保证；赠品具有实用性；赠品与销售产品相关。

2) 限时限量促销

限时限量促销活动应给潜在客户造成一种时机难得的紧迫感，而这种紧迫感会促使他们在短时间内做出购买的决定。但在限时限量促销时要注意以下几点：制定合适的活动折扣，促销价格一般控制在2～4折之间；选择合适的促销时间，一般会选择流量最集中的时间段，如节假日、换季清仓时段、店庆时间，又如每天的9：00—11：00、15：00—17：00、20：00—22：00；选择合适的促销数量，促销产品的数量要根据现实情况来确定,一方面看产品的成本高低,另一方面要根据产品之前的销售情况,分析产品的受欢迎程度,预估促销持续的时间。

3) 积分兑换

积分兑换活动在各大平台店铺使用非常广泛。客户在网店购物时,款项支付后,都会得到相应的积分。有的商家为了吸引客户的注意,提高产品销量,也会推出购物返积分活动。当客户的积分积累达到一定的数量,可以在第三方平台上换购一些产品,也可以兑换一些店铺优惠券,还可以参加第三方平台的抽奖活动。

4) 抢拍促销

抢拍促销活动也可以吸引不少客户的注意,如淘宝平台上抢拍的产品有各种折扣,其中"一元拍"和"时时折扣"都是吸引大量客户关注的区域。通过抢拍促销,客户可以深刻了解拍下来的产品,同时也更加深入地了解网店,起到宣传网店的作用。只要网店的流量增加了,成交量也会随之不断增加。

5) 搭配套餐促销

搭配套餐促销,就是将店铺中的几种产品组合在一起设置成套餐来销售。通过促销套餐可以让客户一次性购买更多的产品,从而提升店铺销量,增加产品的曝光率,节约人力成本。选择搭配产品时主要从以下几个方面考虑:搭配套餐产品可以从橱窗推荐的产品中选择,或是先排序产品销量,从产品销量最好的开始设置搭配套餐;可以选择搭配一个其他产品,也可以多搭配几个,如选择一个热卖产品搭配一些不好卖的产品,可增加不好卖产品的销量。特别要注意搭配套餐的最终目的是促进销量,要根据不同产品的不同情况选择不同的搭配方式。无论是可以搭配穿着的几件单品,还是相互之间没有关系但搭配超值优惠的组合,只要能够满足客户的需求,提高店铺的成交量,这样的套餐搭配就是成功的。

【延伸阅读】

1. 客单价的概念和意义

客单价是指店铺中平均每位客户来店购买产品的成交金额,也就是平均交易金额。

客单价的计算公式为

客单价=销售总额÷客户总数(所有客户的转化率)

客单价=销售总额÷成交总笔数(成交客户的转化率)

在同等购买客流量的情况下,店铺中每位客户的成交金额越高,它的营业额就越高,相对而言,店铺利润也就越多。因此,在同等购买客流量的情况下,客单价的高低决定了成交金额和利润空间的高低。很多网店做大量的广告引流,做各类促销吸引人气,使得店铺转化率和成交量都很高,但是仔细一结算却发现销售额并不理想。买东西的人是增加了,但是因为促销等原因,很多客户在店铺花的钱并不多,那么客单价自然也就不高了。网店如何提升客单价,让店铺的每个流量每次购买获益最大化,是一个需要思考的问题。

2. 关联销售的步骤

关联销售就是在原有产品的基础上尽可能扩大销售范围和品种，让原先买一样宝贝的客户同时购买其他宝贝。这里有三个重要因素：首先客户要有购买意愿；其次客服要主动推销；最后，要在客服的良好沟通中，增加客户购买的意愿，从而达到关联销售的目标。关联销售的作用就是让更多的人来买，提升转化率；让来买的人买得更多，提高客单价。

关联销售要循序渐进，可以按照以下步骤来开展。

(1) 建立关联模型。客服人员要根据平时工作中的观察和后台数据的统计，归纳出哪些产品可以激发客户的兴趣，哪些产品可以促进客户下单，并由相关人员设置店铺的关联模型。

(2) 推荐策划。店铺设置关联模型后，要结合客户购买产品的兴趣点、关注点，采取价格刺激、条件诱惑、情感共鸣等方式来进行关联策划。

(3) 接触点投递。客服人员要重点考虑在什么时候、什么场合和客户沟通，才能有效促进关联销售，并在客户服务过程中灵活运用。

(4) 反馈优化。根据前面3个步骤的实施，客服人员要总结实施的效果，反思还有哪些方面做得不到位的，可以做哪些改进，进而反馈给相关人员进行优化完善。

3. 关联销售的推荐技巧

要想提升销售业绩，关联销售是接待中必不可少的环节，每一位在岗的售中客服人员只有建立关联销售的意识，才会在后续的关联销售过程中积累经验，促进关联销售成功率的提升。

有的客服人员有关联销售的意识，在客户进店咨询时，也一直在做关联销售的动作，发送套餐链接给客户，但这样的关联销售基本上是盲目的，不但起不到关联销售的作用，还有可能适得其反，给客户留下一种为了推销而推销的印象。还有一些客服人员误认为关联销售就是卖出的客单价越高越好，通过各种方法让客户尽量买更多，结果增加了产品的退货率，这样得不偿失。真正的关联销售是围绕着客户进行潜在需求挖掘，做到真正是你所需要、我恰好推荐的互利营销。关联销售要获得成功，必须注意以下几点。

(1) 在推荐产品的议价环节，客户想要一定的优惠，客服人员可以通过增加订单或增加件数同步给予优惠的方式进行引导，实现客户优惠购买、客服销售额提高的互利局面。

(2) 掌握产品之间的关系，通过不同形式的内在联系，做到全方位的关联销售。首选对商家热销款做推荐，因为热销款产品一般销量高、评价优，客服人员掌握客户消费时的从众心理，推荐成功概率比较高。在这种购物场景中，客户经常是为了凑单，没有明确的购物目的，客服人员在关联销售时应强调客户可以享受到优惠的价格，告知若希望达到优惠条件，需要追加购物的金额，再推荐价格相当的产品，就比较容易成功进行关联销售。

(3) 在关联销售时，很多因素会影响成交，例如颜色、尺码甚至设计细节都可能会导致关联销售的失败。客服人员在关联销售时一定要考虑产品的共性，按客户提问或者已选择的方向去推荐，并给出利益点，以提升客单价。

(4) 静默下单的客户进入店铺的入口不一，有的从以前的订单中再次寻找产品，有的从平台活动入口进入，也有的从直通车推广入口单击进入，极有可能未曾到达商家首页，未曾了解商家此刻促销活动信息。客服人员核对订单后应及时向客户发起关联销售，此时达成新订单的概率很大，也是提高客单价的极好时机。

【考核方案】

以3~5人形成一个学习小组，小组成员明确分工，落实具体工作。整个学习过程既有独立的思考，又有团队协作、共同实践的任务。成果考核由成员自评、小组内评价和教师评价构成。小组内成员对本组的店铺关联销售和促销活动方案进行自评、完善；小组之间对店铺关联销售和促销活动方案的可操作性、规范性开展互评，并写出评价意见；指导教师对各组的实操演练过程和成果进行评价，各组成员继续完善相关环节。

岗位任务主要考核点如下所述。

(1) 熟练操作第三方平台的客服工作台相关模块；
(2) 完成关联模型选择；
(3) 完成可关联产品的设置；
(4) 完成店铺促销活动的设计。

【思考和作业】

(1) 店铺关联模型的选择要考虑哪些因素？
(2) 店铺可关联的产品有哪些内在联系？
(3) 促销活动如何和店铺的经营目标挂钩？

模块4 售后工作内容

通常情况下，从客户完成付款动作那一刻起，后续发生的一系列围绕客户满意度的工作就被定义为售后服务。正常交易中，查单查件和评价解释是售后的日常工作，针对客户提出的正常查单和物流异常查询请求客服要及时响应，如实相告，并妥善处理。评价是客户对店铺产品的质量、店铺的服务水平、店铺发货速度以及客户使用心得加以分享的一个真实展示窗口，客户在购买产品的时候，都会参考产品评价以及将"问大家"作为购买依据，不管是哪一类店铺，对评价管理绝对不容忽视。售后服务通常分为正常交易和纠纷交易，如图4.1所示。

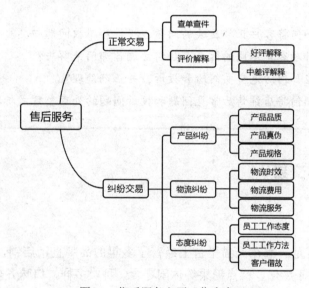

图4.1 售后服务主要工作内容

【学习目标】

知识目标

- 了解正常交易、纠纷交易处理的主要内容；
- 掌握针对不同类目产品售后服务的沟通技巧；
- 掌握正常交易、纠纷交易处理的标准话术。

技能目标

- 能依据客户诉求，熟练应用ERP软件，查询和处理正常交易、纠纷交易的相关事宜；
- 能针对不同客户、不同类目产品的特点，进行有效的售后服务沟通，提高客户满意度；

- 能结合售后服务实践，编制不同类目产品、不同售后情境下的正常交易、纠纷交易处理标准话术，为提升售后服务质量奠定基础。

课程思政目标
- 加强企业和客户双赢的意识培养，拓展客户维护和发展的新领域；
- 树立坚强自信、敢于直面和承受压力的健全人格；
- 形成爱岗敬业、终身学习、不断提升分析判断能力的职业素养。

【情境导入】

"年货节"大促活动给休闲零食类目的店铺带来了可观的流量和销售收入，同时也给售后服务带来了巨大的压力。有物流显示3天未发货来咨询的；有发货后正常2天应到而未到来咨询的；有买多了要求退货的；有食品无生产日期来质疑的；有收到包装盒破损来投诉的；有产品已变质来维权的。客服忙于处理各种大促活动后的售后问题。

思考题：
(1) 售后客服如何将客户正常反映的问题、投诉和维权问题归类？
(2) 售后客服针对客户不同的诉求，如何协调各部门来解决？
(3) 售后客服应如何防范交易纠纷和投诉，并正确处理？
(4) 售后客服如何将店铺售后常见问题和投诉问题的处理整理成标准话术？

任务4.1　正常交易

【任务布置】

百草味旗舰店是一家在天猫平台上经营了多年的品牌直销店铺，在线销售坚果炒货、蜜饯果脯、饼干膨化、糕点糖果等休闲零食，种类多样，口味齐全，销售业绩位居休闲零食类目的前茅。请为百草味旗舰店整理出正常交易的常见问题和客服人员相应的话术手册，并为店铺做出客户评价管理方案。

【实操内容和流程】

- 实操内容

(1) 根据店铺和大促活动特点，编制客户查单查件的处理流程和标准话术；
(2) 根据店铺和大促活动特点，编制客户退款、退换货的处理流程和标准话术；
(3) 针对店铺不同产品特点，做出好评解释的标准话术；
(4) 找出中差评原因，做出相应的解释；编制中差评防范措施，并形成手册。

- 实操流程

实操流程1：小组成员分工收集本店铺的各款产品信息、客户查单查件、退款、退换货和评价解释相关信息；收集同类目竞争对手的相关信息，并整理成相关的文档。

实操流程2：小组成员一起学习、讨论客户查单查件的工作内容，组内实操演练，并总结实操过程中获得的经验和存在的问题，形成客户查单查件的处理流程和标准话术。

知识窗4.1.1　查单查件的工作内容

大多数客户在付款成功后，会进行查单查件。在查单查件过程中，一般与物流相关的问题有如下几个方面。

1. 未发货状态

客户在付款成功后，经常会向客服人员问一些问题，如什么时候发货、发的是什么快递、几天可以到达等。作为客服人员，在日常工作中有必要整理一套标准的、与物流相关的话术，以便在客户问起上述问题时，快速回复。

客户在网店拍下产品后，有权立即申请退款，而如果退款是因为"店铺缺货"而引起的，则退款成功后，店铺还要赔付客户一定的违约金。所以，一旦缺货，售后客服人员应立即与客户联系，根据下列不同情况处理：如果后期会补货，则马上主动联系客户，让客户耐心等待；如果后期不再生产该产品，则马上联系客户，引导客户换产品；如果客户不喜欢其他产品，则及时为客户办理退款。

如果退款是因为"产品漏发"而引起的，则售后客服人员应该进行如下操作：及时向客户道歉，马上为客户补发，并申请小礼品以作补偿；如果客户不想购买产品了，则及时为客户退款并真诚道歉。

2. 已发货，客户未收到

在发货后，快递在运输途中时，经常会出现各种与物流相关的问题。当查询物流信息正常时，客服人员应马上跟客户解释，让客户耐心等待；当查询物流信息不正常时，客服人员应针对下列不同情况采取不同的处理方法。

(1) 超区。如果客户愿意自取，则麻烦客户自取，然后备注下次注意；如果客户确实不愿意自取，则联系快递转到其他站点，或者退回仓库重新发。

(2) 丢件。核实后及时帮客户补发，然后告知客户单号，及时跟踪回访，之后根据记录与快递公司核实赔偿。

(3) 因不可抗力延误。对一些因天气、时间、距离等不可抗力造成的物流延误，客服人员要主动与快递公司取得联系，并将沟通结果告知客户，及时跟踪回访。

(4) 疑难杂件。如客户未接电话导致快递无法送达，马上给客户留言，后期继续追踪物流信息，尽快让客户成功签收；如送货途中快递站点停止营业了，马上联系快递公司，帮客户转送其他快递站点，一定要保证在最短的时间内送达包裹。

3. 少发货、错发货

由于店铺原因而导致的少发货、错发货，客服人员应第一时间联系客户。

(1) 少发货时，客服人员马上向客户道歉，及时联系仓库补发，最好申请小礼品作为补偿。

(2) 错发货时,如果客户肯接受补偿,则给予客户补偿,尽量减少自身损失,也让客户有一个良好的购物体验;如果客户不肯接受补偿,则请客户邮寄回来,主动承担运费,更换正确的产品后重发。

实操流程3:小组成员一起学习、讨论客户退款和退换货处理的工作内容,组内实操演练,并总结实操过程中获得的经验和存在的问题,形成客户退款和退换货的处理流程和标准话术。

知识窗4.1.2 退款和退换货处理的工作内容

1. 退款处理

退款是指客户购买产品后,因产品质量或客户喜好问题,要求店铺退还预付或已收款项的行为。退款是店铺售后服务中很重要的一项工作,负责处理退款的售后客服人员要细心谨慎,不能马虎,否则会给店铺带来直接的经济损失。

退款事项需要每天跟进,及时处理且掌握技巧,这样可以有效减少售后成本。退款有4种类型,分别是退款(未发货)、仅退款(已发货)、退货退款、极速退款,如图4.2所示。

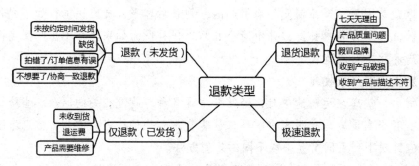

图4.2 退款类型

1) 退款(未发货)

退款(未发货)是指客户在店铺购买了产品,在店铺未发货之前发起了退款申请。退款(未发货)有以下几种常见的原因。

(1) 未按约定时间发货。未按约定时间发货是指店铺在客户付款后未在72小时内发货;预售、定制及其他特殊情形等另行约定发货时间的产品,店铺未在约定时间内发货。店铺的发货时间以快递公司系统内记录的时间为准。未按约定时间发货时,店铺需要对此订单进行赔付,店铺应在此退款出现之前,尽可能在约定时间内给客户发货。如客户已申请了"未按时间发货",要求退款,客服人员可通过客服工作台或者电话跟客户沟通协商,看客户是否可把退款申请原因改成"其他"或者"不想要了"等,尽可能降低店铺的售后成本。

(2) 缺货。缺货是指供应链中某一层级的库存无法满足需求,在电商销售中指店铺因缺货导致无法给客户发货的状态。产生缺货的主要原因有以下几种:销售超过预期,补货不及时；存货区的货暂时找不到；供应商暂时或长期缺货；供应商配送延迟。当发生缺货的退款申请时，客服人员要第一时间与客户协商修改退款原因。缺货时，一是客服人员联系客户更换可替代的产品；二是店铺应与供应商建立起一个较为畅通的沟通渠道，当供应商能预知或已知库存不足的情况，主动通知运营人员，让运营人员采取补救措施。

(3) 拍错了/订单信息有误。此类退款对店铺影响不大，不会额外赔付，但影响店铺退款率，如想避免退款率增长，客服人员可主动联系客户帮忙备注更改订单信息，如客户已提交申请退款，店铺可同意退款，然后引导跟进客户重新下单。

(4) 不想要了/协商一致退款，是指客户拍下产品后又不再需要了，或者选择购买了其他产品而发起的退款申请。一般出现这种类型的退款时，客服人员可主动跟客户联系，了解不想要的原因，必要时争取说服客户不退款，如果客户不喜欢该产品，客服人员可推荐适合客户的其他产品。

2) 仅退款(已发货)

仅退款(已发货)是指客户在店铺购买了产品，在店铺发货之后发起了退款申请，申请退款金额有可能为全退款，也有可能为部分金额退款。此类退款有以下三种常见的退款状态。

(1) 未收到货，是指店铺已发货，客户表示未收到货而发起的退款申请。当处理此类退款时，客服人员一定要查清楚产品的物流情况，看是否已显示签收。如产品未签收，还在运送途中，客服人员应先联系物流公司，查询产品的物流情况，然后跟客户取得联系，了解其退款的原因。如因太久未到不想要了，向客户道歉，给予适当优惠，看客户是否愿意继续等待；如客户不愿意继续等待，可以让客户帮忙拒收，等产品退回时，可给客户退款。

如产品显示已签收，客户申请未收到货而退款，客服人员应联系客户，了解清楚产品是否已经收到。如果已经收到产品，了解并沟通客户申请退款的原因，为避免自动退款成功，客服人员可先行拒绝退款，并告知客户；如果客户表示没有收到产品，物流显示已签收，客服人员要和物流公司进行核实，最好让物流公司出示签收底单，以核实情况。

(2) 退运费，是指店铺需要退还客户多付或事先垫付的运费。下列情况发生时，会出现此类的退款申请：客户拍了多笔订单，每笔订单都支付了运费；产品出现质量问题，需要换货时，退回产品时先行垫付了运费；客户满足包邮情况，但是拍下订单时支付了运费。

(3) 产品需要维修，是指客户购买的产品出现了质量问题，需要自行或返回工厂维修产生的维修费用，从而发起的退款申请。当产品出现需要维修情况时，客服人员可先跟客户取得沟通，了解产品目前的具体情况，协商解决，必须本着实事求是、合情合理合法的原则处理。如客户退回维修，需要客服人员登记好具体情况，后续跟进维修进度。

3) 退货退款

当客户收到产品，由于不合适、不喜欢或者有质量问题提出退货退款时，经核实符合店铺退货退款条件，客服人员可让客户先发起退货退款申请，尽量说服客户选择"七天无理由退换货"，并上传退货邮寄凭证和物流单号，待店铺收到退回的产品后，就可以退款给客户了。

4) 极速退款

极速退款是某些平台为诚信会员提供的退货退款流程的专享特权，确认收货前申请退货退款并与店铺达成退款协议后，如果客户的货款在授信额度内，只要将货物退回并提交正确退货物流单号，平台系统会立刻退款到客户的账号，减少退款等待时长，实现"即点即退，瞬间到账"(个别特殊类目、虚拟类目除外)。享受极速退款特权的店铺需要达到信誉评级极好或优秀。

2. 退换货处理

退换货是指客户在店铺购买了产品，在店铺发货后，客户收到了产品，由于不合适、不喜欢或者有质量问题，从而发起的退换货申请。通常有以下几种常见的退换货状态。

1) 七天无理由退换货

七天无理由退换货，是指店铺使用第三方平台提供的技术支持及服务向其客户提供的特别售后服务，允许客户按平台规则及相关规定对其已购特定产品进行的退换货。以签收日后的第二天零时起计算时间，满168小时为7天。客户发起七天无理由退换货的退款申请，店铺是不可以拒绝的。非店铺责任而由客户发起的七天无理由退换货，退货运费由客户承担，换货后新发货的运费根据店铺的运费规则办理。

2) 产品质量问题退换货

产品质量问题退换货是指店铺销售给客户的产品出现了质量问题而引发的退货申请。当客服人员收到产品质量问题反馈时，可分为两种情况处理：第一种情况是，该质量问题可以通过肉眼做出判断的，客服人员要告知客户提供问题产品图片或视频；第二种情况是，该质量问题通过肉眼无法做出判断，由店铺优先举证。

当出现质量问题发生退货时，客服人员应及时跟客户取得联系，了解质量问题的严重程度，协商是否可以直接换货或者优惠处理。如果客户一定要退货，客服人员可以尝试沟通一下，问客户是否可以将产品质量问题更改成"七天无理由退换货"，这样可以降低店铺产品的退货率。

3) 假冒品牌退换货

假冒品牌退换货，是指客户收到产品后觉得收到的不是正品而向店铺提出的退货申请。遇到此类型的退货时，客服人员可以跟客户取得联系，协商沟通，尽可能地让客户更改退货原因。如客户执意不更改，店铺销售的又是正品的情况下，客服人员可拒绝退货，并提交相关的品牌资质和证明。

4) 收到产品破损的退换货

收到产品破损的退换货，是指客户收到店铺寄来的产品，发现产品有破损而发起的退货申请。遇到此类型的退货时，客服人员应主动联系客户，如果是客户签收时发现产品破损，建议客户提供货物破损的凭证，双方协商处理；如果是客户签收后使用造成的破损，客服人员应联系客户确认该破损是不是由产品质量问题引起的，尽快做好售后服务；如果双方无法协商一致，店铺可以在拒绝退货后申请平台客服介入处理。

5) 收到产品与描述不符的退换货

收到产品与描述不符的退换货，是指客户收到的产品与达成交易时店铺对产品的描述不相符，店铺未对产品瑕疵、保质期、附带品等必须说明的信息进行披露，损害客户权益的行为。

如果客户收到的产品与店铺详情描述确实不符，客服人员应及时联系客户沟通换货或退货事宜。若无法协商一致，有可能会引起客户"申请平台客服介入"，最终有可能影响纠纷退款率。

实操流程4： 小组成员一起学习、讨论评价解释的内容、工作流程，组内实操演练，并针对店铺不同产品特点，做出好评解释的标准话术；找出中差评原因，做出相应的解释；编制中差评防范措施，并形成手册。

知识窗4.1.3 评价解释的内容

网上店铺都很关注自己的信用度，因此对客户的评价越来越敏感，总希望客户给出的评价永远是好评。评价解释的内容会显示在被评价方的信用评价页面对应的评价下方。合理又有创意的评价解释不仅可以维护店铺的客户黏度，还可以让店铺更加人性化，提升客户对店铺的好感。

1. 好评解释

若店铺提供优质的产品和用心的服务，当客户收货后对产品和服务都满意时，客户一般都会给店铺好评。对于店铺而言，收获好评并不意味着这个订单就已完美收尾。一条评价在页面中展示，其他客户除了能看到这条评价外，还能看到店铺的解释，因此，对于给好评的客户，店铺也可以给予回复评价。做出合适又有亲和力的回复，对于客户的复购以及店铺形象的口碑传播都非常重要。

2. 中、差评解释

网店运营中，客户难免会给出中、差评。遇到这种情况，店铺首先应该自我反思，检查自己在交易过程中是否犯错、服务是否周到，并妥善处理中、差评。

1) 及时回复

在客户给出评价以后，客服人员的及时回复尤为重要，及时回复不仅能让客户觉得店铺重视他，而且店铺也能及时消除不良评价带来的影响。

2) 说服客户修改中、差评

用聊天工具或电话联系客户，通过沟通，分析是什么原因导致客户给出的负面评价，如果店铺确实存在过错，客服人员则应诚恳地向客户道歉，承认工作上的过失，并与客户协商解决方案，在与客户达成一致意见后，客服人员可以提出自己的要求，如："我有一个小小的请求，您能否为我修改一下评价？真的很感谢您为我们提出了很好的建议和意见,希望以后多多合作。"通常客户都会同意修改评价。

3) 客观解释

当中、差评已产生时,客服人员除了针对出现的问题给出合理的解释外,还要借着"中差评"这个展台,趁机打广告,在给出解释时可以附上同款产品的其他客户的好评,或者写上最近店铺开展的一些优惠活动,这样一来,这个不良评价不一定会对店铺产生多大害处,或许可以给店铺带来更多的客源。

【延伸阅读】

1. 售后服务综合指标

售后服务综合指标是考核一个店铺售后工作的核心指标,也是营销活动准入的重要考核指标。售后服务综合指标是指包括纠纷退款率、退款完结时长、退款自主完结率三项指标的一个综合评估数据,取值范围为近28天。其中,上述三项数据对综合指标的影响占比约为3∶2∶1。综合指标以排名占比的形式展现,并与同行店铺进行对比。

三项指标的具体计算方法如下所述。

1) 纠纷退款率

纠纷退款率,为近28天(售中+售后)判定为店铺责任且生效的退款笔数÷支付宝成交笔数。售后的纠纷退款情况是店铺服务能力的重要体现。在店铺和客户未自行协商达成退款协议,发生退款纠纷时,第三方平台客服介入后,会判定责任方,当判定结果为店铺责任时,会计入店铺的纠纷退款率。

2) 退款完结时长

退款完结时长,为近28天退款完结(售中+售后)总时长÷退款完结总笔数。退款完结时长体现了店铺的售后服务效率,要想提升此项指标,需要店铺时刻跟踪退款进程,出现退款及时处理。

3) 退款自主完结率

退款自主完结率,为近28天店铺自主完结退款(售中+售后)笔数÷店铺完结退款总笔数。退款自主完结率是指店铺自主完结的退款在全部退款中的比率,如有第三方平台客服介入处理退款,协助完结,会影响到退款自主完结率。

想要使售后服务综合评分达标,提升售后服务质量,店铺需重点提升上述三项指标。

2. 退换货沟通技巧

客户之所以要退换货,是因为在此次交易过程中存在不满。在客户发起退换货时,客服人员除了站在客户角度换位思考,为客户提供解决方案以外,在沟通层面更需要讲究方式方法。有技巧的沟通往往会使客户更多地谅解店铺,从而降低店铺成本。客服人员针对引起客户不满而退换货的因素,对应处理的技巧如下所述。

1) 产品因素

退换货的产品因素包括产品质量问题、真假问题、数量缺少、使用问题等。针对此类退换货问题，客服人员应给予客户适当的优惠。如果客户不接受优惠，客服人员再看实际情况进行退换货处理。沟通时，客服人员应站在客户的角度去思考问题。

2) 主观因素

退换货的主观因素指客户收到货不喜欢、衣服尺码大小不合适、风格和款式不喜欢、没有想象的好等因素。针对此类退换货问题，客服人员应先了解客户不满意的原因，有针对性地引导客户进行换货。

(1) 引导转让，减少退货。例如，当客户收到货，因尺码偏大的问题想退货时，客服人员应告知客户尺码不合适属于非产品问题，需要自行承担回寄运费。而客户不想花费寄回的运费，客服人员便可顺势引导客户将产品转让给同事或亲朋好友，聊天记录如下。

客户：你好，今天收到货了，尺码偏大了一些，我想退货。

客服：没问题的，我们店铺是无理由退换货的，不过退货的运费要亲自己承担了哦。

客户：哦，还要我自己出运费啊。

客服：是的呢亲，不过亲可以问问同事或者朋友，如果有喜欢的，可以转给她，也不错哦。

客户：好的，我去问问。

(2) 引导换货，推荐新品。例如，当客户收到衣服，觉得尺码偏大，想要退货，客服人员提出可以换小尺码，客户又表示款式也不喜欢。于是客服人员又提出第二种方案，就是换款式。客服人员的最终目的是减少退货，降低店铺成本损耗，聊天记录如下。

客户：你好，今天收到货了，只是衣服的尺码偏大了一些，我想退货。

客服：亲，那我帮你换小的尺码吧。

客户：哦，款式我也不太喜欢，穿上有点胖，还是退吧。

客服：可以的，不过亲也可以看看其他的款式，这几天新到的几款，都很显瘦呢。

客户：那发来链接我看看吧。

3) 服务因素

退换货的服务因素包括店铺没按规定时间发货、发票问题、漏发少发等。针对此类退换货问题，客服人员首先应真诚道歉，针对问题本身进行处理。如因客服人员态度不好，最好更换客服处理，打电话致歉并表达诚意，让客户满意。

部分客服人员在收到客户退货需求时，会直接答应退货，不再做任何努力，而实际上可以通过引导转让或者引导换货的方式避免产品退回，适时推荐新品来让客户换款消费，减少退货率，维持或增加店铺销售额。

3. 天猫评价管理

天猫评价管理包含了偏好设置、负面评价、评价列表、评价分析及产品分析等。

1) 偏好设置

偏好设置页面可添加产品负面评价标签，相应的负面评价会显示在评价列表页面，方便客服更清晰地了解到产品负面的评价；同时可以添加特别关注的20款产品，这样评价列表页面可以根据添加的特别关注宝贝筛选负面评价。

2) 负面评价

负面评价页面可对负面评价做出解释。通过负面标签勾选，可以快速挑选出相同类别的负面评价。在评价列表的界面可以使用关键词对评价进行筛选，例如，店铺想了解客服人员服务态度的问题，可以搜索"态度"二字，即可查询到关于客服人员态度的评价。

3) 评价分析

评价分析页面包含了评价的大量数据汇总，还有评价标签的数据分析曲线图，可以直观了解店铺评价。

4) 产品分析

在产品分析页面，我们可看到店铺DSR的近期数据变化和品质退款率的数据变化，同时可看到热销宝贝的负面评价分析及品质退款率分析。

4. 客户好评的获取方法

客户评价是客户对产品以及店铺的印象，是一个标签。所以，客服人员应将提高产品的好评率作为工作的一个重点。

1) 凭借服务获得好评

客户在作评价时主要有两个参照对象：一是产品的质量，二是店铺中的服务。其中，产品的质量更多的是生产厂家的事，客服人员能够做的是让客户相信产品的质量是有保障的。至于产品的质量究竟如何，客服人员其实是无法左右的，而在店铺服务方面客服人员大有可为。因为客服人员是店铺的"代言人"，其一举一动代表的是店铺的形象。如果客服人员的服务足够好，客户自然愿意点赞，给予好评。

(1) 找准客户，精准营销。在网购时，作为买方的客户通常都是占据主动地位的，购物的评价最终也是由客户做出的。所以，客服人员如果要获得如潮般的好评，除了做好产品和服务，还需要找准目标客户群，知道哪些人需要产品，哪些人比较可能给产品好评。只要将产品销售给更可能给好评的客户，产品的好评率自然也就上去了。

(2) 热情沟通，自信表达。因职业性质，客服人员要尽可能地让客户感受到你的热情和自信，拉近双方的心理距离，而基于对客服人员的好感，客户自然也更容易给出好评。

(3) 根据要求，推荐产品。网购的一大优点就是产品的种类多，所以，可供客户选择的产品自然是很多的。虽然只要达到了客户的基本要求，客户就会产生购买的意愿，但是，如果客服人员想提高产品的好评率，就需要帮助客户选择相对适合的产品。很多时候，如果客户能够获得心仪的产品，即便在购物过程中出现了一些小问题，也会看在产品本身比较好的份上，给出好评，所以，给客户更合适的产品就相当于为得到好评增加一份保障。

(4) 快速回复，体现重视。客服人员与客户的交流具有很强的时效性。这不仅是因为时间就是业绩，更是因为客服人员回复客户的速度直接影响客户对客服人员的印象。

如果客服人员不能及时回复客户，那么客户很可能会由于客服人员的"怠慢"，感觉自己不被重视，对客服人员产生偏见。所以，在沟通过程中，客服人员在回复客户时必须尽可能地快一点。

(5) 积极引导，耐心答疑。网购与在实体店购物不同，客户无法亲自验证产品；所以，即便客户主动与客服人员进行沟通，仍会对网购有些担忧。对于这种情况，最好的策略就是客服人员积极地引导客户，带领客户完成购物，这样不仅可以节约彼此的时间，也能让客户在接受帮助的过程中，对客服人员产生好感，为客户购物体验加分。

2) 通过利诱赢得好评

通常来说，客户是以产品质量和店铺的服务做出评价的，但是，如果给好评能够获得一些好处，那么，即便产品质量与自己的预期稍有差距，部分客户还是愿意给出好评的。

(1) 适度让利，增加吸引力。网店中的每种产品都是明码标价的，如果客服人员能够以相对便宜的价格出售，那么客户便会认为自己得到了实惠。在这种情况下，客户自然更愿意给出好评。

(2) 用赠品让购物划得来。除了直接让价之外，客服人员还可以通过向客户赠送小礼品来达到这一目的，并且最好赠送与客户购买的产品相关的物品。

(3) 好评可享受再购优惠。当客服人员承诺好评可享受再购优惠时，大部分客户可能会为了优惠给出好评，当然，客服人员承诺的优惠对客户要有吸引力。

(4) 满足客户的合理要求。在工作过程中，客服人员可能会遇到这样一类客户，他们想要购买某件产品，却要附加一些要求，只有客服人员答应了要求才下单。对于这一类客户，客服人员应该尽可能地满足其合理需求，毕竟，让客户购买产品是获得好评的前提。在此过程中，客服人员需要做的就是用较小的代价，让客户的要求得到满足。

(5) 做出承诺并及时兑现。在沟通过程中，适时对客户做出一些承诺，既能起到坚定客户信心的作用，也能看到客服人员对交易的诚意，让客户基于好感，给出好评。但是，一旦承诺了，就必须兑现，这不仅是客服人员言而有信的体现，更关系到店铺在客户心目中的形象。

5. 恶意差评的应对措施

恶意差评，是指买家、同行竞争者等评价人以给予中、差评的方式谋取额外财物或其他不当利益的行为。恶意差评是存在于网上购物平台的不正当竞争现象。恶意差评是某些人在没有根据的情况下对商品给予差评，以此进行敲诈勒索，或是达成打压竞争对手的目的。

恶意差评的应对措施有以下几种。

1) 回评

知道对方已经给自己差评，不要回避，请根据实际情况先给对方回评；双方都评价后，买家的差评将出现在自己的信誉评价中，这个时候客服先在差评下整理好相关资料给予合适而诚恳的解释。

2) 投诉

如果买家和卖家交易就是为了给卖家恶意评价，通过沟通无效果，那么卖家可以发起投诉，当对买家进行投诉后，相关评价就会被屏蔽，等到第三方平台裁定之后才会在自己的评价中显示。

3) 举证

用聊天记录举证对方，客服可以在和买家的对话框中点击聊天记录，找到有利于自己的对话记录截图，然后选择举证，并根据第三方平台要求提交相关资料，这样平台工作人员就可以看到你和买家之间的对话了。不要把所有聊天记录都进行举证，只举证有利于自己的地方就可以了。有利于卖家的聊天记录有以下几种：①对方有侮辱卖家人格的言辞；②对方承认自己有过失；③对方承认自己就是来恶意评价的。

【考核方案】

以3~5人形成一个学习小组，小组成员明确分工，落实具体工作。整个学习过程既有独立的思考，又有团队协作、共同实践的任务。成果考核由成员自评、小组内评价和教师评价构成。小组内成员对本组的查单查件、退款、退换货、评价解释的客户服务方案和标准话术进行自评、完善；小组之间对形成的查单查件、退款、退换货、评价解释的客户服务方案和标准话术的可操作性、规范性开展互评，并写出评价意见；指导教师对各组的实操演练过程和成果进行评价，各组成员继续完善相关环节。

岗位任务主要考核点如下所述。

(1) 熟练操作第三方平台的客服工作台相关模块；

(2) 完成客户查单查件的标准话术编制；

(3) 完成客户退款、退换货的标准话术编制；

(4) 完成客户好评解释和中差评解释的标准话术编制；

(5) 整理、编制中差评防范措施手册。

【思考和作业】

(1) 订单已发货，但客户迟迟未收到，售后客服人员应如何处理？

(2) 售后客服人员应如何和客户沟通才能有效降低退货退款？

(3) 好评解释可以用统一模板吗？

(4) 经分析，客户中差评的起因是客户自身问题，此时，售后客服应如何解释？如果客户不同意改评价，售后客服又应如何处理？

任务4.2 纠纷交易

【任务布置】

百草味旗舰店目前的店铺动态评分如下：描述相符4.8，高于同行业25.31%；服务态度4.8,高于同行业20.51%;物流服务4.8,高于同行业23%。为了保持同行业领先地位,请你未雨绸缪,为百草味做出纠纷和投诉处理预案,以使店铺的动态评分高于同行业的30%以上。

【实操内容和流程】

● 实操内容

(1) 根据店铺产品特点,分别就纠纷交易和投诉产生的不同原因做出回复标准话术;

(2) 编制纠纷交易和投诉的防范措施、处理流程等相关工作手册;

(3) 角色扮演,团队分工合作处理交易纠纷和投诉事项。

● 实操流程

实操流程1: 小组成员分工收集本店铺不同产品产生纠纷的类型及产生原因的相关信息;收集店铺被投诉的事件及产生原因的相关信息,并形成相关文档。

实操流程2: 小组成员讨论分别由于产品、物流、态度原因引起的纠纷交易和投诉解决过程的工作内容、实施流程和方法。

当店铺发生纠纷交易或投诉时,作为直接面对客户的一线售后客服人员,首先要查明产生纠纷的原因,再根据不同的原因采取不同的处理方法,全力解决问题,并防患于未然,制定相应的预防措施,避免再次出现同样的问题。

知识窗4.2.1 纠纷交易的类型和处理方法

1. 纠纷交易类型

1) 产品纠纷

产品纠纷主要涉及产品的品质、真伪、规格,一般是因产品的质量问题或产品的使用方法而出现的误解。本书在退换货和退款部分已有提及,客户可以在交易成功的15天内申请售后,发起退货退款、换货或退款。当发生此类售后问题时,售后客服人员需要及时和客户沟通,确定售后问题发生的原因,进而判断该问题的责任方,并给出解决方案,如表4.1和表4.2所示。

表4.1 产品质量问题的原因分析及处理技巧与预防措施

原因分析	处理技巧	预防措施
产品质量不过关	让客户提供图片或证明,予以退换货或退款	严把进货质量关
客户对产品有误解	向客户解释产品特性	对容易误解之处在产品描述中和销售时加以强调
客户使用方式不当	向客户说明正确使用方法	对容易造成使用不当的细节向客户预警

表4.2 与客户想象不符问题的原因分析及处理技巧与预防措施

原因分析	处理技巧	预防措施
客户对产品期望值过高	核查是否有夸大宣传；依据描述和聊天记录，礼貌恳请客户对照	避免夸大宣传
产品描述夸大了产品信息	为客户提供转让专区	禁止在线客服夸大解释
在线客服夸大了产品信息	按店铺规定退换货	对容易误会的细节预先强调

2) 物流纠纷

物流纠纷主要涉及物流时效、费用、服务等问题。最容易引起物流纠纷的是店铺未按约定时间发货，以及订单已经交易成功，但客户仍未收到货。在现实交易过程中，有很多情况是由物流公司造成的，如没有及时更新物流信息，或者其他原因导致客户未按约定正常收到货等。店铺在和客户联系时要做出合理解释并给出解决方案，尽快解决问题。若客户最终未与店铺协商达成一致的，可对店铺发起违背承诺的投诉。在交易订立过程中，店铺自行承诺或与客户约定特定的运送方式、运送物流、快递公司等，但店铺实际未遵从相关承诺或约定的属于违背承诺行为，将受到第三方平台相应的处罚。物流纠纷具体分析如表4.3~表4.5所示。

表4.3 发货错漏问题的原因分析及处理技巧与预防措施

原因分析	处理技巧	预防措施
客户误以为有错漏	按产品描述核对	随货打印配货清单
员工工作失误	道歉，为客户补发或退部分款	建立稽核团队或专员；精确称重

表4.4 到货延迟问题的原因分析及处理技巧与预防措施

原因分析	处理技巧	预防措施
发货员工延迟发货	核查问题，催件	掌握好发货员工工作强度，严格规定发货时限
客户地址信息不详	核查问题，催件	销售时核对地址信息
物流公司延迟送货	给予延迟赔偿	制定延迟到货赔偿制度

表4.5 物流运输问题的原因分析及处理技巧与预防措施

原因分析	处理技巧	预防措施
发货前检验不够	按规定给予退换货	设立产品出库检验专员
包装防破损措施不够	与客户协商退部分款	加强产品防破损措施
物流公司野蛮操作	向物流公司索赔	保价、协商索赔流程
物流人员态度恶劣	要求物流公司加强教育	考察、选择好的物流公司
物流禁止先开箱验货	由物流发件公司协调	预先教客户与快递沟通

3) 态度纠纷

(1) 客服人员的工作态度问题，主要是指客服人员遇到问题不积极处理，采取回避的态度而引起的交易纠纷。

(2) 客服人员的工作方法问题。例如，客服人员没有做到对产品(包含产品颜色、尺码、型号等)进行全面、客观的描述,造成客户的误解;客服人员没有考虑到产品以外(包含产品保质期、产品物流费用、发货时间、产品运输等)的一些问题;客服人员没有采用防止产品损坏的送货方式,当货物到达客户手中时已损坏,而客户在签收时又没有向承运公司提出赔偿,从而引起交易纠纷。

(3) 客户想借故退换货,主要涉及客户对产品的认知和使用、保管问题。例如,客户对产品缺乏认识,按照自己的标准对产品描述和产品实物进行理解和评判;客户对产品的期望值过高,收到产品时不满意;客户由于保管不善导致产品受损。

态度纠纷具体分析如表4.6所示。

表4.6 态度纠纷的原因分析及处理技巧与预防措施

原因分析	处理技巧	预防措施
员工工作态度问题	复查聊天记录、服务过程	培训客服人员服务意识
员工工作方法问题	找出问题、了解客户想法	培训客服人员工作技巧
客户想退换货问题	灵活确定,进行道歉或补偿	—

2. 投诉处理流程

投诉维权是每个店铺都不可避免的事情,如处理不当,严重的会引发店铺违规扣分,或者带来其他处罚;如果处理得当,能拉近客户和品牌的关系,甚至会使客户成为店铺的忠实粉丝。在实际操作过程中,售后客服人员根据客户投诉的实际情况,针对处理客户投诉的每个环节,明确投诉处理基本步骤,并进行合理优化,可有效缩短服务时间,提高服务效率。客户投诉处理的基本流程如下所述。

1) 快速反应,以诚相待

无论多好的企业,多好的产品,多好的服务,都难免有不足之处,但如果这种欠缺在客户提出投诉后得不到及时纠正,在客户看来是对错误本身和客户的不尊重,进而激怒客户,使客户对店铺彻底失去信心。在处理客户投诉的问题上,时间拖得越长,客户的积怨越深,售后客服人员处理起来的难度越大,处理的成本就越高。处理客户投诉的目的是获得客户的理解和再度信任,这就要求在处理客户投诉时必须以诚相待。假如售后客服人员的处理能令客户满意,客户不仅不会"抛弃"你,还会更加坚定地忠实于你。

2) 明确身份,承担责任

接到客户投诉后,如果售后客服人员不能直接帮他们解决,绝不能用"这不是我的职责,这事不归我管""责任是我们供应商的……"之类的借口搪塞,不能将责任强加给其他部门或找其他方面的借口,而应该帮助客户找到店铺的相关负责人,并确保其能够处理。客户服务是每个客服人员的责任,要让客户确信他(她)是在与一个运作协调的组织接洽,而非与各自为政的组织打交道。

3) 询问事实,分析原因

售后客服人员在接待客户投诉时,要询问清楚事实,准确理解客户所说的话,切忌在掌握所有信息之前妄下结论。任何事情都要寻因问果,处理客户投诉也不例外,售后客服人员要对客户投诉进行具体分析。

4) 判断客户类型，寻找解决方案

客户投诉时各有所求，有的客户只是希望通过投诉发泄一下，有的客户可能希望得到退款，有的客户是给店铺提建议。因此，在解决客户投诉时应分析客户心里是怎么想的，希望通过投诉获得什么，在此基础上为客户设计解决方案。售后客服人员应该准备三四套方案，可先将自己认为最佳的一套方案提供给客户，如果客户提出异议，再换另一套方案，待客户确认后再实施。当问题解决后，至少还要征求一两次客户对该问题的处理意见，争取下一次的合作机会。

5) 提供超值回报，放弃另类客户

一流的投诉处理，会超越客户的期望。当投诉处理完毕后，优秀的售后客服人员会好好利用这一机会，将投诉客户转变为企业的忠实客户，例如追加一些赠品或小礼物等作为惊喜，以超出客户预期的方式真诚地道歉，同时再次感谢客户。但是，有一些客户不论你做什么都无法令他们满意，这时可以考虑放弃这部分客户。

6) 强化过程管理，持续投诉反馈

处理客户投诉不仅要求处理的结果令客户满意，还要求处理的过程令客户满意。因此，在客户提出投诉后，售后客服人员一定要对投诉进行持续反馈、追踪和回应。在处理复杂的客户投诉时，售后客服人员一定要坚持每天向客户反馈一次，投诉处理完成后，也应在最短的时间内主动给客户打一个电话或发一个邮件，或亲自回访，了解客户对该解决方案还有什么不满意的地方，是否需要更改方案等，这样做可以使客户的信任成倍增长，从而形成再次购买或正向的人际传播。

实操流程3：小组成员之间进行角色扮演，开展纠纷交易解决过程和投诉处理过程的实操演练，团队分工合作处理交易纠纷和投诉事项，并总结实操过程中获得的经验和存在问题，形成纠纷交易和投诉处理的防范措施、处理流程和标准话术的工作手册。

【延伸阅读】

1. 避免交易纠纷的措施

网店在运营中，或多或少会遇到一些纠纷。很多纠纷是由于双方沟通出现了问题，其实只要注意一些细节，就可以避免很多误会和纠纷。售后客服人员要协同网店运营人员防患于未然，尽可能地避免交易纠纷出现。避免交易纠纷的措施如下所述。

1) 严把产品质量关

网店的竞争非常激烈，但任何时候产品质量都不能"打折"，否则很难在激烈的市场竞争中立足，这就要求店铺在进货的时候一定要把好质量关，在发货的时候再检查一下产品，保证发给客户的是一件完美的、高质量的产品。

2) 对待客户要热情

客服要善于利用聊天工具中的表情营造一种轻松愉快的对话氛围。有时会有几位、十几位客户同时咨询产品的问题,客服人员感觉忙不过来,这时要向客户说明情况,不要不回复或者很晚才回复客户,这些都是不礼貌的行为,是对客户的不尊重。

3) 产品描述与实际相符

产品描述与实际不符很容易产生纠纷。客户在网上买东西是看不到实物的,图片就是客户判断产品优劣的重要依据,所以店铺一定要提供实物图。同时,客服人员在描述产品时应尽量使用客观的语言,不要误导客户,这样就可以尽可能地避免这种纠纷的出现。

4) 成交后再次确认有关信息

尽管在前期的沟通中已涉及客户所购买产品的部分信息,但在客户付款后,客服人员一方面要再次确认产品的有关信息,如名称、款式、大小、件数、颜色等,同时留下最后确认的交易凭证,以防日后少数客户以发错货为由进行投诉;另一方面要核对交易信息,避免出现发错货的情况。

5) 发货前再次核对客户的联系信息

发货前,客服人员要再次确认客户地址、姓名及联系电话等信息。因为默认的地址可能是客户的家中地址,但工作日家中无人,需要寄到客户单位才有人签收,或者商品是客户送给朋友的,需要填写朋友的地址。

6) 发货前仔细检查

发货前,库房人员一定要仔细检查产品的完整性,以减少买卖双方在产品质量方面的纠纷。如果客户购买的产品数量较多,那么店铺在发货前一定要仔细检查产品的数量、颜色及号码,避免出现退货、换货等售后问题。

7) 发货后告知客户

发货后客服人员要使用聊天工具告知客户快递单号和大概的到达时间,方便客户收货,同时提醒客户收货时要先检查后签收,有问题马上和店铺联系解决。

8) 发货后有问题及时处理

发货后,产品在运输途中和配送途中都可能会出现这样或那样的问题。一旦出现问题,客服人员一定要注意自己的态度,认真倾听,等客户说完后,说一些安抚及道歉的话,并且用委婉的语言来阐述自己对这件事情的看法及解决方案,及时地提出补救建议,采取有效的补救措施。

9) 熟悉第三方平台规则

尽管在第三方平台上购物的大部分客户是很友好的,但难免有一小部分客户或同行利用种种手段对店铺进行欺骗。客服人员应该认真学习第三方平台的各项规则,学会使用法律武器来维护自己的合法权益。

2. 掌握投诉处理技巧

任何店铺都不能百分之百地保证自己的产品或服务没有任何问题;任何客服人员都不能百分之百地保证不会遭遇投诉。绝大多数投诉都是比较好处理的投诉,我们称为一般投诉。但是,一般投诉如果没有处理好,就可能上升为更为激烈或更为复杂的严重投诉，甚至导致店铺出现重大危机。针对不同严重程度的投诉情形，客服人员应掌握不同的投诉处理技巧。

1) 一般投诉的处理技巧

对于一般投诉的处理，可以通过采用 LSCIA 处理法。LSCIA 是 Listen(倾听)、Share(分担)、Clarify(澄清)、Illustrate(陈述)、Ask(要求)这5个英文单词首字母的缩写。

(1) 倾听客户的诉说。当客户进行抱怨或投诉时，售后客服人员首先要学会倾听，收集数据，并做好必要的记录，让客户释放情绪，把想表达的不满情绪都充分表达出来；然后弄清问题的本质及事实，仔细确认问题所在，了解事情的每一个细节，以便确认问题的症结所在。

(2) 分担客户的压力。当售后客服人员基本上弄清了问题的实质及事件发生的原因，就可以采用分担的方式安抚客户，对客户说："您讲得有道理，我们以前也出现过类似的事情。"无论是产品本身的问题，还是客户使用产品不当，都不能责备客户，而是帮客户分担一份责任和压力。

(3) 澄清问题的实质。在已经基本了解客户投诉的原因和目的的基础上，售后客服人员可以对投诉问题加以判断，确定是产品本身的问题还是客户使用不当。如果是产品本身的问题，应立即向客户道歉，并在最短的时间内给客户解决问题；如果是客户使用不当造成的问题，要说明问题的实质。但无论如何，售后客服人员都要诚心诚意地对客户表示理解和同情。

(4) 陈述解决的方案。在客户投诉的问题得到确认之后，售后客服人员可提出并对客户说明处理方案，同时要用鼓励的话语感谢客户的抱怨和投诉。无论客户投诉正确与否，必要时可对其予以精神或物质的奖励。

(5) 后续要求的处理。在基本解决客户的抱怨和投诉后，售后客服人员要再次询问客户还有什么要求，以诚恳的态度告诉客户，假如还有其他问题，请随时联系自己。

2) 严重投诉的处理技巧

与一般投诉相比，严重投诉的处理需要更多的耐心和技巧。客户发起严重投诉时心情往往不好，有很大一部分客户情绪激动，甚至失去理智。这时候客服人员采用 CLEAR 法可以较好地解决问题。CLEAR 是 Control(控制)、Listen(倾听)、Establish(建立共鸣)、Apologize(道歉)、Resolve(解决)这5个英文单词首字母的缩写，具体如下所述。

(1) 控制自己的情绪。客户的过激语言和行为往往会让售后客服人员因感觉受到攻击而不耐烦，从而被惹火或难过。为了避免言语不当使客户更加激动，售后客服人员要控制好自己的情绪，可以不同意客户的投诉内容，但一定要认可客户的投诉方式。不管面对什么样的投诉方式，售后客服人员都要控制好自己的情绪。

(2) 倾听客户的诉说。面对情绪激动的客户，售后客服人员不要急于解决问题，而应先安抚客户的情绪，等客户冷静后再解决他们的问题。为了处理好客户的抱怨，售后客服人员需要弄清楚客户为什么抱怨或投诉，静下心来积极、细心地聆听客户愤怒的言辞，弄清客户的真实意图，真正了解客户想表达的感觉与情绪。

(3) 建立与客户的共鸣。与客户共鸣的原则是换位思考，真诚地理解客户，而非同情。只有站在客户的角度，想客户之所想，急客户之所急，才能与客户形成共鸣。售后客服人员要表现出对客户的理解，真诚应答，而不能给客户造成敷衍应付或老套油滑的感觉。

(4) 向客户表示歉意。售后客服人员不能推卸责任，要及时向客户道歉，使对方情绪得到控制。特别注意的是，售后客服人员道歉时一定要发自内心，不能心不在焉，不能一边道歉，一边说"但是"，这个"但是"会否定前面的努力，使道歉的效果大打折扣。

(5) 提出应急和预见性的解决方案。对于客户的投诉，售后客服人员要迅速做出应对，针对具体问题提出应急方案，同时，还要提出杜绝类似事件再次发生或对类似事件进行处理的预见性方案，而不仅局限于解决眼前问题。

售后客服人员在使用CLEAR法处理客户投诉时，每个步骤都要注意相关的技巧和分寸，这样才能快速平息客户的不满，得到客户的理解和信任。

3. 售后服务电话沟通技巧

电话沟通是一种比较经济的沟通方式。棘手的售后问题，有时候用电话沟通可加快解决速度，因为声音在传递过程中比文字更有真实性。电话沟通的技巧掌握得如何，不仅直接影响沟通是否能够顺利达成，还会影响店铺的对外形象。通常，售后客服人员在以下几种情况下会采用电话沟通：一是处理客户投诉和纠纷，达成解决方案；二是售后跟踪调查，开展二次销售；三是回访客户满意度，开展客户关怀。

1) 电话沟通前的准备工作

与客户进行电话沟通之前，客服人员应选择安静的环境，不容易被他人打扰，不会因客观因素影响沟通的进程，并做好以下6个方面的准备。

(1) 明确沟通目的。明确电话沟通的目的，清楚自己为什么要进行这次电话沟通。例如，确认客户有没有收到寄发的产品；调查客户满意度；售后跟踪调查；进一步明确客户需求；定期进行客户关怀等。

(2) 定位沟通目标。目标定位是指对电话沟通后可能产生的结果进行预测，以使售后客服人员将全部精力集中于目标之上。进行目标定位时要注意以下几点：站在客户的立场确立客观实际的预测目标；尽可能将结果数字化，以便对结果进行最终评测；如果不能保证目标一定会达成，可以设立第二目标，以便于向客户进行解释。

(3) 设立系列提问。在电话沟通之前，最好对客户有一定的了解，并设立一系列符合逻辑的提问，如："您对我们的服务还满意吗""对于这个问题，不知您有什么建议或看法？""您希望什么时候收到样品呢？""不知您周围的朋友有没有享受过这项服务？"此外，对电话中可能发生的事情进行合理的、符合常规的设想。例如，客户可能提出哪些问题，可能存在什么样的潜在争执，原因是什么，如何应对，等等。

(4) 准备所需资料。准备好客户的基本资料与店铺产品资料，可将资料做成工作帮助表，这样售后客服人员可以随手拿起资料，迅速回答客户的问题。

(5) 设计让人印象深刻的开场白。电话沟通的开场白应包括以下几个部分：热情地表示友善的问候，简洁地进行自我介绍；对相关的人或物进行一个简明扼要的说明，建立与客户沟通的桥梁；介绍电话沟通的目的，确保让客户感受到你对他的价值所在；有礼貌且热情地征询对方的意见，确认与对方交流的可行性；找到对方感兴趣的话题，转向探询需求。

2) 电话沟通的具体步骤

(1) 自报家门，让客户知道是哪个店铺的客服人员。

(2) 说明来意，让客户了解店铺售后客服人员打这个电话的用意。

(3) 认真倾听，对于客户的不满，售后客服人员要及时给出回应，并且要适时安抚客户。

(4) 阐述观点。针对客户的不满，提出解决的方案，既要提出符合既定需求的建议，对一个问题提出多种方案，让对方来选择，又要描述细节，阐述如何实现这个方案的建议。

(5) 处理异议。当提议被客户反对时，不要马上反驳客户的意见。如果确认对方是"真实反对"，说明客户需要更多的信息，售后客服人员应根据客户提出的问题，具体就每个细节再次提问，从而分辨客户的真实意图和需求；如果客户反对的原因不明确，表达笼统，属于"烟雾式反对"，售后客服人员应通过提问帮助客户找出原因，并给出解决方案。如果客户对解决方案不满，客服人员要再次提出方案。

(6) 达成协议。达成协议后，客服人员应适度地向客户表示感谢。在可能的条件下，客服人员可对客户有所回馈，以表达自己的感激之情，或是积极地与客户分享成果。

3) 电话沟通后的工作内容

售后客服人员完成与客户的电话沟通后，要及时进行数据录入与服务跟进工作，将电话沟通的相关内容录入数据库，以便需要时查询；意见达成后，应采取积极的态度，按既定措施处理，如果发生变化，要及时与客户沟通。

【考核方案】

以3～5人形成一个学习小组，小组成员明确分工，落实具体工作。整个学习过程既有独立的思考，又有团队协作、共同实践的任务。成果考核由成员自评、小组互评和教师评价构成。小组内成员对本组纠纷交易和投诉处理的工作手册进行自评、完善；小组之间对纠纷交易和投诉处理工作手册的可操作性、完整性开展互评，并写出评价意见；指导教师对各组的实操演练过程和成果进行评价，各组成员总结、完善。

岗位任务主要考核点如下所述。

(1) 熟练操作第三方平台的客服工作台相关模块；

(2) 完成产品纠纷、物流纠纷、态度纠纷处理的标准话术编写；

(3) 完成客户投诉处理的防范措施和标准话术编写；

(4) 完成售后电话回访沟通的提纲及标准话术编写；

(5) 完成纠纷处理和投诉处理的沟通技巧手册编写。

【思考和作业】

(1) 由仓库缺货导致客户的订单迟迟不能发货的客户投诉，售后客服人员应如何解决？

(2) 遇到了一位明明是自己的问题，却一直指责客服人员的客户，该如何应对？

(3) 电话沟通的客户提出了店铺无法满足的要求，售后客服人员应如何解决？

(4) 纠纷处理中，售后客服人员如何平衡店铺和客户的利益？

项目提升篇

【导言】

随着竞争压力越来越大，电商产品在质量、供货及时性等方面已经没有多少潜力可挖，而客户关系管理作为一种战略思想和理论可以帮助电商企业构建一个体系，从而使客户成为企业最重要的资源。客户关系管理系统从企业如何赢得新客户，到保留老客户，以及提高客户利润贡献度等方面都将大大提升电商企业的竞争力。客户关系管理的定义就是：企业为提高核心竞争力，利用相应的信息技术以及互联网技术协调企业与客户间在销售、营销和服务上的交互，从而提升其管理方式，向客户提供创新式的个性化的客户交互和服务的过程，其最终目标是吸引新客户、保留老客户以及将已有客户转化为忠实客户，扩大市场份额。客户关系管理相关人员是在电商企业客户战略思想引导下，负责实施有关客户关系维护和管理的各项工作，包括汇总、分析客户信息资料，对客户进行分级管理，客户关系管理制度，维护并改进企业与客户之间的关系，完善客户关系管理体系及其客户服务体系，塑造企业的品牌形象；同时，开展客户调研活动，通过分析客户关系，为企业的运营工作、销售策略的制定提供支持，保证企业运营目标的顺利完成。

模块5　客户维护管理

客户关系维护的核心是利益的维护，让客户达到理想的期望值，才是服务的真谛。企业在努力提高服务质量的同时，也要在服务细节上下功夫，给客户带来实实在在的便利，让客户真正有做上帝的感觉，赢得了客户的感动和信任，从而为企业聚集大批回头客。电商企业要实现长期的稳定发展，必须要不断收集和研究目标客户群的产品和服务要求，并积极有效反馈，融入自身的产品和营销策略。客户关系管理(customer relationship management，CRM)不仅是一套管理软件，还是一种全新的营销管理概念，利用CRM系统，电商企业可以与不同的客户建立不同的联系，并根据其特点和需求，为他们提供周到快速的服务，真正做到"以客户为中心"，赢得客户的"忠诚"，留住企业发展的资源。

【学习目标】

知识目标

- 掌握客户信息收集的关键指标；
- 掌握客户信息收集和整理的不同渠道和方法；
- 掌握客户档案的建立和整理方法。

技能目标

- 能根据店铺和产品特点，建立客户信息的关键指标，并熟练运用Excel办公软件制作客户信息表，为企业相关部门提供客户查询和分析；
- 能充分利用各种途径，正确收集客户有效信息，并及时录入客户信息系统，为企业客户关系维护提供一手资料；
- 能在各类不同的交易平台收集并下载客户有效资料，整理并建立客户档案，为客户关系管理奠定良好基础。

课程思政目标

- 实施创新驱动发展战略，开辟客户维护和发展的新领域和新赛道；
- 实现企业和客户双赢，推动构建人类命运共同体；
- 创造人与人、人与自然和谐共生的人类文明新形态。

【情境导入】

大学毕业的小王刚刚进入某电子商务公司的市场部，市场部经理吴昊给了她一份纸质的客户表格，让她用Excel制作一份客户信息管理表，用来在电子商务产业博览会上收集意向客户。该电子商务产业博览会以促进消费为主线，聚焦"吃喝游乐购"五大消费场景，在全国范围内吸引各地特产、品牌产品、网红好物参展。参会代表有供应商、有采购需求的企业和消费者。主办方将凝聚全国"网红""网络达人""短视频创客"等电商资源，以"云逛街""云探店"等直播、短视频电商引流方式，在平台流量、新闻宣传、优惠政策、促消费补贴等方面给予支持奖励，赋能电商企业，促进消费复苏。市场部经理要求小王先制作一个Excel客户信息表，并打印好带到展会上，以方便收集客户信息。

思考题：
(1) 客户信息管理表格应该如何设计才能收集到有效的客户信息？
(2) 电商企业日常客户信息收集如何完成？
(3) 博览会中收集的客户信息如何处理？

任务5.1 客户信息维护

【任务布置】

小王和市场部人员一起参加了10月26—27日的电子商务产业博览会。参会前，小王要针对本企业产品的销售，结合企业客户的关键信息，制作一份收集企业和客户信息的客户资料表。博览会上共收集到50个采购企业和消费者的信息，小王也要根据市场部经理的要求把收集到的客户信息录入企业CRM系统。

【实操内容和流程】

● 实操内容
(1) 结合化妆品类目产品特点确定客户信息表的关键指标；
(2) 用Excel制作客户信息表；
(3) 安装CRM软件，完成客户信息录入，并进行客户信息分类处理。

● 实操流程
实操流程1：小组成员一起学习、认识客户信息表的含义、作用，并分析客户信息类型及各自的特点，掌握客户信息表的构成。

知识窗5.1.1　客户信息表

客户是与企业直接发生业务往来的法人单位或自然人，它不仅包括企业的中间商，也包括企业的众多消费者，是企业的重要资源。所以，电商企业在经营管理活动中，都将客户视为企业有机整体的一部分加以科学管理，以期客户资源的充分利用。客户资源转化为客户信息可以让企业更好锁定和开拓目标客户，通过建立专业、细分、通畅的群内交易渠道，更好地获得客户需求，把握市场变化。客户信息(customer information)是指有关客户喜好、客户细分、客户需求、客户联系方式等一些关于客户的基本资料。客户信息主要分为描述类信息、行为类信息和关联类信息三种类型。这三种基本的客户信息类型的特点如下所述。

1. 描述类信息

客户描述类信息主要是用来理解客户的基本属性的信息,如个人客户的联系信息、地理信息和人口统计信息,企业客户的社会和经济统计信息等。这类信息主要来自客户的登记信息,以及通过企业的运营管理系统收集到的客户基本信息。这类信息的内容大多是描述客户基本属性的静态数据,其优点是大多数的信息内容比较容易采集到,但是一些基本的客户描述类信息内容有时缺乏差异性,而其中的一些信息往往涉及客户隐私,如客户的住所、联络方式、收入等。对于客户描述类信息最主要的评价因素就是数据采集的准确性。表5.1是一份关于房地产客户的客户信息表,可以看到收集了客户的职业、家庭结构、置业目的、现有住房情况和财务贷款情况等信息,显然是对财务情况的评估,所有这些信息都是围绕房产的销售特点而收集的。

表5.1 某项目成交客户信息表

首次上门时间			成交时间		
面积		总价		付款方式	
姓名		籍贯	性别	年龄	
职业		工作地址	联系方式		
家庭结构		决策人	性格类型	□红 □蓝 □绿	
置业目的	□改善 □刚需 □投资		现住房地点及面积		
拥有房产	□无 □1套 □2套 □3套及以上		过往贷款情况	□无 □1套 □2套 □3套及以上	
认知渠道			交通工具		
价格接受范围			对项目的认可点		
对项目的疑点					
客户语录 (反映客户的需求、性格,有利于我传递项目价值或逼定的话)					
接待过程描述 (把每次上门及关键电话跟进过程还原,尽量使用客户原话)					

在实际经营中，经常有一些企业关注自己为多少客户提供了服务，以及客户购买了什么，但是往往到了需要主动联络客户的时候，才发现缺乏能够描述客户特征的信息和与客户建立联系的方式，或是这些联络方式已经失效了，这都是因为企业没有很好地规划和有意识地采集及维护这些客户描述类信息。

2. 行为类信息

客户的行为类信息一般包括客户购买服务或产品的记录、客户的服务或产品的消费记录、客户与企业的联络记录，以及客户的消费行为、行为偏好和生活方式等信息。收集客户行为类信息的主要目的是帮助企业的市场营销人员和客户服务人员在客户分析中掌握和理解客户的行为，客户的行为信息反映了客户的消费选择或是决策过程。

行为类数据一般都来源于企业内部交易系统的交易记录、企业呼叫中心的客户服务和客户接触记录，营销活动中采集到的客户响应数据，以及与客户接触的其他销售人员与服务人员收集到的数据信息。有时企业从外部采集或购买的客户数据也包含大量的客户行为类数据。客户偏好信息主要是描述客户的兴趣和爱好的信息，比如有些客户喜欢户外运动，有些客户喜欢旅游，有些客户喜欢打网球，有些客户喜欢读书，这些数据有助于企业了解客户的潜在消费需求。企业往往记录了大量的客户交易数据，如零售企业记录了客户的购物时间、购物商品类型、购物数量、购物价格等信息；电子商务网站记录了网上客户购物的交易数据，如客户购买的商品、交易的时间、购物的频率等。对于移动通信客户来说，其行为信息包括通话时间、通话时长、呼叫客户号码、呼叫状态、通话频率等；对于电子商务网站来说，点击数据流记录了客户在不同页面之间的浏览和点击数据，这些数据能够很好地反映客户的浏览行为。

与客户描述类信息不同，客户的行为类信息主要是客户在消费过程中的动态交易数据和交易过程中的辅助信息，需要进行实时的记录和采集。在拥有完备客户信息采集与管理系统的企业里，客户的交易记录和服务记录非常容易获得，但客户的行为信息并不完全等同于客户交易和消费记录，往往需要对客户的交易记录和其他行为数据进行必要的处理和分析。表5.2是房地产公司对意向客户的深度分析。

3. 关联类信息

客户的关联类信息是指与客户行为相关的，反映和影响客户行为和心理等因素的相关信息。企业建立和维护这类信息的主要目的是更有效地帮助企业的营销人员和客户分析人员深入理解影响客户行为的相关因素。

客户关联类信息通常包括客户满意度、客户忠诚度、客户对产品与服务的偏好或态度、竞争对手行为等。这些关联类信息有时可以通过专门的数据调研和采集获得，如通过市场营销调研、客户研究等获得客户的满意度、客户对产品或服务的偏好等；有时也需要应用复杂的客户关联分析来产生，如客户忠诚度、客户流失倾向、客户终身价值等。客户关联类信息是客户分析的核心。

表5.2 某项目客户需求深度信息表
(只访谈成交客户,每个项目至少做5个)

家庭基本信息	姓名		年龄		家庭结构(以居住人口为准)	
	居住地		现住户型		现住面积(平方米)	
	收入水平		行业及职位		受教育程度	
价值观与生活方式	买房最看重什么(按重要程度排序)					
	喜欢哪一类小区(包括外观和氛围)					
	购物习惯和场所(包括购物内容、频率、目的地)	传统购物: 网购:				
	休闲方式(包括休闲内容、频率、目的地)	平时: 周末及节假日:				
	获取资讯的渠道(区分家庭成员)	报纸杂志: 书籍: 电视: 网络: 其他:				
	居住习惯					

实操流程2:根据化妆品类目产品特点和企业客户资料表确定客户信息表的关键指标。通常企业客户资料管理内容包括基础资料、客户特征、业务状况、交易现状四个方面,如表5.3所示。

表5.3 客户资料管理内容

类别	详细内容
基础资料	客户名称、地址、电话、所有者、经营管理者、法人代表、个人性格、爱好、家庭、学历、年龄、创业时间、起始交易时间、企业组织形式、资产等
客户特征	服务区域、销售能力、发展潜力、经营观念、经营方向、经营政策、企业规模、经营特点等
业务状况	销售实绩、经营管理者和业务员的素质、与其他竞争对手之间的关系、与本企业的业务关系及合作态度等
交易现状	客户销售现状、存在的问题、保持的优势、未来发展方向、企业形象、声誉、信用状况、交易条件等

知识窗5.1.2 选择客户信息表的具体指标

分析产品与客户资料关系,确定客户信息表要与"MAN"法则密切相关。MAN法则认为客户由金钱(money)、权力(authority)和需要(need)这三要素构成。

M(money)代表"金钱",即所选择的对象必须有一定的购买力。

A(authority)代表购买"决定权",即所选择的对象对购买行为有决定、建议或反对的权力。

N(need)代表"需求",即所选择的对象有某方面(如产品、服务)的需求。

只有同时具备购买力、购买决策权和购买需求这三要素的客户才是合格的客户。现代营销学中把对某特定对象是否具备上述三要素的研究称为客户资格鉴定。客户资格鉴定的目的在于发现真正的营销对象,避免营销时间的浪费,提高整个营销工作效率,由此企业可以确定客户信息表的关键指标,如公司名称、公司地址、具体联系人、联系人的职务和联系方式等。

实操流程3:打开Excel设计制作客户信息表(见表5.4)。

表5.4 客户信息表

	A	B	C	D	E	F	G	H	I
1	客户编码	公司名称	地区	客户类别	公司地址	联系人	邮件编码	电话	传真
2	0001								
3	0002								
4	0003								
5	0004								
6	0005								
7	0006								
8	0007								
9	0008								
10	0009								
11	0010								

实操流程4:小组成员每人安装CRM软件,完成客户信息录入,并进行客户信息分类处理。

具体步骤如下所述。

(1) 安装 WiseCRM软件完成后,打开WiseCRM软件,进入客户界面,单击联系活动的创建,创建客户如下:

公司名称:深圳维思科技有限公司

联系人:秦立敏

职位:业务经理

销售部地址:深圳市宝安区民治塘水围工业区D栋×楼西

联系电话:0086-0755-28197×××

(2) 创建一条联系活动:11月11日14时,与维思科技电话联系,洽谈合同。

(3) 任务练习:将电子商务产业博览会中收集到的50份客户信息,根据下列要求在WiseCRM中创建需要完成的各项活动。

① 批量创建联系活动,要求下周前给所有收集到的客户信息发送感谢邮件,从而加深客户印象,提升企业形象。

② 博览会中,现场有12个客户认真参观了展台,与展会工作人员进行了详细交谈,并对某一产品表现出了浓厚兴趣。创建批量联系活动,本周11日—12日完成,

及时联系这些客户，争取约定产品签约的时间。
③ 博览会中有 25 个客户询问了特定的产品，创建批量联系活动，下周结束前给这些客户发送产品样册，在样册中加入报价单。
④ 博览会中有 13 个客户只在客户登记表登记了联系电话，完善这些客户的客户信息，要求进一步打电话联系客户。

【延伸阅读】

1. CRM与信息化软件产品

对客户关系管理(CRM)应用的重视来源于企业对客户长期管理的观念，认为客户是企业最重要的资源，并且企业的信息支持系统必须在给客户以信息自主权的要求下发展。成功的客户自主权将产生竞争优势并提高客户忠诚度，最终提高公司的利润率。客户关系管理的方法在注重4P(产品product、价格price、渠道place、宣传promotion)关键要素的同时，反映出营销体系中各种交叉功能的组合，其重点在于赢得客户。这样，营销重点从客户需求进一步转移到客户保持上，并且保证企业把适当的时间、资金和管理资源直接集中在这两个关键任务上。

客户关系管理(CRM)概念引入中国已有数年，其字面意思是客户关系管理，但其深层的内涵有许多解释，如图5.1所示。

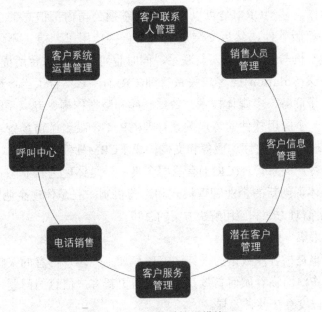

图5.1　客户关系管理模块

CRM是一个获取、保持和增加可获利客户的方法和过程。CRM既是一种崭新的、国际领先的、以客户为中心的企业管理理论、商业理念和商业运作模式，也是一种以信息技术为手段、有效提高企业收益、客户满意度、员工生产力的具体软件和实现方法。CRM的实施目标就是通过全面提升企业业务流程的管理来降低企业成本，通过提供更快速和周到的优质服务来吸引更多的客户。作为一种新型管理机制，CRM极大地改善了企业与客户之间的关系，实施于企业的市场营销、销售、服务与技术支持等与客户相关的领域。CRM分布如图5.2所示。

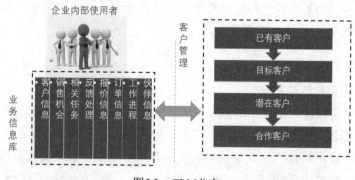

图5.2　CRM分布

随着5G移动网络的部署，CRM已经进入了移动时代。移动CRM系统就是一个集5G移动技术、智能移动终端、虚拟专用网(VPN)、身份认证、地理信息系统(GIS)、Webservice、商业智能等技术于一体的移动客户关系管理产品。移动CRM将原有CRM系统上的客户资源管理、销售管理、客户服务管理、日常事务管理等功能迁移到手机，它既可以像一般的CRM产品一样，在公司的局域网里进行操作，也可以在员工外出时，通过手机进行操作。移动CRM是可以随时随地掌握公司内部信息的手机版管理软件。员工只需下载手机版软件，然后安装后就可以直接使用了，员工不仅可以随时查看信息，还可以通过手机与公司内部人员联系，同时也可以使用平台所提供的所有功能。

作为解决方案(Solution)的客户关系管理(CRM)，它集合了当今最新的信息技术，包括Internet和电子商务、多媒体技术、数据仓库和数据挖掘、专家系统和人工智能、呼叫中心等。作为一个应用软件的客户关系管理(CRM)，凝聚了市场营销的管理理念。市场营销、销售管理、客户关怀、服务和支持构成了CRM软件的基石。

综上所述，客户关系管理(CRM)有三层含义：一是体现为新业态企业管理的指导思想和理念；二是体现创新的企业管理模式和运营机制；三是体现企业管理中信息技术、软硬件系统集成的管理方法和应用解决方案的总和。

2. 客户信息采集

客户信息采集是指客户数据的采集、整理和加工。客户信息的采集是企业营销活动的一项系统性工作，面临着如何高效获取并不断更新客户信息的问题，而且客户信息的来源途径和获取程度存在各种差异。

不同的行业和企业定义客户的信息视图有所差别，企业需要通过客户的信息和行为来描述特征，尤其当定义潜在目标客户群时，更是如此。一般说来，从市场营销的角度，描述客户信息的变量可以分为人口信息、行为信息和价值信息三类，在每一类中又可以进行相应的细分。

通常企业获取的客户信息主要来自企业内部已经登记的客户信息、客户销售记录、与客户服务接触过程中收集的信息,以及从外部获得的客户信息。很多企业有意识地组织一些活动来采集客户信息,比如经常采用的有奖登记活动,以各种方式对自愿登记的客户进行奖励,要求参加者填写姓名、电话和地址等信息,这样的一些活动能够在短时间内收集到较大量的客户信息。客户资料还可利用有奖登记卡和折扣券、会员俱乐部、赠送礼品、电子邮件或网站来收集。

从外部获取潜在客户数据时,一定要注意合法合规。官方人口普查数据、政府资助的调查和消费者研究信息都有助于丰富客户数据列表。政府部门往往拥有最完整而有效的大量数据,目前在大力加强基础信息数据库的建设工作,数据的管理和应用越来越规范的市场趋势下,政府部门也在有意识地开放这些数据用于商业用途。

3. 客户资料管理

客户资料管理是企业选择和管理有价值客户及其关系的重要基础工作。以客户为中心的商业哲学和企业文化要求通过客户信息支持有效的市场营销、销售与服务流程。客户资料管理就是对客户信息的收集、整理、并准确传递给销售人员。

客户资料管理通过对客户详细资料的深入分析,来提高客户满意程度,从而提高企业竞争力,它主要包含以下主要内容(简称7P)。

客户概况分析(profiling)包括客户的层次、风险、爱好、习惯等。

客户忠诚度分析(persistency)指客户对某个产品或商业机构的忠实程度、持久性、变动情况等。

客户利润分析(profitability)指不同客户所消费的产品的边缘利润、总利润额、净利润等。

客户性能分析(performance)指不同客户所消费的产品按种类、渠道、销售地点等指标划分的销售额。

客户未来分析(prospecting)包括客户数量、类别等情况的未来发展趋势、争取客户的手段等。

客户产品分析(product)包括产品设计、关联性、供应链等。

客户促销分析(promotion)包括广告、宣传等促销活动的管理。

客户资料管理的目标是缩减销售周期和销售成本,增加收入,寻找扩展业务所需的新的市场和渠道,以及提高客户的价值、满意度和忠实度。客户资料管理要求企业完整地认识整个客户生命周期,提供与客户沟通的统一平台,提高员工与客户接触的效率和客户反馈率。一个成功的客户资料管理至少应包括如下功能:通过电话、传真、网络、电子邮件等多种渠道与客户保持沟通;使企业员工全面了解客户关系,根据客户需求进行交易,记录获得的客户信息,在企业内部做到客户信息共享;对市场计划进行整体规划和评估;对各种销售活动进行跟踪;通过大量积累的动态资料,对市场和销售进行全面分析等。

4. 客户资料管理方案

客户资料管理需要数据化、精细化、系统化,这样的资料档案才对营销管理工作有指导性。客户资料管理的内容包括客户基础资料、产品结构、市场竞争状况及市场竞争能力、与企业交易状况结合其资信能力、市场容量、经营业绩、客户组织架构、竞争对手状况等一系列相关资料的分析、归类、整理、评价,有能力的企业可以建立数学模型、用计算机来进行管理。因为市场经济变化莫测,准确的信息传递是获得成功的关键因素之一,企业在进行客户资料管理工作时要坚持动态管理、重点管理、灵活运用以及专人负责等原则。

1) 动态管理——随时更新、以变应变

动态管理就是把客户资料档案更新在已有资料上,而不是建立一个静态档案。市场在变,客户也在变,企业要做到"知己知彼",随时了解客户的经营动态、市场变化、负责人的变动、体制转变等,加强对客户资料收集、整理,以供企业管理人员作辅助参考决策。此外,企业应定期开展客户资料档案全面修订核查工作,对成长迅速或丢失的客户分析原因后另作观察。修订后的客户资料档案分门别类,整理为重要、特殊、一般性客户三个档次。这样周而复始,形成一种档案管理的良性循环,以便及时了解客户动态变化,为客户提供有效帮助。

2) 重点管理——抓两头放中间

在客户资料管理中,企业要采取"抓两头、放中间"的管理办法,也就是关注大客户和最差客户,这样有利于企业产生最大化利润,并降低企业风险。首先,对主要客户的档案管理不停留在一些简单的数据记录和单一的信息渠道来源上,应坚持多方面、多层次了解大客户的情况,如业务员信息、市场反馈、行业人士、网站、内部消息,以及竞争对手的情况,还需要注意大客户的亲情化管理,如节假日的问候、新产品上市提醒等,让客户知道企业一直在关注他。企业对于客户信息经常加以分析处理后归档留存。其次,对风险性大的客户进行管理,如对经营状况差、欠账、信誉度下降、面临破产改制的企业,应随时了解其经营动态,做好记录,确保档案信息的准确性、时效性,并不定期访问调查,不定时提醒业务经理、业务员注意客户当前状况,把风险控制在最低限度内。客户资料管理人员要定期向负责人汇报这些重要客户的档案,发现不正常现象也要及时上报,避免给企业造成损失。

3) 灵活运用

在规范了客户资料管理后,企业负责人只要进入内部网络系统的客户资料档案一栏,就可以找到客户的相关情况,做到心中有数,既省心又省事。客户信息直接来源于客服人员和市场部人员,并服务于企业管理。客户资料档案也记录了一些客户的需求和产品偏好,给销售人员的分析判断起到了一个很好的参考作用,同时也使销售人员最大限度地努力工作,通过各种渠道满足客户要求。

4) 专人负责

客户是企业的生命线,万一客户信息不慎泄密,势必影响企业的生存发展和行业信用,因此负责此项工作的管理人员要有高度的责任感和忠诚度,必须要择优选派专人负责,特别需要具备调查分析能力并能服务企业全局的人员。

【考核方案】

以3～5人形成一个学习小组，小组成员明确分工，落实具体工作。整个学习过程既有独立的思考，又有团队协作、共同实践的任务。成果考核由成员自评、小组内评价和教师评价构成。小组内成员对本组客户信息表制作、客户信息录入和客户信息分类处理成果进行自评、完善；小组之间对客户信息表制作、客户信息录入和客户信息分类处理成果的完整性、规范性开展互评，并写出评价意见；指导教师对各组的实操演练过程和成果进行评价，各组成员继续完善相关环节。

岗位任务主要考核点如下所述。

(1) 熟练操作Excel等办公软件；
(2) 掌握客户信息类型、特点及客户信息表的构成；
(3) 掌握确定客户信息表关键指标的方法；
(4) 完成客户信息表的Excel制作；
(5) 完成客户信息录入和客户信息分类处理。

【思考和作业】

(1) 化妆品类目和3C数码产品类目的客户信息类型和特点有何差异？
(2) 客户信息表中的关键指标是依据什么确定的？
(3) 制作客户信息表能运用到Excel哪些核心功能？

任务5.2　构建会员等级

【任务布置】

巴巴小镇童装馆是一家天猫品牌的分销店铺，目前拥有3000多客户。请针对店铺的客户情况和产品特点制定一个店铺的会员体系管理方案，包括会员体系划分、会员权益、会员招募方法和会员维护等。

【实操内容和流程】

● 实操内容

(1) 了解不同店铺会员管理的体系划分，掌握淘宝店铺常用的会员权益；
(2) 掌握淘宝店铺的会员招募和转化方法；
(3) 掌握淘宝店铺的会员维护体系，制定店铺会员体系方案。

● 实操流程

实操流程1：团队成员分工收集巴巴小镇童装店铺会员管理的体系资料，一起分析会员等级的确定指标，针对店铺客户消费记录，确定会员体系的消费金额和消费情况，并学习和掌握淘宝店铺常用的会员权益及内容。

知识窗5.2.1　会员管理的必要性和可享有的权益

会员管理就是通过管理和营销手段，积累长期有效的客户群体，挖掘二次销量，通过会员管理维护，对不同等级的会员提供分级特权、个性化服务、差异化营销及互动方式，提升各等级会员的忠诚度，打造忠诚的会员体系，并通过会员进行口碑及内容传播，以吸纳更多会员，实现会员最大价值化。全员管理具体包括会员资料库的建立及实时更新、会员数据分析及挖掘、积分累计及兑换、合作单位之间的会员交换及共享、会员二次营销等服务。

会员管理的精髓在于通过会员管理过程将服务、利益、沟通、情感等因素进行整合，为会员提供独一无二的具有较高认知价值的利益组合，从而与客户建立起基于感情和信任的长久关系。

1. 会员管理的必要性

(1) 建立长期稳定的消费市场。电商企业拥有长期稳定的消费市场，就可以有效提高销售量。据统计，向现有客户销售的概率是50%，而向一个新客户销售的概率仅有15%。

(2) 培养大批品牌忠诚者。提升客户满意度及忠诚度，可以稳定店铺客源。这个过程如下：提高满意度→提升客户忠诚度→为产品说好话→提升品牌影响力→提高客户的回头率→促进销售。客户的忠诚度不仅可以带来高额利润，还可以降低营销成本，维持费用低而收益高，因为保持一个消费者的营销费用仅是吸引一个新消费者的1/5。

(3) 加强企业与会员之间互动交流。通过与会员之间的互动交流，企业可以掌握市场消费的第一手资料，便于收集信息，改进产品，并提高新产品开发能力和服务能力。

(4) 宣传企业形象。建立会员管理，便于采用信息化、便捷的方式宣传企业形象，传播优惠信息，做好市场推广，以开发新客户，维护老客户。

2. 会员可享有的权益

(1) 个性化贴心服务。

(2) 会员折扣。

(3) 会员礼品。

(4) 会员专享商品。

(5) 积分累计及兑换。

(6) 会员推荐奖励。

(7) 会员特惠日。

(8) 会员专场活动。

(9) 幸运抽奖。

(10) 专人服务、优先服务。

(11) 合作单位活动。

实操流程2：组内成员采用头脑风暴法，列举店铺会员招募的常用方式，并讨论确定店铺客户的会员招募确定和转化方法。

知识窗5.2.2　会员招募

会员招募可通过店铺吸纳、活动吸纳、会员转介绍、合作单位会员资源共享等方式开展。会员招募过程中会涉及会员信息的收集，会员信息的收集是会员管理的第一步。会员信息应尽可能详尽，包括购买商品时的情景。详尽的信息有助于对会员进行个性化关怀、差异化营销。会员信息包括基本信息、购买信息、营销信息、评价信息。基本信息包括客户姓名、性别、联系方式、年龄、职业等；购买信息包括客户购买商品、商品金额、商品类型、购买频率、购买时间段等；营销信息包括客户生日、喜好、体型、性格等；评价信息包括客户评价、建议、满意度等。

实操流程3：学习并掌握制定会员维护的日常关键点，根据店铺和产品的特点，组内讨论、收集整理资料，制定店铺的整体会员体系方案。

知识窗5.2.3　会员维护

为了使会员认可企业，重复购买并成为企业的忠诚客户，企业需要对会员进行维护。企业可根据会员时间长短和贡献程度大小将会员分为新会员、老会员、休眠会员三类，对不同会员，采用不同的维护方法，通过电话、短信、礼物等方式增进感情，促进会员重复消费。

1. 会员维护方式

1) 电话回访

每月定期定量做电话回访，对企业服务质量、店铺环境、商品价格、客户意见及建议、客户满意度等做专项调查，对会员反映的问题一一记录，针对出现的问题做出整改。

2) 短信维护

不定期给会员发送短信，短信内容包括促销活动通知、生日祝福、节日问候、日常关怀等。企业要正确录入会员手机号码，从而提高会员收到及成效率，让会员时刻了解企业动态信息。

3) 赠送礼品

对企业设定的大客户，在适当的时机，如客户生日、店柜店庆等，赠送适宜的小礼品，感谢会员对企业的一贯信任和支持。

4) 专人负责

原则上，企业员工在各店之间调动时自己维护的会员不变，如果员工提出变动会员，必须由本人提出书面申请，店长审核，报经理批准，方可做资料变更；变更后报客服部备案。企业员工辞职必须将会员资料与接任人交接清楚，方可办理离职手续。

5) 资料维护

对于新发展的会员，必须按照办卡管理办法的要求，将会员资料填写完整；老会员的会员资料要在专人的维护中逐渐完善。店长负责会员资料完整性的检查工作，此项工作纳入企业的专项考核中。

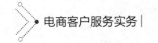

6) 积分体系完善

建立完善的会员积分体系，并让会员明确积分奖励及消费制度，体会到积分的价值，从而通过各种途径累计积分，持续消费并主动分享和传播。后续积分功能包括积分全额换购、积分特惠专区、积分抽奖、积分竞猜、介绍新会员得积分等。

2. 会员维护针对不同会员的具体应用

1) 新会员

(1) 基本维护方式。

电话：购买商品一周后对客户进行回访，询问其对产品的满意度和建议。

短信：会员生日、节日、新品上市、促销活动时发送短信。

礼品：会员有不满意时可赠送小礼品。

(2) 每周统计上周新增会员，根据新会员购买商品一周内维护的原则，安排本周需要维护的新增会员，核实会员信息，告之会员权益。

(3) 电话回访时确定会员所购买商品的满意度，对购买场所和服务的满意度，有何意见和建议，并推荐新品或其他产品。

2) 老会员

(1) 基本维护方式。

电话：每月定期进行电话沟通。

短信：会员生日、节日、新品上市、促销活动时发送短信，同时进行日常问候等。

礼品：会员生日或需要时赠送小礼品。

(2) 老会员即为具有一定的消费能力，具有一定的交际能力，通过他/她的宣传可以为企业带来更多的客户群体。对于老会员，要做到以下几点。

① 电话沟通以人文关怀为主，问候客户，询问近况，如身体、生活、精神状态、工作、健康、亲人朋友等会员比较关心的事情。

② 做好企业老会员消费记录，根据其消费记录，出现新货上柜、重大节日、熟客消费频率及金额下滑等情况时进行电话沟通，并做沟通记录。

③ 店员需记住接待三次以上的会员的姓名，再次接待时主动自我介绍，争取发展成为老会员。

3) 休眠会员

(1) 基本维护方式。

电话：3个月未消费时，进行电话回访。

短信：会员生日、节日、新品上市、促销活动等时发送短信。

礼品：可适当赠送小礼品。

(2) 统计3个月未来消费的会员，核查此类会员是否有投诉记录或其他特殊事项，确定电话回访时间和方式。

(3) 询问会员长期未来消费的原因，如质量问题、服务问题、居住或工作地址迁移、异地购买、出差在外、工作繁忙、没时间等，并做综合分析，跟踪服务记录，再制定详细的挽回措施。

【延伸阅读】

1. 用户会员体系的设计

企业要尽可能缩短用户从新用户到成长用户的时间周期，尽可能延长用户的忠诚时间，尽量避免用户成为沉睡用户或流失用户，如果不可避免，也要尽可能延缓这个时间点的到来。为了促进用户活跃度，提高用户留存率而采取的一系列激励手段，就构成了平台的用户会员体系。会员体系的本质是通过一系列的运营规则和专属权益来提升用户对平台的忠诚度，反哺平台的各项业务，将用户一步步培养为产品的忠实粉丝。用户成长体系是一个将新用户逐步培养成为核心用户，引导其在平台持续活跃，深入参与平台的各项业务，最后甚至自发向身边的人推荐产品的过程。

一个用户在下载并注册登录一款App后就成为这款App的新用户；之后用户会尝试使用产品成为一名成长用户；随着用户使用App的频次逐渐增多，就变成了一名忠诚用户；面对日益激烈的竞品压力，用户可能会逐渐减少使用App的次数，不再持续登录，这时就变成了一名沉睡用户；直到用户不再使用App并将之卸载，这时对于App来说用户便流失了，至此用户在这款App上就经历了一个完整的生命周期。会员体系的类型如图5.3所示。

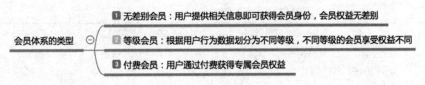

图5.3 会员体系的类型

用户会员体系的设计包括用户会员体系搭建目的、用户会员体系框架设计以及用户会员体系设计关键点。

1) 用户会员体系搭建目的

用户会员体系搭建的目的是让一个下载了产品的用户更好地使用产品，最大化地发挥用户价值。根据海盗船模型(AARRR)[①]的五个阶段来分析，用户会员体系的搭建主要是为了实现激发活跃、提升留存、刺激转化这三个目标。

从产品的版本迭代路线来分析，很多产品在早期上线并不会引入用户会员体系功能模块，这与用户会员体系搭建目的有紧密关系。试想，如果一款产品在上线之初正在为获取用户而发愁，那么就没有必要在当前阶段引入用户会员体系。所以，在明确用户会员体系搭建的目的之后，当你在做产品决策时，一定要明确你所负责的产品在当前阶段是否有必要引入用户会员体系，在正确的时间做正确的事情，才能保证产品走得更远。

2) 用户会员体系框架设计

用户会员体系框架设计主要在等级设计、权益设计、风控设计三个方面展开，并配

---

① 海盗船模型(AARRR)是基于生命周期的用户增长模型，是一个五级漏斗模型。AARRR首字母分别对应acquisition(获客)、activation(激活)、retention(留存)、revenue(收益)和referral(传播)五个环节。

以UGC内容产品(什么值得买)、电商产品(淘宝)以及海底捞三类产品案例设计来进行用户会员体系框架设计的分析。

(1) 会员等级设计。会员等级设计主要解决关于等级的三个问题：会员等级如何划分？会员升级规则如何确定？会员降级规则有哪些内容？

① 会员等级如何划分？

在日常使用的产品当中，很多产品都有用户会员等级的区分，对于游戏类产品会设定等级上限，玩家通过过关完成任务升级，等级的区分就依据玩家当前的等级；对于非游戏类产品，用户对于等级的划分并不是那么敏感，商家通常只会设定有限的几个级别进行会员的区分。

在设计等级划分是要充分考虑产品的属性和目标用户群体的属性，根据产品、用户合理设计会员等级划分。

案例设计分析5.2.1

■ 对于UGC(user gemerated content，用户生成内容)类的产品，如消费门户网站"什么值得买"将用户大致分为40级、7个等级区间，针对每一个等级划分提供了相应特权，如表5.5所示。

表5.5 "什么值得买"会员等级划分

会员特权	L1~L4	L5~L9	L10~L14	L15~L19	L20~L24	L25~L29	L30+
评论奖励	每日前3条评论每条额外获得3经验	每日前3条评论每条额外获得3经验	每日前3条评论每条额外获得3经验	每日前3条评论每条额外获得4经验	每日前3条评论每条额外获得4经验	每日前3条评论每条额外获得4经验	每日前3条评论每条额外获得5经验
App专享等级礼包	有	有	有	有	有	有	有
订阅功能	有	有	有	有	有	有	有
打赏功能	有	有	有	有	有	有	有
幸运屋等级专享	有	有	有	有	有	有	有
爆料数量	3条/周	5条/周	15条/周	15条/周	30条/周	30条/周	30条/周
闲置转让发布数量	1条/周	1条/周	3条/周	4条/周	6条/周	6条/周	8条/周
徽章特权	有	有	有	有	有	有	有
关注功能	有	有	有	有	有	有	有
全新频道特权	有	有	有	有	有	有	有
等级专享优惠券	即将开放	即将开放	即将开放	即将开放	即将开放	即将开放	即将开放

"什么值得买"会员等级之所以这样设计,是与网站特点相关的,与激励用户产出更多优质内容的目标是一致的。"什么值得买"对于用户的爆料、评论等利用内容UGC的行为都给出了相应的经验值,以帮助用户升级,更多的等级划分也是为了不断让用户体验升级的快感,避免用户很快升到顶级而失去内容产出的动力。

■ 对于淘宝类电商产品来说,用户的等级区分并不多(指淘宝普通的会员,而非付费VIP服务),只是划分了普通会员、超级会员、APASS会员三类。会员等级由淘气值决定,淘气值是动态的,且上下波动幅度比较大,每个月会评一次。所以想要保持超级会员,只能买买买。淘宝会员等级划分如图5.4所示。

图5.4 淘宝会员等级划分

■ 海底捞的会员体系目前已有升级,图5.5是它的1.0会员等级划分,按消费频次和消费金额来设定会员等级,这样的会员等级划分在餐饮、零售等行业还是比较常见的。

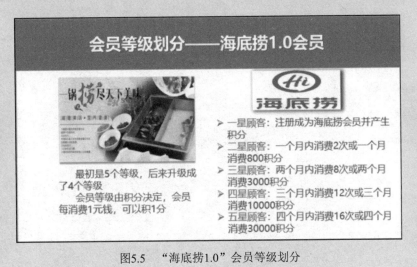

图5.5 "海底捞1.0"会员等级划分

② 会员升级规则如何确定?

会员升级规则即定义用户的每一类行为能带来多少经验值,是针对产品的核心功能以及希望用户更多产生的购买行为而设定的相应经验值,以帮助用户提升会员等级。

会员升级规则需要明确每一个用户行为以及对应提升的经验值。适当的经验值设定可以帮助用户更快地提升等级,不断激励用户通过产品使用行为来提升会员等级。不适当的经验值设定可能会打击用户的积极性,从而让用户放弃提升自身等级,所以在设定升级规则时,要明确每一个用户行为对应的经验值,通过定义提升每一个等级需要的经验值和每一个行为所能获得的经验值,为用户带来更好的升级体验。

案例设计分析5.2.2

- 对于UGC类产品来说,用户的任何有利于内容产出以及用户活跃度提升的行为都是可以提升用户经验值的。所以可以发现,设定经验值时可以通过经验值的高低有针对性地激励用户做更多产品希望他做的行为,从而达到双赢的目的。用户等级与经验值升级曲线是正相关的,符合用户生命周期曲线。这在游戏类和社区类需要用等级来刺激用户持续体验升级快感的场景里非常重要,而企业实体经营店中用到的比较少,因为实体店和电商类的场景有一个相似点,就是等级设计要尽量简单。"什么值得买"会员升级规则如图5.6所示。

	经验	金币	积分
注册	20		20
首次上传头像	20		20
签到 连续签到3天以上每天领12经验&积分 连续签到7天以上每天领17经验&积分 连续签到30天以上每天领30经验&积分	10~30		10~30
App签到	额外+3		额外+3
绑定微信			50
App专享等级礼包	30~120	3~5	30~100
App专享绑定手机礼包	80	5	
App专享新老用户礼包			50
优惠爆料	10	10~200	20
原创文章	30	50~1000	30
百科发布新品/点评		10~20	

图5.6 "什么值得买"会员升级规则

- 对于淘宝类电商产品来说,用户的购物行为是提升会员等级的重要因素。同时对于促成用户购买行为的商品评论、回复其他用户提问等行为,也都作为提升用户等级的必要因素。一般情况下,只要消费者在淘宝的信誉评级良好,淘气值为400分的基本分是不成问题的，剩下的600分就要靠购物、评价、互动以及开通亲情号获得。淘宝会员升级规则如图5.7所示。

图5.7 淘宝会员升级规则

■ 海底捞的会员升级规则与消费强挂钩，包括消费频次和消费金额，并且衡量会员等级的数值"积分"设置了有效期，以此来激励用户来消费。海底捞会员升级规则如图5.8所示。

图5.8 海底捞会员升级规则

③ 会员降级规则有哪些内容？

会员降级规则的设计是为了保证用户的活跃度，是否设计降级规则要依据产品的场景和产品属性而定。降级规则对于要求保证用户活跃度的产品来说更加合适，当然对于降级规则的设计一定要谨慎，因为这个规则的设定从一定程度上来说是不利于用户体验的，所以只有适当的降级规则才能不断刺激用户活跃，否则只会取得相反的效果。

会员降级规则的设定要考虑企业不希望用户做什么，从惩罚的角度去防止用户做企业不希望出现的事情，也可以从兑换的角度，用户可以用成长值兑换什么权益，来消耗成长值，在促进业务发展的同时，避免成长值的过度增长。

案例设计分析5.2.3

- 对于UGC类产品，如"什么值得买"没有设定降级规则，只是通过升级规则不断激励用户产出，这是因为UGC类产品的写入本身就有门槛，如果设置降级规则会降低用户积极性。
- 对于电商类产品来说，淘宝的会员等级判定规则是动态设定的，用户如果在最近一段时间的购买等行为频率降低，则可能造成用户等级的下降。
- 海底捞为鼓励用户活跃消费，设定了6个月无消费记录则降一级的原则，之所以这样设计，应该也是与它的产品群体设定和服务价值相关的。海底捞会员降级规则如图5.9所示。

图5.9　海底捞会员降级规则

(2) 会员权益设计。会员等级不同，所享受的权利应不同，否则用户就失去了向更高等级晋升的动力。在用户权益设计中通常有两种方式：一种方式是设计会员等级对应的权益，另一种方式是对于用户行为给予积分、虚拟货币，让用户通过积分或虚拟货币兑换更多的权益。

① 权益激励规则如何设计？

权益激励规则与用户等级提升设计类似，通过定义用户行为与权益获取的关系激励用户产生更多可以获取权益的行为。

案例设计分析5.2.4

- 对于UGC类的产品，如"什么值得买"的权益分为金币和经验值两种，通过激励输出内容来获取相应的权益。"什么值得买"的权益激励规则设计如图5.10所示。

图5.10 "什么值得买"的权益激励规则设计

- 淘宝用户权益的获得即通过用户购买产品而来，用户购买不同价格的产品所获得的积分数量不同。天猫和淘宝用户激励体系当中最重要的3个概念分别是淘气值、淘金币、天猫积分。

- 海底捞会员一共有4个等级，按照成长值的不同，分别是红海会员、银海会员、金海会员和黑海会员。海底捞用超值的会员特权，激励用户去提升自己的会员等级。消费者想要成为更高级别的会员，需要提高成长值，而成长值取决于两方面：一方面是过去12个月的消费金额；另一方面是消费次数。会员想要提升会员等级，不仅要提高自己的消费金额，还要提高自己的消费频次。在海底捞的App里，几乎在所有会员标识的位置，都会有进度条，直观地告诉会员有多少成长值。在用户的会员界面还有个升级礼包，只要升级了就能领优惠券。优惠券的面额不固定，激励用户解锁下一等级会员。

综上所述，目前用户获取权益的表现方式以积分和虚拟货币为主，通过获取相应的积分或虚拟货币来兑换相应的物品或服务。

② 权益如何兑换？

用户权益实现的方式主要有两种：一种是获得虚拟产品(如红包，优惠券等)、服务；另一种是获得实体物品，较常见的是各银行的信用卡积分兑换实物。

案例设计分析5.2.5

- 对于UGC类的产品，如"什么值得买"的权益体现为金币，也提供了对应的积分和金币的兑换，兑换内容以代金券礼品卡为主，同时也提供一些"什么值得买"的周边物品。"什么值得买"的礼品兑换页面如图5.11所示。

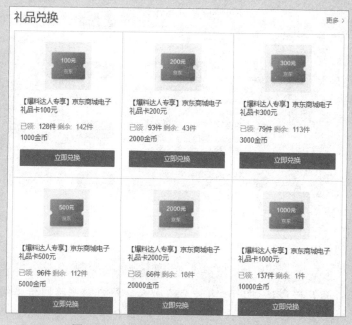

图5.11 "什么值得买"的礼品兑换页面

- 淘宝的积分兑换体现在各种优惠券或与第三方合作的权益兑换上。淘宝的积分兑换页面如图5.12所示。

图5.12 淘宝的积分兑换页面

- 海底捞按照不同会员等级，分别是红海会员、银海会员、金海会员和黑海会员。海底捞不同会员等级权益兑换如图5.13所示。

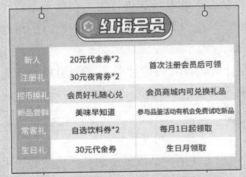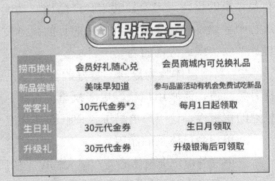

图5.13 海底捞不同会员等级权益兑换

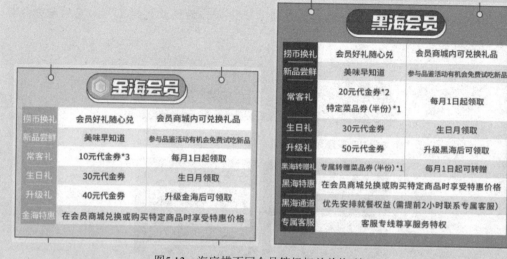

图5.13 海底捞不同会员等级权益兑换(续)

通过以上三类产品的权益设计可以发现,在权益设计上,权益可以兑换的虚拟物品或服务一定是有利用户二次行为的兑换,所以在权益设计时,一定要让权益兑换与用户行为形成闭环,在不影响用户体验的前提下,尽可能挖掘用户剩余价值。

(3) 会员风控设计。有利益出现的地方一定有作弊的可能和利用作弊获取利益的行为,所以对于用户等级和权益的风控必不可少,这主要体现在以下两个方面:一是设计用户等级和权益获取上限,即设计用户每日及一段时间内经验提升上限设计;用户每日及一段时间内权益获取上限。二是对于异常用户进行管控,即通过数据埋点对用户行为监控,实时发现异常用户;通过黑白名单设计,限制用户等级提升和权益获取;通过人工修正,校正用户等级及权益获得。

3) 用户会员体系设计关键点

(1) 以产品核心功能与业务场景为导向。无论等级提升也好、权益激励也好,用户会员体系的设计一定要紧紧结合产品核心功能以及业务场景。在进行用户会员体系设计过程中要始终牢记会员体系搭建的目的:激发活跃、提升留存、刺激转化,所有的规则设计都以实现这些目的为第一目标。

(2) 以用户体验为导向。良好的会员体系设计可以提升用户体验,刺激用户持续地提升经验值,激励用户获取更多权益;否则,只会降低用户体验,打击用户升级、获取权益的积极性,让用户更早进入睡眠期甚至流失期。

2. 用户会员体系的作用

一个好的用户会员体系能在很大程度上激励用户去使用产品或者带动某一功能的使用频次,一个好的用户会员体系是一个成熟产品的标识,其作用主要体现在以下几个方面。

1) 体现"二八"原则

对于一个产品,20%的客户将带来80%的利润,所以抓住核心客户是关键。核心客户是指与企业关系最为密切,对企业价值贡献最大的那部分客户群体。

2) 忠诚度决定收入

如果用户忠诚度都很低,就很难给产品或平台创造价值。正因为这个产品或平台的价值和所提供的服务,提高了客户的满意度和忠诚度,减少了客户流失,才会给产品或平台创造相关价值和利润。

3) 吸引新用户,留住老客户

做了用户的归类,之后就是价值的构建,给用户的不同子库的行为数据确定不同的标签,根据标签设计有针对性的积分促销方案。

图5.14是用户会员体系的总体技术架构设计。

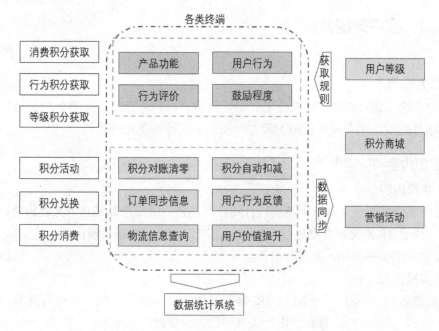

图5.14 用户会员体系总体技术架构设计

【考核方案】

以3~5人形成一个学习小组,小组成员明确分工,落实具体工作。整个学习过程既有独立的思考,又有团队协作、共同实践的任务。成果考核由成员自评、小组内评价和教师评价构成。小组内成员对本组会员管理体系划分和会员权益制定、会员招募和转化方法掌握、淘宝店铺会员体系方案制定成果进行自评、完善;小组之间对会员管理体系划分和会员权益制定、会员招募和转化方法掌握、淘宝店铺会员体系方案制定成果的完整性、可操作性开展互评,并写出评价意见;指导教师对各组的实操演练过程和成果进行评价,各组成员继续完善相关环节。

岗位任务主要考核点如下所述。

(1) 熟练操作第三方平台的会员维护相关模块;

(2) 掌握会员管理的体系划分和常用的会员权益；

(3) 掌握会员招募和转化方法；

(4) 掌握淘宝店铺的会员维护体系制定方法；

(5) 完成淘宝店铺会员体系方案制定。

【思考和作业】

(1) 请详细分析UGC类的某一种产品会员管理体系划分和常用的会员权益。

(2) 连锁和加盟品牌会员招募和转化方法通常有哪些？

(3) 淘宝店铺会员体系方案主要包括哪些内容？

任务5.3　客户数据分析

【任务布置】

针对巴巴小镇童装馆的客户交易记录，结合产品特点确定产品销售的关键信息，进行RFM指标提取，建立并分析RFM模型分析，为店铺决策提供建议。

【实操内容和流程】

● 实操内容

(1) 完成店铺客户交易数据清洗，并结合产品特点确定产品销售的关键信息；

(2) 用Excel客户交易数据进行RFM指标提取，并进行数据整理；

(3) 学习RFM的编码，并进行分析。

● 实操流程

实操流程1：小组成员一起学习RFM模型的含义和要素构成，掌握店铺客户交易数据清洗方法，并结合产品特点确定产品销售的关键信息。

知识窗5.3.1　RFM模型的含义和要素构成

在众多的客户关系管理(CRM)的分析模式中，RFM模型是被广泛提到的。RFM模型是衡量客户价值和客户创利能力的重要工具和手段，通过分析一个客户的近期购买行为(recency)、购买的总体频率(frequency)以及花了多少钱(monetary)三项指标来描述该客户的价值状况。

客户数据库中有三个要素：R(recency)、F(frequency)、M(monetary)。

1. 最近一次消费R(recency)

最近一次消费，即客户最近一次的购买时间是什么时候。最近一次消费时间越近的客户，越有可能对提供的商品或是服务有反应。如果显示最近一次(为1个月)购买的客户人数增加，则表示该公司是一个稳健成长的公司；反之，则是迈向不健全之路的征兆。因为吸引一个几个月前才上门的客户购买，比吸引一个一年多以前来过的客户要容易得多。

2. 消费频率F(frequency)

消费频率，即客户在限定的期间内所购买的次数。对品牌及店铺忠诚度而言，购买次数最多的客户，忠诚度越高。增加客户购买的次数意味着从竞争对手处获取市场占有率，由别人的手中赚取营业额。

3. 消费金额M(monetary)

消费金额，即客户的购买金额，可分为累积购买和平均每次购买。

消费金额是所有数据库报告的支柱，也可以验证"帕雷托法则"(Pareto's Law)——公司80%的收入来自20%的客户。

图5.15是依据RFM模型开展的客户分类。因为有三个变量，所以要使用三维坐标系进行展示，X轴表示recency，Y轴表示frequency，Z轴表示monetary，"↑"表示大于均值，"↓"表示小于均值，坐标系的8个象限分别表示8类用户。

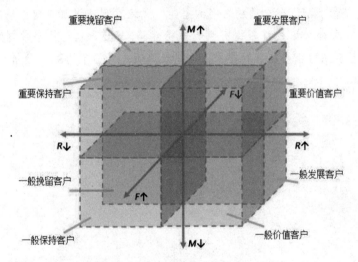

图5.15　依据RFM模型开展的客户分类

实操流程2：小组成员分工合作，利用Excel将客户交易数据进行RFM指标提取，并进行数据处理。

根据店铺交易数据进行数据的整理和清洗，下载店铺客户交易数据原始数据集，可以发现数据集共有上万条数据，包含记录ID、客户编号、收款时间、销售金额、销售类型等字段。通过简单筛选，可以看到，在交易金额中有零消费额，有负数消费额，继续查看交易类型，发现是由"赠送"和"退货"造成的。这些数据在本次分析中用不到，所以在数据处理时需要通过筛选除去。

根据分析需要，R以客户最后成交时间跟数据采集点时间的时间差(天数)作为计量标准；F根据数据集中每个会员客户的交易次数作为计量标准(1年的交易次数)；M以客户平均的交易额为计量标准。通过Excel的透视表即可计算以上RFM数据，从而得到F值(客户这1年共消费了多少次)；M值(客户每次交易的平均消费金额)。至此，得到R，F，M

针对每个客户编号的值。

实操流程3: 小组成员共同学习RFM的编码,并进行数据分析,形成分析报告。

根据R、F、M的值对客户进行三等分,小组成员计算数据的极差(最大值和最小值的差),通过对比R(或F、M)值和极差三等分距,来确定R(或者F、M)的R-score(或F-score、M-score)。所以需要计算R、F、M的最大值、最小值、极差三等分距,从而对数据进行编码和整体分析。

通过RFM模型分析,可以帮助营销人员实现客户细分;衡量客户价值和客户利润创收能力;识别优质客户;指定个性化的沟通和营销服务;为更多的营销决策提供有力支持。

知识窗5.3.2　RFM评分示例

由于R值、F值、M值存在量级之间的差距,无法直观通过加减或平均来衡量用户价值,这里介绍一种评分方式,根据三组数据特性,采用5分制为每个数据赋予一个评分值。下面通过图5.16的客户交易的样本数据集来说明一个简单的RFM分析过程。

客户ID	Recency/天	Frequency/次	Monetary/元
1	4	6	540
2	6	11	940
3	46	1	35
4	23	3	65
5	15	4	179
6	32	2	56
7	7	3	140
8	50	1	950
9	34	15	2630
10	10	5	191
11	3	8	845
12	1	10	1510
13	27	3	54
14	18	2	40
15	5	1	25

图5.16　客户交易样本数据集

1. 根据"Recency"对客户进行排名

客户交易数据集包含15个交易数据的近度、频率和额度。为了对此示例进行RFM分析,先根据每个RFM属性分别对客户进行排名,然后对这些客户进行评分(1分到5分)。R值的评分机制是R值越大,评分越小,我们按"Recency"对客户进行排序(见图5.17),最新的购买者排在首位。由于为客户分配的分数是1到5,前20%的客户(客户ID为12、11、1)的"Recency"分数为5,接下来的20%(客户ID为15、2、7)的分数为4,以此类推。

2. 根据"Frequency""Monetary"对客户进行排名

同样,我们可以根据客户购买从高到低的"Frequency"对其进行排序,将前20%的"Frequency"得分为5,以此类推。对于"Monetary"因素,对前20%的客户(消费最多的)分配5分,最低的20%得分为1。这些F和M得分总结如图5.18所示。

客户ID	Recency/天	排名	R得分
12	1	1	5
11	3	2	5
1	4	3	5
15	5	5	4
2	6	5	4
7	7	6	4
10	10	7	3
5	15	8	3
14	18	9	3
4	23	10	2
13	27	11	2
6	32	12	2
9	34	13	1
3	46	14	1
8	50	15	1

图5.17 按"Recency"对客户进行排名

客户ID	Frequency/次	F得分
9	15	5
2	11	5
12	10	5
11	8	4
1	6	4
10	5	4
5	4	3
13	3	3
7	3	3
4	3	2
14	2	2
6	2	2
15	1	1
8	1	1
3	1	1

(a)

客户ID	Monetary/元	F得分
9	2630	5
12	1510	5
8	950	5
2	940	4
11	845	4
1	540	4
10	191	3
5	179	3
7	140	3
4	65	2
6	56	2
13	54	2
14	40	1
3	35	1
15	25	1

(b)

图5.18 按"Frequency""Monetary"对客户进行排名

3. 计算每位客户的RFM得分

我们可以将这些客户的R、F和M排名结合起来,得到一个汇总的RFM得分,如图5.19所示。图5.19中显示的该RFM得分是各个R、F和M得分的平均值,是通过对每个RFM属性赋予相等的权重来获得的。

客户ID	RFM单元	RFM得分
1	5,4,4	4.3
2	4,5,4	4.3
3	1,1,1	1.0
4	2,2,2	2.0
5	3,3,3	3.0
6	2,2,2	2.0
7	4,3,3	3.3
8	1,1,5	2.3
9	1,5,5	3.7
10	3,4,3	3.3
11	5,4,4	4.3
12	5,5,5	5.0
13	2,3,2	2.3
14	3,2,1	2.0
15	4,1,1	2.0

图5.19 每位客户RFM得分

这种简单地将客户按1到5排序的方法最多会产生125个不同的RFM单元(5×5×5)，范围从[1，1，1](最低)到[5，5，5](最高)。每个RFM单元的大小不同，可依据客户的关键习惯，捕获RFM得分，以得出客户细分，营销人员依据不同得分的客户制定相应的策略。

如果仅根据客户的购买或参与行为将不同企业的每个客户的R、F和M得分平均，获得的RFM细分市场并不准确。这类平均值只适合于均类数据，对于一些不规则数据，会造成很大的误差，因此，根据企业的业务性质，可以科学增加或减少每个RFM变量的相对重要性，以得出最终分数。

【延伸阅读】

1. RFM模型标准分析

企业可以运用RFM模型对老客户做一个分类。在数云等CRM系统中，把客户平均分成五部分，这个五等分分析相当于一个"忠诚度的阶梯"(loyalty ladder)，其诀窍在于让客户一直顺着阶梯往上爬，把两次购买的客户变成三次购买的客户，把一次购买的客户变成两次购买的客户。

为了便于理解，把相应的象限用数字1~25表示，如图5.20所示。

象限	$F=1$（购买1次）	$F=2$（购买2次）	$F=3$（购买3次）	$F=4$（购买4次）	$F \geq 5$（购买5次以上）
$R \leq 30$（近30天有交易）	21	16	11	6	1
$30 < R \leq 90$（30~90天内有交易）	22	17	12	7	2
$90 < R \leq 180$（90~180天内有交易）	23	18	13	8	3
$180 < R \leq 360$（180~360天内有交易）	24	19	14	9	4
$R > 360$（360天前有交易）	25	20	15	10	5

图5.20　客户群体象限划分模型

例如，某个客户的$F=1$，$30 < R \leq 90$，则位于22象限。利用这个模型召回老客户之前，需要先清楚每一个象限的意义：越接近右上角象限的客户越优质，复购力越强，对品牌忠诚度越高；位于21~25象限的客户，只要再购买一次，就直接变成象限16的客户；位于6~10象限的客户，只要再购买一次，就直接变成象限1的客户；象限25属于流失客户，象限1属于绝对忠实老客户，与这种客户沟通打电话最为直接）；重点关注象限5和10的客户，思考为什么你的忠实老客户流失了。

由RFM标准分析衍生出一个参数：客户数占比，因此衍生按客户数占比划分象限的分析，如图5.21所示。

RFM model	F = 1（购买1次）	F = 2（购买2次）	F = 3（购买3次）	F = 4（购买4次）	F ≥ 5（购买5次以上）	行合计
R ≤ 30（近30天有交易）	620人 / 4.20%	60人 / 0.40%	18人 / 0.20%	11人 / 0.07%	17人 / 0.11%	700人 / 5.00%
30 < R ≤ 90（30~90天内有交易）	300人 / 2.01%	70人 / 0.50%	30人 / 0.20%	10人 / 0.09%	30人 / 0.20%	440人 / 3.00%
90 < R ≤ 180（90~180天内有交易）	1400人 / 9.60%	260人 / 1.76%	80人 / 0.56%	34人 / 0.23%	30人 / 0.22%	1800人 / 12.40%
180 < R ≤ 360（180~360天内有交易）	7200人 / 50.00%	650人 / 4.39%	150人 / 1.00%	53人 / 0.34%	50人 / 0.36%	8000人 / 55.00%
R > 360（360天前有交易）	3000人 / 21.90%	320人 / 2.10%	60人 / 0.40%	20人 / 0.14%	30人 / 0.19%	3600人 / 25.00%
列合计	12800人 / 87.00%	1360人 / 9.00%	340人 / 3.00%	130人 / 0.88%	160人 / 1.00%	15000人 / 100.00%

图5.21　按客户数占比划分象限的RFM标准分析

图5.21说明，整体看来购买次数越多的客户比例越小。注意象限24(加深部分)，此种类型数据表示企业的流失客户太多了，应好好关心一下新客户的营销工作，把象限21~25的客户往象限16引流。

按平均购买金额划分象限的RFM标准分析如图5.22所示。

RFM model	F = 1（购买1次）	F = 2（购买2次）	F = 3（购买3次）	F = 4（购买4次）	F ≥ 5（购买5次以上）	行合计
R ≤ 30（近30天有交易）	60元 / 0.36%	300元 / 2.02%	400元 / 2.53%	1500元 / 8.93%	1600元 / 9.94%	4000元 / 23.00%
30 < R ≤ 90（30~90天内有交易）	140元 / 0.88%	300元 / 1.88%	500元 / 3.17%	700元 / 4.29%	1670元 / 10.01%	3300元 / 20.00%
90 < R ≤ 180（90~180天内有交易）	150元 / 0.70%	340元 / 1.50%	480元 / 2.90%	650元 / 4.00%	1700元 / 10.50%	55000 / 17.00%
180 < R ≤ 360（180~360天内有交易）	114元 / 0.70%	256元 / 1.60%	477元 / 2.90%	680元 / 4.20%	1270元 / 7.60%	2800元 / 17.00%
R > 360（360天前有交易）	140元 / 18.73%	330元 / 4.24%	560元 / 1.33%	800元 / 0.68%	1260元 / 1.43%	3100元 / 1.43%
列合计	1500000元 / 3.70%	400000元 / 9.50%	160000元 / 15.00%	100000元 / 26.10%	230000元 / 45.80%	16000元 / 100.00%

图5.22　按平均每次购买金额划分象限的RFM标准分析

图5.22从M(消费金额)的角度来分析，可以把重点放在象限2和象限3(加深部分)，此类客户贡献度高，可重点拜访或联系，以最有效的方式挽回更多的商机。

按累计购买金额划分象限的RFM标准分析如图5.23所示。

RFM model	F=1 (购买1次)	F=2 (购买2次)	F=3 (购买3次)	F=4 (购买4次)	F≥5 (购买5次以上)	行合计
R≤30 (近30天有交易)	37000元 1.50%	19000元 0.77%	7500元 0.30%	1500元 0.66%	3000元 1.13%	100000元 4.36%
30<R≤90 (30~90天内有交易)	43000元 1.75%	23000元 0.93%	15000元 0.61%	9000元 0.37%	45000元 1.82%	136000元 5.49%
90<R≤180 (90~180天内有交易)	200000元 8.45%	88000元 3.55%	40000元 1.61%	20000元 0.87%	55000元 2.23%	55000元 2.23%
180<R≤360 (180~360天内有交易)	825000元 33.31%	160000元 6.71%	70000元 2.87%	35000元 1.41%	67000元 2.72%	67000元 2.72%
R>360 (360天前有交易)	450000元 18.73%	100000元 4.24%	33000元 1.33%	17000元 0.68%	35000元 1.43%	35000元 1.43%
列合计	1500000元 63.74%	400000元 16.20%	160000元 6.73%	100000元 4.00%	230000元 9.33%	2300000元 9.33%

图5.23 按累计购买金额划分象限的RFM标准分析

图5.23还是从M(消费金额)的角度来分析,可以发现企业销售的主要贡献值都在于流失客户身上(加深部分),也就是说,企业从老客户身上获取的价值太少,企业的CRM维护工作做得不够,新客的二次召回是下一阶段重点要关注的问题。

2. 会员成长体系的含义

对于互联网用户来讲,成长体系几乎可以说是随处可见,比如说QQ的黄钻、达人,美团、爱奇艺的积分、成长值,滴滴的滴币,京东的京豆,支付宝芝麻信用,它们以各种形态出现,有时候也会叫做积分体系、金币体系或用户激励体系等,如图5.24所示。

图5.24 会员成长体系

用户成长体系是一套非常复杂的系统,称呼很多,同时包括金币体系、积分体系、勋章体系等多套子系统,统称为用户成长体系,用户成长值则统一使用"积分"称呼,企业的用户体系面临三大问题:积分是什么、积分从哪儿来、积分到哪儿去?

用户成长体系,简单讲就是为了让用户持续使用产品而设计的一套游戏规则。一套完整成熟的用户体系,可以将用户实现分级,做精细化运营,促进拉新和消费,实现平台的商业价值，同时也能让用户从中获取情感和利益，从而在平台和用户间实现双赢。来自Yu-Kai Chou的游戏设计框架——Hooked模型用8个关键词分别代表了8个不同的核心驱动力(见图5.25)。

图5.25　游戏设计框架——Hooked模型

案例设计分析5.3.1

腾讯视频构建用户成长体系应用了"成就体系""财富体系"和"社交体系"。首先是"成就体系"，可以看到腾讯视频根据用户的观看次数，授予用户勋章或称号，如果是会员用户，还会有单独的VIP等级体系，同时引入排行榜，与好友比、与全部用户比，然后把这部分都归纳为"成就体系"。腾讯视频"成就体系"(见图5.26)是将用户划分为不同的等级，累计达到一定标准后才能升级，级别设置一般会比较多，就是为了让用户能够持续地使用产品。

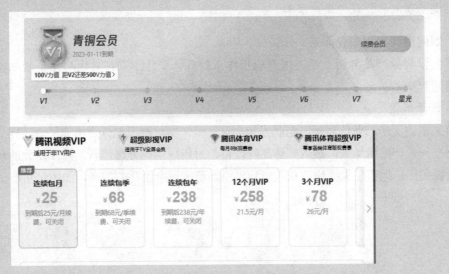

图5.26　腾讯视频的"成就体系"

其次是"财富体系"，包括钱包和商城(见图5.27)。在用户钱包里，会有V币、钻石、卡券等虚拟货币，用户使用这些财富可以去商城里兑换优惠券、实物奖品或参与抽奖活动，从利益的角度对用户进行激励。

图5.27 腾讯视频的"财富体系"

最后是"社交体系"(见图5.28),社交体系是通过用户之间的互动行为搭建起来的,包括被赞、发帖、弹幕、录制、分享、关注等,通过这些互动行为来获取积分。同时,社交体系能够从情感上维系和激励用户的某些行为。

图5.28 腾讯视频的"社交体系"

成就、财富和社交这三大体系,可以归纳为通过精神激励、利益激励、情感激励的手段形成流动闭环,促进用户成长。

3. 如何设计用户成长体系

下面以视频产品为例,学习用户成长体系的具体设计步骤,看用户体系是如何一步一步搭建起来的。

1) 设计步骤

首先是定义产品业务目标,企业为什么这么做;然后对用户分类搭建模型,规划用户成长路径,设计使用场景;最后到达高阶段位,对用户实行分级运营,涉及积分的获取、积分消耗和用户运营三大模块,从入口到出口,形成一个流动的闭环,如图5.29所示。

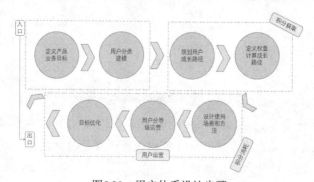

图5.29 用户体系设计步骤

2) 目标设定及用户建模

对于一个产品或平台来讲，建立用户体系，必须要基于一个核心目标，就是用户分级，这样才能实现精准运营，为高价值的用户提供更优质的服务。对于视频产品来说，高价值用户的界定主要有几个维度：点播、观看时间长、购买频度高、能够促进产品形态改进、对平台重视度高，如果同时他还是一个具有知名度和权威性的用户，那么他的价值就更添一筹。根据这几个目标，企业有相对应的用户行为，包括登录、观看、观看时长、付费、互动等，并由此得出一个用户成长值的积分模型，即这几个相加再乘以成长系数(成长系数就是用户属性，包括名人、KOL之类的身份)，根据分值的高低，将整个用户体系划分成一个金字塔结构(见图5.30)，包括新用户、普通用户、核心用户、种子用户，这一部分是整个体系的基石。

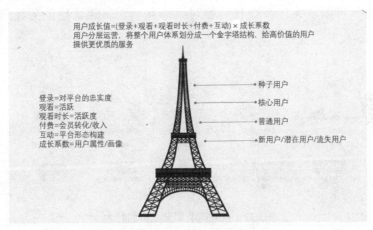

图5.30　视频产品的金字塔结构

更为详细的用户等级的细则则通过用户的观看、付费等行为，划分等级，对应不同的特权、不同的产品、不同的细则分值(见图5.31)。需要注意的是，在设定分值的时候，必须综合考虑后续的运营情况，需要有成熟的计算体系作为支撑，并预测风险点，制定相应的风险机制，否则，不适宜的用户成长体系不仅无法实现用户和平台的双赢，还可能会伤害到用户情感，进而损失平台利益。

第三条 会员成长等级

1. 腾讯视频会员成长体系设有V1青铜会员、V2白银会员、V3黄金会员、V4铂金会员、V5钻石会员、V6星耀会员、V7王者会员与星光会员等8个等级（以下简称“会员等级”）。腾讯为不同会员等级的腾讯视频会员提供专属的特权和福利。

2. 同一账号的腾讯视频会员等级，仅会因“V力值”的变化而调整，并不会因使用终端、充值时长类型而不同。再次提示，使用不同的QQ号码和微信账号登录腾讯视频会员将会被识别为不同的账号，且获得“V力值”及“积分”权益不互通。

3. 如您的腾讯视频会员时长已到期，则您不再享受相应会员等级权益。如您重新充值会员时长恢复会员身份，将根据恢复时的“V力值”对应的会员等级，享受相应会员等级权益。

4. 各类腾讯视频会员等级特权及福利的具体内容以腾讯视频平台不时推出的活动信息为准。

5. 会员等级名称及所对应的V力值基础点数列示如下：

等级	会员名称	基础V力值点数
1	V1青铜会员	1
2	V2白银会员	600
3	V3黄金会员	1800
4	V4铂金会员	3800
5	V5钻石会员	8000
6	V6星耀会员	16800
7	V7王者会员	36800
8	星光会员	达到53600，需主动解锁

6. 会员等级的提升：会员累积获取的“V力值”达到下一等级的基础“V力值”时，其会员等级将相应提升；升级至星光会员除了需要满足基础“V力值”要求外，还需要进行主动解锁操作，详见本条第7点。

7. 星光会员的说明：“V力值”达到53600点的会员，可使用16800点“V力值”解锁星光会员等级。至解锁之日起，该等级有效期为1年（372天）。等级有效期结束前，若符合星光会员解锁条件，可主动解锁新周期；若未成功解锁星光会员的新周期，在星光会员等级到期后，会员等级将还原为V7王者会员。

图5.31　视频产品的用户等级细则

4. 用户积分体系的形成

设计流程明晰、用户成长模型搭建起来之后,按照上述流程,企业通过积分获取、积分消耗和用户运营三大模块,从入口到出口,形成用户成长体系的一个完整周期。

1) 用户成长体系之积分获取

(1) 积分获取的行为。用户等级根据积分高低来划分。按照惯例,企业先来设定目标,以目标为导向,以视频业务为例,分为五大核心目标:保持日活、提高活跃度、提高付费金额、为其他业务线引流、培养三端用户,这样就衍生相应的用户行为(见图5.32):保持日活就要通过登录及签到送积分(签到又细分为连续、累计等)提高活跃度,一是给观看奖励,可以从观看时长、观看类型、当日时长、累计时长等方面,给不同行为赋予不同分值;二是给购买奖励,可以区分单点、月包、年包等。业务线引流方面,可以从关注公众号、参与微博互动、下载其他业务线产品送积分等入手。

图5.32 视频产品积分获取的行为

(2) 积分获取的规则。积分获取的细则如图5.33所示。

用户基础行为积分				
行为名称	手机	PC	TV	说明
产品启动	1	1	1	1.用户基础行为名称在系统以ID形式出现。 2.运营人员在其后标注行为名称和积分值或倍率。例如:ID为JC002,积分值为5,倍率为1
登录	1	1	1	
注册	2	2	2	
关注微博/微信/微社区	关注+5,每天签到+1,连续签到一周+2			
补齐资料	2	2	2	
每天完成标准任务	5	5	5	
单次播放	观看每次+1,上限30		观看每次+1,上限20	
播放奖励	每天上线40积分			

图5.33 视频产品积分获取的细则

2) 用户成长体系之积分消耗

用户在获取一定的积分之后，可按各自的等级，用积分去换取相应的产品和服务，即所谓的积分消耗。积分的用途可以概括为以下几种：一是功能特权类，例如免广告、产品相关的功能扩展、获取生日礼包、单次操作获得更多经验值、达到活动参与门槛等；二是资源优先类，例如官方热门推荐、优先推荐参与官方活动、提高活动中奖率、优先客服处理等；三是视觉差异类，头像、昵称、挂件装饰元素、登录动态效果等；四是兑换抵现类，(限时/抢先) 兑换礼物、参与抽奖、商城消费抵现等。

(1) 积分消耗的目标及行为。企业通过设定目标来引导客户进行积分的消耗行为，以给企业带来相应的利益。例如视频产品积分消耗的目标如图5.34所示。

图5.34 视频产品积分消耗的目标

具体的客户积分的消耗行为有点播、付费、活跃、功能拓展、以小博大、引流、减少成本。

- 点播：兑换点播券，例如用500积分观看《战狼2》。
- 付费：折算现金，订包或单点时抵现。
- 活跃：签到；兑换活动参与门票；粉丝团活动。
- 功能拓展：使用积分解锁特殊功能，例如用户在腾讯视频可用积分为明星投票。
- 以小博大：趣味抽奖。
- 引流：例如用电视端积分兑换手机观影券；兑换第三方商品券。
- 减少成本：自动失效，减少积累，回收运营成本。

需要注意的是，积分兑换方式面临的一个问题：积分可兑换的商品价值高，会增加运营成本；赠送兑换的价值太低，则很难吸引用户，这就需要通过一个折中的方案，来权衡各方利益。此外，"自动失效"这一点也比较重要，只要设置积分过期失效，就可避免用户集中进行兑换，就像中国移动的M值，一到年底就清零一样。

(2) 积分消耗的规则。对于积分消耗，企业需制定不同属性的商品兑换所需的积分值，并对商品兑换的次数进行设限，如图5.35所示。

类别	项目	积分值	限制
商品	金币商城	不限	不限
	观影券	499	1
活动	抽奖	100	3
	竞猜	不限	不限
交易	1天体验包	199	1
	3天体验包	399	1
	7天体验包	799	1

图5.35 视频产品积分消耗的规则

3) 用户成长体系之用户运营。

用户成长体系已建成，用户获取和消耗积分的行为规则已基本完善后，就进入用户成长体系的高阶段位：针对等级化的用户，实行分级运营、精细化运营。用户运营是开源，是节流，能够促进活跃转化，实现用户价值的最大化。

(1) 从新用户、普通用户、核心用户和种子用户4个方面构建金字塔式用户运营体系。

■ 新用户

定义：是刚使用或未使用产品的用户，对产品处于初级认知阶段。

作用：是用户增长的基数，是开源用户。

运营：传达产品的价值，同时去培养用户使用的习惯。

■ 普通用户

定义：是使用产品频次较高，观看点播较多，没有或偶有付费行为的用户。

作用：作为数量庞大的内容消费用户，他们是整个产品有效用户的基数，也是活跃用户的来源。

运营：使用二八原则，通过普适性的活动，将新用户筛选和转化至活跃或付费用户。

■ 核心用户

定义：是深度使用产品的用户，是高频点播和付费的用户。

作用：能够活跃氛围，推老带新，是内容消费和产生互动的主力军。

运营：以策划参与度高、有实物奖励的线上活动为主，福利和特权为辅，有专人负责常规化运营，保证团队活跃度和流动性。

■ 种子用户

定义：是高忠诚高贡献度的用户，除产品基础点播付费，还乐意互动分享。

作用：能够提升产品黏性，具有KOL权威性和知名度，甚至参与产品设计决策。

运营：进行关系维护，实现情感和金钱方面的满足；一对一进行引入和维护。

(2) 用户成长路径及分级运营。企业需要提前为企业的用户规划好成长路径(见图5.36)。

图5.36　视频产品用户成长路径

针对不同等级的用户，企业制定不同的运营策略，慢慢引导用户成长为企业希望他们成为的样子，就像养成类的游戏，使一个没有使用过产品或者对产品抱着尝试态度的用户，逐渐开始养成使用习惯，用户需求不断得到满足，从而对产品有了情感，最终成为产品或品牌的忠诚用户，企业也实现了阶段性周期性用户运营。视频产品周期性用户运营策略如图5.37所示。

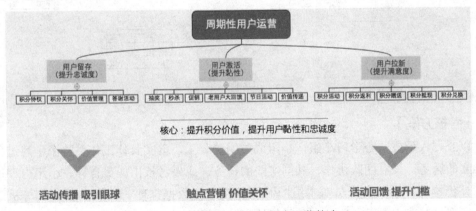

图5.37　视频产品周期性用户运营策略

(3) 运营综合管理。用户成长体系庞大且复杂，需要有相应的管理模块及后台来做支撑。

■ 活动管理

① 创建任务、修改、关停；上下线管理(定时功能)、投放及推荐管理。

② 积分兑换、观影券兑换、会员资格兑换；众筹、抽奖、问卷。

③ 活动中奖概率管理。

④ 风控(奖品预设提醒、多奖品空仓提醒、挤兑提醒、人工强制等)。

■ 用户管理

① 用户身份设定(是否会员、等级、积分数、会员时效性、渠道等筛选项)。

② 用户拓展详情(账号、头像、积分明细、手机号、支付账号、收货地址等)。

■ 商城管理

① 奖品相关：品名、数量、图片、价值、等级权限。

② 奖池风控：中奖概率设定、奖品空仓提醒、挤兑提醒、人工强制。

(4) 数据支撑管理。对于用户成长体系，如何统计积分，如何计算用户等级，用哪些指标来评估成长体系的效果，诸如此类的问题，都需要一个强大的数据管理系统来做支撑，如图5.38所示。

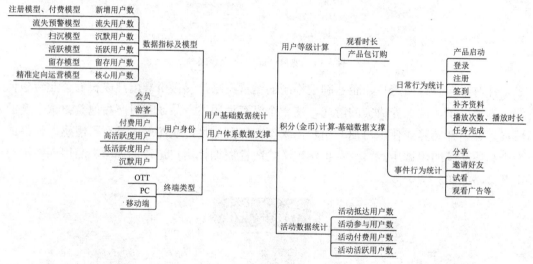

图5.38 用户体系数据支撑

【考核方案】

以3～5人形成一个学习小组，小组成员明确分工，落实具体工作。整个学习过程既有独立的思考，又有团队协作、共同实践的任务。成果考核由成员自评、小组内评价和教师评价构成。小组内成员对本组RFM指标提取、数据整理、RFM的编码和分析成果进行自评、完善；小组之间对RFM指标提取、数据整理、RFM的编码和分析成果的完整性、可操作性开展互评，并写出评价意见；指导教师对各组的实操演练过程和成果进行评价，各组成员继续完善。

岗位任务主要考核点如下所述。

(1) 熟练操作相关数据分析工具;
(2) 掌握结合产品特点确定产品销售关键信息的方法;
(3) 掌握RFM指标提取和数据整理方法;
(4) 完成RFM的编码和分析。

【思考和作业】

(1) 结合童装产品特点,阐述产品销售要确定哪些关键信息并说明理由。
(2) RFM指标提取和数据整理的重点是什么?
(3) 建立和分析RFM模型对店铺的运营和发展有何作用?

模块6　客户价值提升

对于企业来说，客户是利润的来源，是企业竞争的基础，是企业持续发展的重要因素。客户的价值可影响到企业的发展规模、发展状况和发展前景，可以为企业带来可观的利润收益，促进企业的不断壮大。

对很多电商企业而言，排名前20%的客户往往带给了超过50%的利润，所以怎能更好地把这些大客户保留下来，提升他们对企业的价值，是一个非常重要的问题。同时，识别不同客户的类别，提供有效而适当的服务，可以更好地控制电商企业的成本。客户价值代表了该客户群对企业的服务或产品的忠诚度和购买力，所以充分认识客户价值，才能更有效地制定企业的策略，提升客户价值。

【学习目标】

知识目标
- 了解和掌握客户生命周期的计算方法；
- 掌握微信会员引入、转化和留存方法。

技能目标
- 能根据店铺和产品的特质，设计目标客户生命周期中不同阶段的关怀方案，增加客户的黏度；
- 能根据店铺目标客户的特点，设计微信会员回购活动方案，提高客户的复购率。

课程思政目标
- 坚持创新驱动发展战略，塑造电商企业发展新动能新优势；
- 构建企业和客户共赢的模式，形成人类命运共同体；
- 维护全媒体传播体系建设，构建良好网络生态。

【情境导入】

李鹏毕业后在一家电子商务公司工作，工作部门是客户关怀部。该部门主要职责如下：负责新老客户的回访和客户满意度调研；实施客户关系管理(CRM)，提高客户忠诚度；组织客户关怀活动，安排客户服务日程和细节；负责客户拜访前的各项准备工作，做好客户拜访记录，并提交上级审查；受理客户投诉事宜，并及时协调和处理客户抱怨；对不良产品或服务提出改善方案，组织实施客户关怀活动。李鹏负责一家女装店铺的客户关怀工作，临近中秋节，客户经理要求李鹏为网店设计一个店铺客户营销活动，目的是对会员客户进行更加有针对性的营销和关怀。

思考题：
(1) 电商企业的客户价值主要体现在哪些方面？
(2) 网店客户营销活动的主要目的是什么？
(3) 会员客户营销活动通常包括哪些方式？

任务6.1　客户关系管理

【任务布置】

李鹏为了能设计一个满意的女装店铺客户节日营销活动方案，收集了该店铺客户的基本信息、交易数据、会员等级和分类等资料。李鹏要根据收集的数据和信息，运用店铺后台提供的客户关系管理工具，进行客户数据整理和分析，并计算客户生命周期，完成客户营销活动方案的设计。

【实操内容和流程】

● 实操内容

(1) 根据店铺客户交易数据计算一次消费、二次消费、三次消费和四次消费以上的客户占比；

(2) 计算二次消费以上的客户生命周期；

(3) 设计客户生命周期的关怀方案，完成客户营销方案的设计。

● 实操流程

实操流程1：团队成员分工协作，下载店铺客户交易数据，根据数据计算一次消费、二次消费、三次消费和四次消费以上的客户占比，填入表6.1。

表6.1　客户转化情况

消费次数	消费人数	向下转化率	客单价	每级消费总额

实操流程2：团队成员一起计算店铺的活跃客户($0<R\leqslant 120$，$F\geqslant 3$)和客户生命周期。

知识窗6.1.1　客户生命周期计算

1. 活跃客户的定义

活跃客户是在4个月的周期里，连续达到3次消费及以上的客户。对于一般的快消品而言，如果客户能在这样的时间周期里连续复购，不管金额大小，都能说明客户对产品和服务产生黏性。企业/品牌需要甄别出活跃客户人群，将其纳入"核心粉丝群体"，给予客户升级。客户的运营是用来通过经济学的数理逻辑和价值评估，来将客户分层分类发现问题，而会员营销是通过心理学，给予客户感性层面的服务和特权，来影响客户继续留存。客户全生命周期管理流程如图6.1所示。

图6.1　客户全生命周期管理

2. 计算客户的平均生命周期

(1) 筛选出消费次数大于或等于2次(至少有过2次)消费记录的客户($F \geq 2$)；

(2) 根据"死亡期"的定义，一般将"一年没有来消费"的客户定义为快消品的"死亡客户"。具体来说，就是在消费大于或等于2次的客户当中，看他们从首次销售到最后一次消费的平均时长(最后一次消费一定是距离测算日一年的时间$R > 360$天，$F=0$)，如图6.2所示。

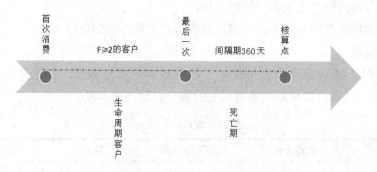

图6.2　客户生命周期计算

(3) 客户生命周期可以在任意时间节点来计算，是滚动的，不是静态的。客户的平均生命周期的对比可以体现店铺在行业中处于什么水平。

实操流程3：团队成员针对客户分类给予不同的客户营销，并分工合作设计客户全生命周期的营销方案。

知识窗6.1.2　客户全生命周期的营销方案

根据表6.2可进行客户全生命周期的营销方案详细规划。

表6.2 客户全生命周期的营销方案

阶段	定义	RFM	营销手段
潜在	接触但没有购买,留存客户信息	$R=0$,$M=0$,$F=0$	引流体验转化首购
新生	30天内有购买记录的客户	$0<R\leq30$,$F=1$	向有效客户转化
有效	首次购买之后的三个月再次回购的客户	$0<R\leq90$,$F\geq2$	满足个性化需求
活跃	4个月内连续消费3次及以上的客户	$0<R\leq120$,$F\geq3$	培育客户忠诚
忠诚	半年以内连续消费4次及以上的客户	$0<R\leq180$,$F\geq4$	维持住现有水平
沉睡	半年以内没有再消费的客户	$180<R\leq360$,$F=0$	唤醒高价值部分
死亡	一年以内没有再消费的客户	$360<R$,$F=0$	放弃

实操流程4：小组成员分工合作，根据店铺客户情况进行平台的客户会员等级设置、客户分类设置、会员导出管理、客户会员分析和客户时间分析，并据此完成客户营销活动方案的设计。

知识窗6.1.3 客户会员的相关设置和分析

1. 客户会员等级设置

客户会员等级设置页面如图6.3所示。

图6.3 淘宝客户会员等级设置页面

2. 客户分类设置

客户分类设置页面如图6.4所示。

图6.4 淘宝客户分类设置页面

3. 会员导出管理

会员导出管理页面如图6.5所示。

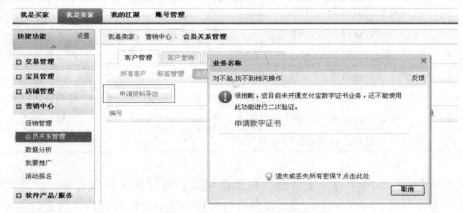

图6.5 淘宝会员导出管理页面

4. 客户会员分析

客户会员分析页面如图6.6所示。

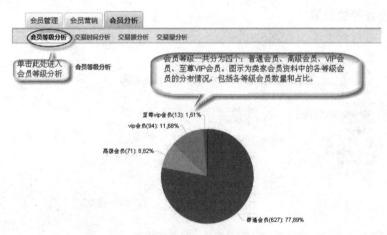

图6.6 淘宝客户会员分析页面

5. 客户时间分析

店铺促销活动想冲销量，想向客户发放优惠券，但是不知道要发多少量？多少金额？发给哪些人？这就需要进行客户时间分析。比如有1000多名客户有6个月没有来消费了，可以根据店铺的流失机制有针对性地给这些客户发放优惠券，以激活老客户。

【延伸阅读】

1. 客户生命周期

作为企业的重要资源，客户具有价值和生命周期。客户生命周期理论也称客户关系生命周期理论，是指从企业与客户建立业务关系到完全终止关系的全过程，是客户关系水平随时间变化的发展轨迹，动态地描述了客户关系在不同阶段的总体特征。客户生命周期可分为考察期、形成期、稳定期和退化期等4个阶段。考察期是客户关系的孕育期；形成期是客户关系的快速发展阶段；稳定期是客户关系的成熟期和理想阶段；退化期是客户关系水平发生逆转的阶段。

1) 考察期

考察期，为客户关系的探索和试验阶段。在这一阶段，双方考察和测试目标的相容性、对方的诚意、对方的绩效，考虑如果建立长期关系双方潜在的职责、权利和义务。双方相互了解不足、不确定性大是考察期双方关系的基本特征，评估对方的潜在价值和降低不确定性是这一阶段的中心目标。在这一阶段，客户会下一些尝试性的订单，企业与客户开始交流并建立联系。因企业要对客户的咨询进行解答，某一特定区域内的所有客户均是潜在客户，企业需要投入人力物力对所有客户进行调研，以便确定出可开发的目标客户。此时，企业有投入，但客户尚未对企业做出大的贡献。

2) 形成期

形成期，为客户关系的快速发展阶段。双方关系能进入这一阶段，表明在考察期双方相互满意，并建立了一定的相互信任和交互依赖。在这一阶段，双方从关系中获得的回报日趋增多，交互依赖的范围和深度也日益增加，逐渐认识到对方有能力提供令自己满意的价值(或利益)和履行其在关系中担负的职责，因此愿意承诺一种长期关系。在这一阶段，随着双方了解和信任的不断加深，关系日趋成熟，双方的风险承受意愿增加，由此双方交易不断增加。当企业对目标客户开发成功后，客户已经与企业发生业务往来，且业务在逐步扩大，此时客户生命周期进入成长期。企业的投入与开发期相比要小得多，主要是发展投入，目的是进一步融洽与客户的关系，提高客户的满意度、忠诚度，进一步扩大交易量。此时，客户已经开始为企业做贡献，企业从客户交易获得的收入已经大于投入，开始盈利。

3) 稳定期

稳定期，为客户关系发展的最高阶段。在这一阶段，双方或含蓄或明确地对持续长期关系作了保证。这一阶段有如下明显特征：双方对对方提供的价值高度满意；为能长期维持稳定的关系，双方都付出了大量有形和无形的投入；进行了大量的交易。因此，双方在这一时期的交互依赖水平达到整个关系发展过程中的最高点，双方关系处于一种相对稳定状态。此时，企业的投入较少，客户为企业做出较大的贡献，客户交易量较多，企业处于较高的盈利时期。

4) 退化期

退化期，为客户关系发展过程中关系水平逆转的阶段。关系的退化并不总是发生在稳定期后，在任何一阶段关系都可能退化。引起关系退化的原因很多，如一方或双方经历了一些不满意、需求发生变化等。

退化期的主要特征如下：交易量下降；一方或双方正在考虑结束关系甚至物色候选关系伙伴(供应商或客户)；交流过程中开始有结束关系的意图等。当客户与企业的业务交易量逐渐下降或急剧下降，客户自身的总业务量并未下降时，说明客户生命周期已进入衰退期。

此时，企业有两种选择，一种是加大对客户的投入，重新恢复与客户的关系，进行客户关系的二次开发；另一种做法便是不再做过多的投入，渐渐放弃这些客户。企业两种不同做法自然就会有不同的投入产出效益。当企业的客户不再与企业发生业务关系，且企业与客户之间的债权债务关系已经理清时，意味客户生命周期的完全终止。此时企业有少许成本支出而无收益。

在客户生命周期不同阶段，客户对企业收益的贡献是不同的：在考察期，企业只能获得基本的利益，客户对企业的贡献不大；在形成期，客户开始为企业做贡献，企业从客户交易获得的收入大于投入，开始盈利；在稳定期，客户愿意支付较高的价格，带给企业的利润较大，而且由于客户忠诚度的增加，企业将获得良好的间接收益；在退化期，客户对企业提供的价值不满意，交易量回落，客户利润快速下降，如图6.7所示。

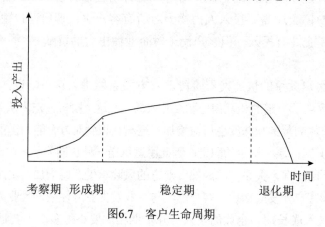

图6.7　客户生命周期

客户成熟期的长度可以充分反映出一个企业的盈利能力。因此，面对激烈的市场竞争，企业借助建立客户联盟，针对客户生命周期的不同特点，提供相应的个性化服务，进行不同的战略投入，使企业获得更多的客户价值，从而增强企业竞争力。

2. 客户生命周期分析

客户生命周期的理论是为了分析不同阶段客户为企业带来的客户价值，而对客户价值分析及管理的基础是客户信息的收集。客户信息的收集是一个动态的过程，一般很难在第一次交易时就能收集到完整的客户信息，通常需要在反复的交易过程中才能逐渐对客户信息进行完善。企业应持续收集和积累新客户的每次交易数据，并跟踪和完善新客户的其他信息，以便为今后的客户价值评价工作做好准备。

1) 潜在客户的价值分析及管理

潜在客户虽然还没有与企业建立交易关系，但仍然可能是企业值得特别关注的对象，尤其对像汽车销售商、房地产企业这些以高价值、耐用消费品为主要产品的企业而言，因为购买这些产品的每个客户都可以为企业创造可观的利润，而且对这些企业来说，一旦失去与潜在客户交易的机会，哪怕仅仅是一次交易机会，都很难重新与他们建立交易关系。对潜在客户的价值判断难以使用统计资料，因为潜在客户还没有与企业发生过交易。但企业仍然可以通过交易以外的其他途径收集反映潜在客户基本属性的数据(如年龄、性别、收入、教育程度、婚姻状况等)，然后利用这些基本属性数据对客户进行细分，分析其潜在价值。

2) 忠诚客户的价值分析及管理

与新客户相比，忠诚客户为企业创造了更多的收入，对企业的生存和发展具有重要的意义。忠诚客户的价值主要体现在三个方面：通过重复交易，为企业创造累计的收入；企业更容易以低成本优势保持与他们的关系；为企业带来新的客户。忠诚客户的推荐是新客户光顾企业的重要原因之一，"口碑效应"可以帮助其他新客户建立对企业及其产品的正面印象。

企业可以通过分析已经发生的交易数据，来确定忠诚客户价值的评价指标。常用的数据包括以下几项：最近交易情况，即客户最近一次与企业进行交易的时间、地点和类型；交易频率，即在某一时期内，客户与企业进行交易的次数；交易总额，在某一时期内，客户的累计交易金额。此外，还可以使用对交易总额排序的方法来判断忠诚客户的价值，即首先将客户的交易总额从高到低进行排列，然后找出带来绝大部分收入的那部分客户。使用这种方法，通常很容易印证"帕雷托定律"，即不同的客户对企业销售量和销售收入的贡献是不一样的，企业80%的收入来自近20%的客户。如果企业能够识别出这20%的客户，就应该努力让他们乐意扩展与企业的业务——或者在同一业务上追加更多的交易量，或者与企业开展新的业务。一方面，既然每位客户对企业的贡献是不同的，企业就不应该将营销服务平摊在每一位客户身上，而应该将更多的精力放在数量虽小但贡献重大的优质客户身上。另一方面，既然这些少量的客户为企业创造了大量的收入，就表明这部分客户比其他客户更愿意与企业保持关系，因此，将有限的营销和服务资源充分应用在这些客户身上，就更有针对性，更容易取得事半功倍的效果。

客户生命周期价值非常重要。让客户在生命周期中产生商业价值，才是运营的使命。运营的目标就是尽一切可能延长客户的生命周期，并且使其尽一切可能产生商业价值。客户生命周期价值会不断累加，生命周期会不断减少。当产品获得足够多的客户时，最大的问题不是继续获取客户，而是从客户身上获得商业价值。成熟的产品都应该考虑生命周期，以及更重要的生命周期价值。针对不同的客户，采取的营销策略和获取的商业价值也会有所不同，不同客户的营销策略和获取的商业价值如图6.8所示。

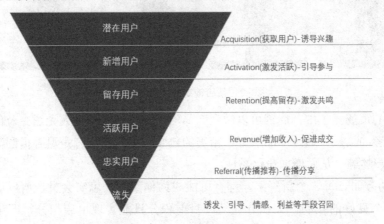

图6.8 不同客户的营销策略和获取的商业价值

3. 淘宝店铺老客户营销

有研究证明，发展一个新客户的成本是维护一个老客户成本的10倍，老客户的回头率是商家最关心的问题，没有老客户的商家无法获得长久的发展，所以淘宝店铺做好老客户营销就显得至关重要，老客户的流量可以更好地提升店铺转化率。在店铺老客户营销中，通常采用精细化运营和差异化营销。精细化运营就是运营的方向要明确，并且要具体分工；差异化营销是说面对竞争激烈的市场，一定要做出自己店铺的特色，无论是从客服接待，还是售后等等，要规范，贴心，这也体现了老客户营销的重要性。

1) 店铺老客户营销方式

电商经过多年的发展，从PC端到无线端，从按搜索排名到千人千面，流量的获取也逐步碎片化，社区化、个性化和内容化表现得淋漓尽致，这些都导致了消费者看到的产品越来越不相同，选择越来越多，商家的流量也越来越分散，无形增加了卖家的流量成本。在电商这个快变的时代，如果我们想要店铺能够持续经营，在寻找新鲜流量的同时，还要挖掘店铺的已有客户价值，实现价值最大化。具体方法可以从以下几个方面思考。

(1) 产品方面。人类喜欢追求新鲜的事物，因而店铺定时上新和保持产品的多样性，才能让老客户保持对店铺的新鲜度。某店铺的定时上新设置如图6.9所示。

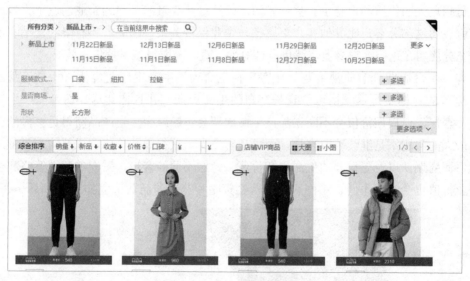

图6.9　某店铺定时上新设置

在激烈的市场竞争中，店铺可以做到产品的极致化，凭借别人无法企及的某种特色来赢得消费者的信赖。通过产品质量、精美的包装、小礼物或者是温馨提醒等，都会加深买家的客户体验，从而增加粉丝黏性。

(2) 互动方面。每一个新买家，都有可能成为你下一个忠实会员，所以店铺需要和买家形成一个良好的互动，如积分互动。目前积分只能实现单店积分，即店铺发放的积分只能在本店消费。现阶段，积分是店铺与会员联系的重要纽带之一，除了可以兑换礼品以外，还可以增加会员忠诚度，提高店铺的知名度，带动店铺的销售。店铺通过赚积分和积分互动来沉淀新客户以及激活老客户。赚积分一般有签到送积分、消费送积分、收藏送积分、好评送积分，以及推广送积分。某店铺赚积分页面如图6.10所示。积分互动常用的有积分兑礼品、积分抽奖、积分抵现金、积分抵邮费、积分换等级等。通过积分互动，不仅可以对会员进行客户关怀，促发二次购买，还可以和会员形成一个稳定的长期关系。

微淘也是与会员们互动的一个好地方，通过微淘，可以拉近会员与店铺在移动端的距离，也在一定程度上解决了店铺制作内容的成本和效率问题。例如，针对店铺客户发送其比较关注的话题，通过评论以及点赞的形式和会员们形成良好的互动，从而形成店铺与会员的特有圈子。

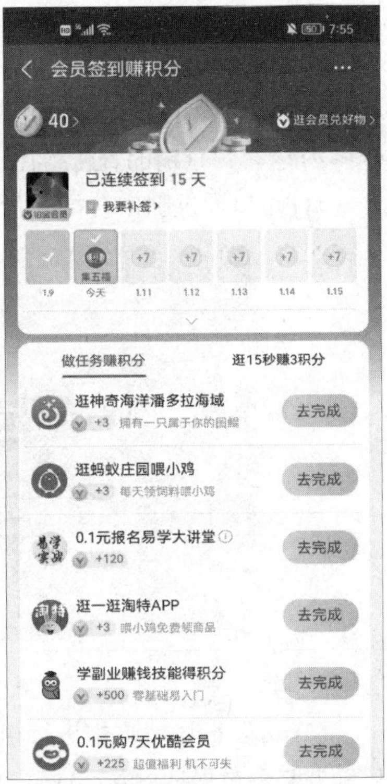

(3) 会员方面。会员关系管理有多种手段，较常见的是会员等级制度。通过建立会员等级制度，可以了解会员的兴趣爱好、消费特点，培养大批忠诚者，从而形成长期稳定的消费市场，还可以加强店铺与会员之间互动交流以及改进产品。某店铺的会员特权页面如图6.11所示。

图6.10　某店铺赚积分互动页面

会员特权：

会员等级	专享折扣	专属特权	途径一	途径二	途径三
普通会员	9.9折	《每周二上新》享受折上折包邮 (即：9.5折*9折=8.55折)	成功购买过的买家	一次性消费满300	成功购买过1笔
高级会员	9折	《每周二上新》享受折上折包邮 (即：9折*9折=8.1折)	累计消费满800元	一次性消费满500	成功购买过5笔
VIP会员	8.8折	《每周二上新》享受折上折包邮 (即：8.8折*9折=7.92折)	累计消费满1500元	一次性消费满800	成功购买过10笔
至尊会员	8.5折	《每周二上新》享受折上折包邮 (即：8.5折*9折=7.62折)	累计消费满3000元	一次性消费满1200	成功购买过15笔

图6.11　某店铺会员特权页面

(4) 服务方面。除了以上的三种方式之外，店铺还可以通过短信关怀、电话关怀来维护买家群体。研究店铺的客户群体，能够了解他们的整体特性，创造只属于自己店铺的文化特色，让客户更好地记住卖家。比较常用的服务有催付、发货提醒、物流提醒、即将流失订单通知、好评感谢以及店铺活动信息等；也可以不定期开展一些活动回馈老客户，赠送老客户专属小礼品，让他们感觉到卖家足够重视他们；成交之后可以考虑赠送合理金额的店铺抵用券，并在适当的时候给予提醒，可以有效地促发二次消费。

2) 老客户营销的宣传路径

(1) 可以通过制作会员页面，来达到宣传的效果。某店铺的会员专区如图6.12所示。

图6.12　某店铺会员专区

(2) 可以在详情页中进行植入，这样的特点是流量大，曝光率高。需要注意的是，店铺要与会员保持可互动性。

(3) 短信植入是众多宣传方式里面内容最多样、最具时效性的方式，但这种方式的局限性是字数有限，且成本较高。更重要的是，短信植入的宣传效果在不断递减，且这种方式的骚扰性强，沟通不及时，缺乏针对性，甚至会被会员们屏蔽。某店铺的短信植入设置如图6.13所示。

图6.13　某店铺的短信植入设置

(4) 邮件植入。邮件植入图文并茂，可以通过邮件营销插入会员中心页面，从而达到推送专享活动的效果，但是邮件植入的达到率不够稳定，且成本较高，需要不断提高邮件打开率，加大邮箱信息的收集。

(5) 包裹植入,即通过包裹包装袋、售后卡等方式来植入店铺会员专项活动。这种方式覆盖面广,关注度比较高,在买家收到包裹后,配合客服宣传和即时短信提醒,效果会更佳。

(6) 客服植入,即通过对客户一对一接触,在售前可以向买家推送店铺活动。使用这种方式在成功付款后可以更进一步推送我们的会员卡。某店铺的客服植入内容如图6.14所示。

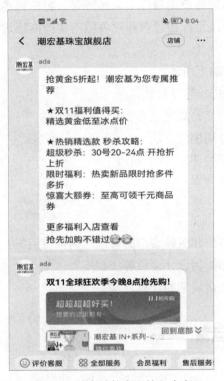

图6.14 某店铺的客服植入内容

店铺在积累了一定量的会员以后,不要忘记开展会员活动。通过会员活动,可以让店铺的会员渐渐形成意识和购物习惯等。在策划会员活动的时候,需要注意以下几点。

① 活动内容需要多样化。在策划活动内容时,需要以提升店铺客单价和销量为主要目标。

② 优惠要分层。通过订购的服务或者会员关系管理推送不同面值的优惠券。

③ 活动需要提前预热。PC端和无线端需要同步做活动预热,在预热期间要关注好优惠券的领用情况,避免优惠券被领完,也可以根据领用的情况适时调整活动方案。

④ 在推广、客服、短信和微淘推送时,需要提前做好推广素材、预算、微淘预告、短信提醒以及旺旺自动回复语等。

整个活动下来,需要分析活动的效果,维系好店铺的会员。

在千变万化的今天,淘宝唯一不变的营销定律就是——新客户+老客户=赢家,因而运营好店铺的老客户营销,一定会让店铺运营拥有质的飞跃。

【考核方案】

以3~5人形成一个学习小组,小组成员明确分工,落实具体工作。整个学习过程既有独立的思考,又有团队协作、共同实践的任务。成果考核由成员自评、小组内评价和教师评价构成。小组内成员对本组设计的客户生命周期关怀方案、客户营销活动方案进行自评、完善;小组之间对客户生命周期关怀方案、客户营销活动方案的完整性、规范性开展互评,并写出评价意见;指导教师对各组的实操演练过程和成果进行评价,各组成员继续完善相关环节。

岗位任务主要考核点如下所述。

(1) 熟练操作Excel、Word等办公软件;
(2) 掌握根据店铺客户交易数据计算客户占比的方法;
(3) 掌握计算客户生命周期的方法;
(4) 完成客户生命周期关怀方案的设计;
(5) 完成客户营销活动方案的设计。

【思考和作业】

(1) 潜在客户、活跃客户和沉睡客户的管理有何侧重点?
(2) 举例说明童装店铺如何设计会员等级制度?
(3) 请描述会员平均生命周期的计算方法。

任务6.2　客户微信运营

【任务布置】

为保持与女装店铺会员的长期互动,请协助李鹏设计该店铺的微信会员运营方案,包括微信端的客户引入、客户转化、客户留存以及客户回购等一系列客户价值实现的活动。

【实操内容和流程】

● 实操内容

(1) 设计微信的会员引入和转化活动;
(2) 制作微信客户留存的运营方案;
(3) 设计微信客户回购活动方案。

● 实操流程

实操流程1:根据产品特点和店铺客户情况,小组成员一起讨论确定微信端的客户会员引入和转化活动方案,包含会员引入和转化的具体方法、相关海报、互动方式设计。设计思路和内容填入表6.3。

表6.3 微信端客户会员引入和转化活动列表

方法	操作内容	具体成果
DM导入	通过中奖卡、微信红包等绑定微信会员	
微信海报	设计微信二维码的海报吸引客户入会	
内容吸粉	通过持续的朋友圈和公众号运营来吸粉	

实操流程2：设计会员入会的微信互动活动海报，并用PS制作微信活动海报(见图6.15)，并确定微信中的裂变模式，有效提升粉丝数量。

图6.15 会员入会的微信互动活动海报示例

组员一起确定微信服务号的日常会员留存运营模式，并根据表6.4内容有针对性地制定相关活动，填入表6.4内空白处。

表6.4 日常会员留存常用方式

业务提醒	
每日签到	
积分兑换	
每日专题知识/中奖公布等	

每日签到的活动设计，如图6.16所示。

图6.16 每日签到的活动设计示例

实操流程3：小组成员充分讨论，一起设计微信客户回购活动方案。

【延伸阅读】

1. 微信客户管理

微信是一个基于客户关系的信息分享、传播以及获取的平台。客户可以通过移动端、平板以及各种客户端个人社区，以200字左右的文字发送信息，并实现即时分享。客户关系管理系统是企业管理和计算机技术相结合的产物，是一种利用计算机自动管理客户资料的信息管理系统。随着移动互联网的发展，各种移动互联网产品竞相上线。如果能将客户关系管理软件和微信这个拥有庞大客户群体的社交软件相结合，就可以帮助CRM高效地利用客户资源信息，既提高了客户对企业的满意度，也提高了企业的运作效率，从而增加经济效益。目前，基于微信平台的客户关系管理越来越普及，微信的客户管理方法有很多种，有基于个人微信的客户管理，也有基于企业服务号的客户管理，还有基于微信平台扩展CRM系统的。

微信的客户管理可以有效防止客户的流失。通常客户流失的原因有以下几种情况：客户的忠诚度下降；客户对服务的要求更加苛刻；客户管理工具跟不上。

要做好微信的客户管理，可以有针对性对以上问题加以解决。

(1) 通过微信进行客户分类管理。客服在微信里可以进行一对一沟通，让客户与企业联系更加密切。

(2) 对客服的微信沟通进行监管。服务态度是成交的关键，所以公司管理员要实时在后台查看客服行为。

(3) 客户精准分析。微信客户的增粉统计、客户来源统计、会话数量统计、未通过好友统计、微信财务统计等所有信息可以直观地在管理端看到，企业管理人员可以据此对数据掌握得一清二楚。

2. 微信运营的具体模式

微信运营包括个人微信和微信公众平台的建立。微信运营主要体现在运营者以移动客户端进行的日常运营推广。商家通过微信和微信公众平台进行针对性运营。

以微信公众号定位为例，运营者首先要清楚运营微信公众号的目的是什么，才能做出精准定位。运营微信公众号的目的不同，运营模式就不同。微信公众号的运营模式一共有4种：一是吸粉+内容的自媒体模式；二是吸粉+卖货的卖货模式；三是宣传窗口+舆论通道的品牌模式；四是维护老客户的后勤模式。

1) 吸粉+内容的自媒体模式

自媒体也叫"公民媒体"+"个人媒体"，是利用先进的网络手段，向不特定的群体或者特定的人传递各种信息所运用的各种新媒体的总称。一个自媒体最好选择自己有兴趣的、擅长的微信公众号来运营。比如你喜欢篮球，喜欢NBA，那么你可以运营一个公众号专门聊关于NBA的那些事；如果你喜欢购物，你可以分享一些购物经验，教大家如何理性购物等。做自媒体切忌切入自己不擅长而且不感兴趣的领域。在运营微信自媒体的过程中，人们产生了相应的自媒体思维，即表达自己的意见，强调内容的纯粹性和个性，旗帜鲜明地表明自己的看法，意见领袖对产品的观点可以在很大程度上影响普通大众对产品的认可度和感知。

2) 吸粉+卖货的卖货模式

微信公众号可以与电子商务发生"化学反应"，例如，万达影城通过微信公众号渠道日均出票达到上万张。万达影城的微信公众号系统为用户提供了便捷的票务服务，用户关注万达影城微信公众号之后便可以简单地享受在线预订、在线选座、查询热映影片以及待上映影片信息、评价分享等服务，不用出门就可以轻松预订电影票。万达影城还会在微信公众号上不定期地针对会员做一些活动，增强粉丝黏性，例如，拉好友关注可以享受一分钱看电影优惠（限场次）、送可乐爆米花等。对于影院来说，利用微信公众号卖电影票可以大大降低人工成本，增强用户体验，这就是微信公众号的卖货模式。微信公众号与电子商务的联系日益紧密，现在京东或淘宝很多卖家都开始应用微信公众号来做营销。

3) 宣传窗口+舆论通道的品牌模式

品牌模式是一种只适合大公司运用的策略。对大公司来说，微信公众号只是他们宣传品牌的一个窗口，制造舆论的一个通道。他们既不通过微信公众号做销售，也不像小米一样做客户维护，只是将微信公众号与企业挂钩，成为一个宣传触点。如名创优品官方微信公众号的粉丝数量增长见证了名创优品成为零售品牌标杆的历程，引领了同行业创办微信公众号的风潮。

4) 维护老客户的后勤模式

后勤模式主要是为老客户建立档案和对老客户进行分级管理。老客户档案需要数据化、精准化和系统化，这样才对营销管理工作有指导性，要完善每个客户档案，需要对客户进行定期的全面"体检"。客户档案内容包括客户的姓名、性别、爱好、性格、年龄、生日、家庭情况、职业、收入情况、联系电话；成交档案内容包括成交金额、成交内容（产品）、定期跟踪回访情况等。将老客户进行分级管理，可以让我们把更多的资源倾斜到更重要的老客户身上，从而产生更大的价值。

【考核方案】

以3~5人形成一个学习小组，小组成员明确分工，落实具体工作。整个学习过程既有独立的思考，又有团队协作、共同实践的任务。成果考核由成员自评、小组内评价和教师评价构成。小组内成员对本组微信会员引入和转化活动方案、微信客户留存运营方案和微信客户回购活动方案进行自评、完善；小组之间对微信会员引入和转化活动方案、微信客户留存运营方案和微信客户回购活动方案的完整性、规范性开展互评，并写出评价意见；指导教师对各组的实操演练过程和成果进行评价，各组成员继续完善相关环节。

岗位任务主要考核点如下所述。

(1) 熟练操作微信公众号的相关功能；

(2) 掌握微信会员引入和转化活动方案的设计方法；

(3) 掌握微信客户留存运营方案的制作方法；

(4) 完成微信客户回购活动方案设计。

【思考和作业】

(1) 食品类目微信公众号运营有何特点？

(2) 举例说明吸粉+内容的自媒体模式如何运营。

(3) 请描述运动类目店铺微信会员留存运营的重点。

项目拓展篇

【导言】

进入21世纪20年代,商贸新业态新模式蓬勃发展,跨境电商和直播电商领跑电子商务行业。跨境电商和直播电商作为一种新的贸易模式,正逐渐成为充满活力、发展迅速的新兴行业,中国跨境电商和直播电商的发展成果已渗透社会经济生活的诸多领域。从消费层面看,跨境电商和直播电商的发展契合居民消费升级的需要;从产业层面看,跨境电商和直播电商的迅猛发展带动了中国中小企业的创新,也为中国制造的商品在海外市场塑造品牌形象创造了便利条件。

得益于稳定的经济政治环境、完备的产业体系和快速反应的供应链,中国向世界提供的种类繁多、性价比高的商品,深受海外消费者青睐,中国已成为全球最大的B2C

跨境电子商务交易市场。线上消费习惯的形成，与中国强大的消费品供给能力相碰撞，让跨境电商成为中国企业"出海"的新模式。在疫情的冲击下，2020年直播电商模式全面爆发。"直播+电商"的新零售业态加速兴起，不仅影响了人们的消费方式，也助推了企业拓展海内外市场。无论是中国还是海外，直播已成当下流量新风口。2020—2021年，国内外知名社交、电商、短视频平台纷纷加入跨境直播电商行业，将跨境直播电商推到了一个历史高度。2022年是中国跨境直播电商的元年。艾媒咨询分析师认为，随着Tik Tok电商平台的迅速发展，各大平台也将发力跨境直播电商，中国跨境直播电商潮流势不可挡。

模块7　跨境电商客服

跨境电子商务领域的全球化竞争已经开始,中国因为拥有世界上最大的电子商务市场而参与其中。随着海外消费者对"中国制造"的需求上升,中国跨境电商迎来最好的机遇期,这对于一直在寻找转型升级优势赛道的中国制造业、打造全球化品牌的本土企业而言,跨境电商正成为企业开展国际贸易的首选和外贸创新发展的排头兵。各类跨境电商第三方平台能够让卖家直接面对全球终端客户,快捷高效的商业链造就了多赢的局面,因而跨境电商业务呈现爆炸式的增长,大量卖家有机会直面全球220多个国家和地区的消费者。

由于语言、地域、气候、国家政策、文化、消费习惯等因素的不同,跨境电商对卖家提出了更高的要求,需要有不同于国内电商业务的视野和思考,中国跨境电商卖家的客户服务水平也要迅速缩短与国外同行的差距,无论是在成本的控制,还是潜在订单的挖掘,甚至在整个团队的运营管理上,客服岗位都应起到重要作用。

【学习目标】

知识目标
- 了解跨境电商客服岗位的工作内容和工作特性;
- 理解跨境电商客服工作基本流程和工作要求;
- 掌握跨境电商客服岗位的工作思路与工作技巧。

技能目标
- 能收集目前国内主流跨境电商平台客服岗位的工作内容和工作特性,为跨境电商客服岗前培训做好铺垫;
- 能整理和归纳国内主流跨境电商平台客服工作基本流程和工作要求,为胜任跨境电商客服岗位做好准备;
- 能针对不同国家和地区、不同类目产品,提出跨境电商客服岗位的工作思路与工作技巧,为提升跨境电商客服工作效能奠定基础。

课程思政目标
- 遵守国家实行的更加积极主动的开放战略,加快建设贸易强国;
- 自觉维护国家政权安全和制度安全,营造市场化、国际化一流营商环境;
- 秉承真实亲诚的理念和正确的义利观,加强与贸易国客户的团结合作。

【情境导入】

订单小型化、碎片化,订单数量增长迅速,是目前跨境电商的两大特点。由于跨境电商行业的客户服务工作面临的环节多、情况复杂,涉及多种跨境运输渠道,同时不同国别在语言、文化、产品标规上存在各种差异，非专业化的客服工作方式已经不能适应行业的发展与客户的需求。

跨境电商行业中，"客服"的工作完全区别于传统意义下国内电商的"客服"概念，它不仅是"服务客户"，其职责更多地会涉及并影响销售、成本控制、团队管理等各方面。因此以"商务谈判"的理念与要求来打造客服队伍是有效提高客户满意度、优化跨境电商团队整体管理水平的重要方向。

思考题：
(1) 跨境电商客服的主要工作职责是什么？其和国内电商客服有何差异？
(2) 跨境电商客服的工作流程主要包含哪些内容？
(3) 跨境电商客服如何提升工作效能，提高客户满意度？

任务7.1　工作内容和工作特性

【任务布置】

小陈结束了两年的天猫店铺客服工作，准备挑战一下自我，应聘了某公司AliExpress卖家客服一职。经过综合能力笔试和面试，小陈被这家公司录取，将于一周后入职。高兴之余，小陈做起了入职准备：
(1) 跨境电商客服人员"要做什么"和"达到什么目标"？
(2) 跨境电商客服和以往自己从事的天猫店铺客服相似点和差异点是什么？
(3) 个人在公司的职业生涯应如何规划？

【实操内容和流程】

● 实操内容
(1) 学习和了解跨境电商客服的工作范畴与目标；
(2) 调研跨境电商客服和国内第三方电商平台客服的工作差异；
(3) 收集跨境电商客服的工作内容和工作特性，形成跨境电商客服岗位说明书。

● 实操流程

实操流程1：小组成员一起学习和了解跨境电商客服的工作范畴，并掌握跨境电商客服的工作目标。

知识窗7.1.1　跨境电商客服的工作范畴与目标

1. 跨境电商客服的工作范畴

1) 解答客户咨询——consulting

跨境电商B2C的商业本质是"零售业"的分支，而基于零售行业的特点，客户必然会对卖家提出大量关于"产品"和"服务"的咨询，所以客服人员解答咨询的工作主要围绕以下两大类展开。

(1) 解答关于产品的咨询。目前中国卖家的跨境电商行业，产品呈现如下特点。

① 产品种类庞杂，从早期的3C、玩具，到现在的服装、配饰、家居、运动等，涉及的行业不断丰富，基本已经覆盖国内外所有常见的日用消费品。

② 不同于国内电商店铺往往只销售一到两个专业品类的特点，跨境电商经常涉及多个行业、不同种类，兼营多个产品。

③ 产品规格上存在巨大的国内外差异。如令许多卖家头疼的服装尺码问题，欧洲尺码标准、美国尺码标准与国内产品尺码标准总是存在差异；又如电器产品的标规问题，欧洲、日本、美国电器产品的电压都与国内标规不同，即使是诸如电源插头这样一个小问题，各国也都有巨大的差异，中国卖家卖出的电器能适用于澳大利亚的电源插座，但是到了英国可能就完全不能用了。

以上这些产品特点都增加了跨境电商客服人员在解决客户关于产品的咨询时所面临的难度，而跨境电商客服人员的第一要务就是在当客户提出任何关于产品的问题时，无论多么复杂，都要为客户做出完整的解答，提出可行的解决方案。

(2) 解答关于服务的咨询。跨境电商行业的另一个特点在于服务实现的复杂性。当面临运输方式、海关申报清关、运输时间以及产品安全性等问题时，跨境电商往往比国内电商需要处理的情况更复杂。当产品到达国外客户手中后，产品在使用中遇到的问题需要客服人员具备更好的售后服务技巧，才有可能调用尽量低的售后成本为国外客户妥善地解决问题。

2) 解决售后问题——trouble shooting

国内电商的绝大部分客户在下单前都需要与客服人员就"是否有库存""可否提供折扣或赠品"等内容进行多次沟通。而在跨境电商行业中，客户往往静默下单，即时付款，对卖家来讲，减少了客服的工作量，但工作的重点就转移到产品的描述上，即在产品的描述页面上使用图片、视频、文字等各种方式充分而透彻地说明正在销售产品的特点，以及所能够提供的售前、售后服务的所有内容。一旦这些内容落实到产品页面上，就成为卖家做出的不可改变、不可撤销的承诺。

在跨境电商行业中，当客户联系我们的卖家时，往往是客户发现产品或者物流运输有问题，或者其他服务方面出现了非常大的问题，而这些问题是客户依靠自己的力量无法解决的。因此，在绝大部分情况下，当客户联系电商客服人员时总是涉及某一方面的投诉。据统计，许多跨境电商卖家每天收到的邮件中有将近七成都是关于产品和服务的投诉，也就是说，客服人员在日常工作中处理的最主要问题都是在解决各种麻烦。

3) 促进销售——selling pushing

在跨境电商领域中，客服人员如果能够充分发挥主观能动性，就能为企业和团队创造巨大的销售业绩。

目前国外买家仍然有很大比例的人群习惯于在跨境电商B2C平台上寻找质优价廉、品种丰富的中国产品。在B2C平台上成交的订单大多是面向欧美、俄罗斯、巴西等国的零售型产品。这些客户往往是挑选几家中国卖家的店铺做小额的样品采购，在确认样品的质量、款式以及卖家的服务水平之后，试探性地增大单笔订单的数量和金额，然后逐渐发展为稳定的"采购—批发"供应关系。美国的拉美裔、亚裔小店铺业主，以及澳大利亚客户和俄罗斯客户等，是跨境小额批发的主要人群。

在跨境电商中，稳定的批发客户都是多次沟通后形成的。因此，好的客服人员需要具备营销的意识和技巧，能够把零售中潜在批发客户转化为实际的批发订单，这就是所谓的客服的促销职能。

4) 管理监控职能——managing monitor

由于跨境电商的交易跨国、订单零碎的属性，在产品开发、采购、包装、仓储、物流或是海关清关等环节，可能出现问题的概率都会比国内电商的更大。因此，对任何一个团队来讲，团队的管理者都必须建立一套完整的问题发现与问责机制，在问题出现后，及时弥补流程性缺陷。

在跨境电商行业中，客服岗位非常适合担当管理监控的角色，但客服人员并不一定直接参与到团队的管理中，只是作为整个团队中每天直接面对所有客户的一个岗位，客服人员聆听并解决所有客户提出的问题，最先意识到所有问题的接触点。因此，跨境电商团队必须充分发挥客服人员的管理监控职能，安排客服人员定期将遇到的客户问题进行分类归档，并及时反馈到销售主管、采购主管、仓储主管、物流主管以及总经理等，为他们对本部门的调整和工作流程的优化提供第一手重要的参考信息。

2. 跨境电商客服的工作目标

1) 维护账号安全

跨境零售电商对卖家的信誉以及服务能力的要求要高于国内电商，为了清楚衡量每一个卖家不同的服务水平和信誉水平，各大平台将卖家进行评级分类，并进行资源调控，如速卖通平台设置的"卖家服务等级"，其本质上属于一套针对卖家服务水平的评级机制。这套评级机制共有四个层级，分别是优秀、良好、及格和不及格。在此机制中，评级越高的卖家得到的产品曝光机会越多；平台在对其推广资源进行配置时，也会更多地向高等级卖家倾斜。反之，当某个卖家的"卖家服务等级"处于低位水平，特别是"不及格"层级时，卖家的曝光机会以及参加各种平台活动的资格都会受到极大的负面影响，这种影响的程度远远高于国内电商的类似情况。常见的影响"卖家服务等级"的因素有成交不卖率得分、纠纷提起率得分、货不对板仲裁提起率、有责率等。

从现实层面考虑，受制于卖家的产品结构在短期内不可能进行频繁调整，卖家团队运营水平的提高也只是循序渐进的。所以，想要在其他因素相对稳定的前提下达到更高的卖家服务等级，就需要客服人员通过各种工作方法与沟通技巧，维持以上提到的各项指标。也就是说，指标越好，账号的安全度越高。

2) 降低售后成本

跨境电商客服人员在解决客户的各种投诉过程中，使用的方法与国内电商中使用的方法是完全不同的。由于运输距离远、时间长，国外退货成本高，跨境电商的卖家会比国内电商的卖家更多地使用到"免费重发"或者"买家不退货，卖家退款"的"高成本"处理方式。一个好的客服人员在处理国外买家投诉时，所使用的方法是多元化的，富有经验且精于沟通的客服人员会使用各种技巧，让客户尽量接受对卖家来讲损失较小的解决方案。所以，降低售后解决方案的成本就成为对跨境电商客服人员考核的一项重要目标。

3）促进再次交易

客服促进再次交易有两种途径：一是促成潜在批发客户的批发订单；二是有效地帮助零散客户再次与我们进行交易。在普遍"静默下单"的情况下，国外客户很少与跨境电商零售团队进行深入的交流，也就很难形成具有"黏性"的老客户。因而，当客服人员遇到客户的投诉问题时，不要感到麻烦与烦躁，应将这种沟通作为展示自己团队服务水平的机会，此时的沟通是客服人员促成客户再次交易的重要途径。

实操流程2：以小组为单位，分别选择两三个跨境电商平台，以及国内第三方电商平台，调研跨境电商客服的工作内容、特点和与国内第三方电商平台店铺客服的差异，并整理成对比表。

首先，分别选择亚马逊、速卖通、shopee等B2C跨境电商平台，以及天猫、苏宁易购、拼多多等B2C国内第三方电商平台，调查同一类目店铺客服的工作内容。

其次，对比、分析跨境电商平台和国内第三方电商平台店铺客服的工作差异，分别对比客服服务对象的差异；客服沟通工具的侧重点差异；客服回复时效要求差异。

最后，根据调研结果，形成跨境电商平台和国内第三方电商平台店铺客服的对比表。

实操流程3：通过各大招聘网站，收集跨境电商客服的工作内容和工作特性，形成跨境电商客服岗位说明书。岗位说明书内容主要包括跨境电商客服的岗位职责、任职条件和绩效考核等。

【延伸阅读】

1. 跨境电商客服的技能要求

1）提供咨询所需技能

为了能够完美地解决常见客户的咨询，客服人员需要具备以下技能。

（1）充分了解所经营的行业与产品。在面对国内外服装尺码有巨大差异的情况下，如何帮助客户挑选适合其体型的产品；或者在面对国内外电器类产品在电压、电流、插头等各项技术指标不同的情况下，如何向客户推荐电器产品，都要求客服人员非常熟悉产品的属性。

（2）掌握跨境电商行业的各个流程。客服人员要充分了解并掌握工作流程，包括产品开发、物流方式、各国的海关清关等各步骤如何实现、如何运作，只有在客服人员对行业熟悉的情况下，当客户提出问题时，才有可能及时有效地解答客户的疑惑，促成客

电商客户服务实务

户下单。

2）解决问题所需技能

(1) 正确引导控制客户的情绪。客服要能以推己及人的思维，站在客户的立场考虑问题。通常情况下，跨境电商的买家在等待了十几个工作日甚至更久之后，却发现产品出现了问题，当买家联系卖家时，他们往往是缺乏安全感的，并且情绪极度焦躁。因此，帮助客户客观地认识问题，引导他们的情绪，进而控制整个业务谈判的方向，成为客服必须具备的一项技能。

(2) 有效控制售后成本。无论是何种商业模式，在面对客户的投诉时，卖家必须采取各种方案，而这些方案往往会涉及一些售后成本。跨境电商由于距离远、运输时间长、运输成本高，当产品或服务出现问题时，售后处理的成本很高。如当一件服装出现尺码严重不符时，如果需要买家退回产品，退货运费往往超过了产品本身的价值。在这种情况下，无论是买家还是卖家，都不愿承担这样的高额退货运费，因此，"退货—换货"的模式不再适用。较常见的处理方式就是免费重发或者退款等，这些处理方法需要支付的成本是不同的。优秀的客服就需要在多种处理方法中引导客户选择对卖家而言成本最低的处理方案。

(3) 全面了解相关工作流程。解决客户问题时，客服首先是跨境电商行业的专家，必须对诸如产品、采购、物流、通关等各方面的工作流程都有一个全面而正确的认识。只有如此，客服人员才能够准确发现问题所在，才能够完美解决客户遇到的麻烦。

3）实现促销所需技能

为了发掘潜在批发客户，并能够将这些潜在的客户需求转化为实际的批发订单，跨境电商客服人员需要具备以下技能。

(1) 发现潜在大客户的敏锐性。批发客户往往是通过零售客户转化而来的，但并不是所有的零售客户都是店铺的潜在批发客户群，这就需要客服人员具有发现潜在大客户的敏锐性。批发客户看重卖家以下能力：能否给予较大的折扣、是否有稳定的产品供应、是否有丰富的产品线和产品种类。越是供货稳定、批发折扣力度大、运输方案灵活的卖家，越容易取得批发客户的青睐。依据这样的思路，跨境电商客服人员需要不断观察和总结，通过与客户的积极沟通交流，来培养发现潜在大客户的敏锐性，这是促成大单交易的第一步。同时客服人员还需要有持续推进的耐力，要加强对重点客户的持续跟进，定期与买家进行联系，明确他们现在的情况与问题，及时调整价格、运输方式、交货时间或者清关方式，再次促成销售。

(2) 对成本、物流、市场情况的全面了解。类似于传统外贸中的"询盘—报价"模式，跨境电商客服人员在工作中也经常会涉及物流费用、产品成本以及销售利润的预算。这就要求跨境电商客服人员充分掌握本团队所经营产品的成本情况、运输方式，以及各项费用的预算。

(3) 激发客服人员销售的动力与欲望。若使客服人员为团队和企业创造更多的跨境批发订单，团队或企业要为客服人员提供合理的激励机制。在客服人员的薪酬体系设计

180

上,许多跨境电商的团队都将客服的薪酬激励与账号的表现指标挂钩。而如果能为客服人员设定相应的批发订单的提成机制,将有效激发客服人员销售的动力与欲望。

4) 实现管理监控所需技能

为了实现跨境电商客服岗位的管理监控职能,除要求客服人员要掌握整个公司各部门工作的基本流程外,团队的管理者也需要对客服的工作内容进行相应的安排。

(1) 建立及时发现与统计问题的工作制度。企业要建立完整的"统计—反馈"制度。客服人员通过客户的投诉,发现各个问题之后,需要将问题所涉及的部门进行分类,同时统计所涉及的损失,具体可以通过建立固定的"统计—分责"机制,使用Excel表格将客服人员所遇到的所有问题分门别类地进行统计。统计的数据包括具体订单号码、清晰的问题描述、客服的处理方法、涉及的费用,以及相关的责任部门。当统计数据反馈到管理者手中时,管理者可以对表格进行筛选,轻松准确地发现出现问题的"症结",及时与相关的同事和责任人进行联系,有的放矢地解决流程中的漏洞。

(2) 发现问题及时向相关部门反馈。问题的统计往往是定期的,统计完毕可以以一周或半月为周期向管理者汇报,而管理者会对出现问题的环节进行修正,但这种定期汇报的模式会出现问题反馈不够及时的情况。所以,当客服人员发现问题后,往往还需要及时与相关的部门同事进行"一事一议"的实时沟通,以防止突发性的错误重复发生。

(3) 与其他部门的沟通技巧。无论是与部门同事进行沟通,还是将问题分类统计并发送给团队管理者,客服人员都扮演了重要的"管理信息提供者"的角色,但客服人员本身往往并不是管理团队的一员。因此,管理者需要对客服人员进行相关培训,帮助他们处理好部门与部门之间的沟通,及时解决问题,同时又要让所有团队成员意识到客服所提供的问题反馈对整个团队健康发展的重要性。

2. 降低跨境电商客服售后成本及相关考核指标

跨境电商客服在进行售后维护的工作中会涉及各项成本,解决售后问题时所涉及成本的高低往往与各种解决方案相关。

1) 跨境电商客服工作中常见的解决方案

(1) 买家不退货,卖家退全款(100%亏损)。当以这种方式进行处理时,卖家不但无法收回已经发出的产品成本和运输费用,还需将从买家处收取的订单金额全部退回。这是最极端,也是最干脆利落地解决买家投诉的方法。在了解到卖家服务等级的重要性后,新手卖家往往会大量使用这种方式。虽然这种方式不需要太多的处理技巧,并且往往可以有效地防止买家留下中差评或开启纠纷、裁决等,但由于损失额度太大,长期使用会严重拉低整个店铺的利润水平。

(2) 免费重发(65%~80%亏损)。免费重发指的是买家并不将第一件有问题的产品退回,卖家为了解决客户的产品问题,会安排免费重发一个没有问题的产品。在这种操作方式下,卖家所支付的实际成本由两部分构成:一是重发产品的进货成本,二是重发产品的运输费用。一般情况下,这两项费用的总和占到原始订单的65%~80%,这个比例也即"免费重发"方式下卖家所需承担的损失。

(3) 部分退款或其他补偿(20%～50%亏损)。当买家投诉的产品问题并不是特别严重，并非无法解决的情况下，客服可以与买家商议，以部分退款的形式来作为对买家的补偿。如当美国买家购买了中国尺码的帆布运动鞋，由于中美鞋型、鞋楦的差异，导致鞋子在顾客上脚后有一定的紧绷或不适感，但并不影响穿着。在这种情况下，客服可以尝试建议退一部分金额，如20%，给顾客作为解决问题的补偿，这部分退款的金额也就是此次客服售后工作的成本。这种方式比前两种方式大大节省了成本，同时在操作层面上也比"免费重发"更省时省力。

(4) 赠送下次购买的优惠券(10%～20%亏损)。各类跨境电商平台在营销方式上不断更新与发展，有许多营销工具可以方便地帮卖家解决客服售后的问题。如速卖通平台卖家后台"营销活动"板块里的"定向发放型优惠券"工具，可以给曾经在店铺中下单的或者是收藏过产品的客户提供仅针对某几个买家的独特优惠券，被发放该优惠券的老客户可以在再次下单时享受一定金额的优惠，而普通客户则无法享受这一"差别性"的优惠待遇。当某些投诉所反映的问题并不影响客户正常使用的情况下，客服可以通过向客户提供一定金额的定向优惠券来解决，为客户下一次在本店铺下单购买提供优惠，以弥补买家的损失。

对客户来讲，定向发放型优惠券(特别是没有使用门槛要求的优惠券)属于自己独享的优惠，类似于VIP形式的待遇，与退款无异。而对卖家来讲，一方面，这种优惠券的损失金额会比"全额退款"或"免费重发"损失更小；另一方面，优惠券可以促使客户再次下单，进而获得新订单的销售额与利润。

(5) 技术层面解决问题，解除疑惑(0亏损)。在所有解决客户投诉问题的方法中，最推崇的方法毫无疑问是零成本的方法。这种方法指的是通过客服人员的答疑，解决客户关于产品、服务、运输的所有问题，让客户理解整个服务过程，并接受我们的产品。这种方法往往运用在技术性比较强、使用较复杂的产品上。如一些消费类电子产品，或近年来比较热的智能家居产品，由于国产产品缺少详细的英文说明书，以及客户缺乏相关产品的操作经验，导致客户使用起来较困难，某些缺乏耐心的客户可能就会产生不满，甚至要求退款。而客服人员需要通过巧妙的方式，用简单易懂的语言向客户说明产品的使用方法，解答关于产品本身的技术性问题。这就要求客服人员对产品要有充分的认识，同时在沟通方法上更加灵活、巧妙，一旦客户的问题通过客服人员的回答得到完美解决，那么卖家就不需要做出任何有成本损失的补偿行为。

2) 客服售后成本的考核指标

比较了客服人员可以采取的各种解决售后问题的方式之后，我们知道各种方式之间在成本上是有优劣之分的。在保证账号安全的前提下，所有的卖家都希望更多地采用低成本的解决方案，所以在对客服人员售后成本的考核上，可以采用"月度退款重发比"的指标。

该指标的计算方式为

月度退款重发比=(退款总额+重发成本费用+其他售后成本)/月度销售总额

其中，"退款总额"指的是在部分或者全部退款的情况下，本月卖家对所有的买家所发放的退款人民币总和；"重发成本费用"指的是当客户接受"免费重发"的解决方案后,本月卖家安排重发所有的订单所需支出的"重发产品进货成本+重发运费"之和的人民币总金额;"其他售后成本"指的是在使用其他售后处理方式下,卖家所需支付的所有成本的人民币总和;"月度销售总额"指的是该卖家团队在本考核月度内所有售出订单折算为人民币的总金额。

通常情况下,跨境电商行业内该指标的正常范围一般为1%~3%。也就是说,在正常情况下,跨境零售电商团队的所有销售额中,每100元收入大约要有1~3元用于处理售后问题。

卖家团队的管理者可以使用这个指标来衡量整个客服团队在售后成本控制上的工作水平。在保证账号安全的前提下,该比率越低,说明客服人员对售后成本的控制越好。当该比例超过3%时,卖家团队的管理者需要及时纠正客服人员的售后维护行为,防止售后成本失控。同时,当该指标稳定在一个合理的水平上时,跨境电商销售团队可以在下个月的产品定价时将上一个月的"月度退款重发比"考虑到新月份的产品定价中,提前在定价时考虑售后的成本与损失。

【考核方案】

以3~5人形成一个学习小组,小组成员明确分工,落实具体工作。整个学习过程既有独立的思考,又有团队协作、共同实践的任务。成果考核由成员自评、小组内评价和教师评价构成。小组内成员对本组跨境电商客服岗位说明书进行自评、完善;小组之间对跨境电商客服岗位说明书的完整性、规范性开展互评,并写出评价意见;指导教师对各组的实操演练过程和成果进行评价,各组成员继续完善相关环节。

岗位任务主要考核点如下所述。
(1) 熟练操作跨境平台客服工作台的相关模块;
(2) 完成跨境电商客服的岗位职责、技能要求;
(3) 掌握跨境电商客服的工作范畴与工作目标;
(4) 完成跨境电商客服岗位说明书编写。

【思考和作业】

(1) 跨境电商客服和国内电商客服的工作内容有何异同?
(2) 不同跨境电商平台面对的客户群体有什么特点?
(3) 跨境电商客服岗位的技能要求包含哪些内容?应如何提升自己?
(4) 请分析如何提高跨境电商客服的绩效考核指标。

任务7.2　工作基本流程

【任务布置】

小陈入职某公司AliExpress卖家客服岗位,将进行为期两周的岗前培训和3个月的岗位实习。此时,小陈也在思考,跨境电商客服岗前培训将包含哪些内容?岗位工作流程主要包含哪些内容?岗位实习是否能顺利考核通过呢?请根据你的了解,列出以下内容:

(1) 跨境电商客服岗前培训的主要内容;
(2) 跨境电商客服岗位工作流程的内容;
(3) 跨境电商客服岗位实习的考核标准。

【实操内容和流程】

● 实操内容

(1) 学习和掌握跨境电商客户购买基本流程;
(2) 掌握跨境电商买家付款方式及特点;
(3) 掌握跨境电商订单处理流程、处理方法,整理形成各类订单的处理流程;
(4) 学习纠纷的预防和处理方法,掌握针对不同类目的纠纷处理重点。

● 实操流程

实操流程1:小组成员一起学习跨境电商客户购买基本流程,并结合跨境平台实例讨论整个流程中的重点和难点。

一个专业的跨境电商客服必须掌握跨境电商平台的基本流程,以便在不同阶段能够及时、准确无误地为客户提供指导跟踪服务,从而提高客户的满意度及黏度。通常来说,跨境电商平台的购买流程和国内第三方电商平台一样,经过搜索商品→联系卖家→拍下产品及付款→确认收货→评价的完整过程。

知识窗7.2.1 跨境电商客户购买基本流程

1. 搜索商品

当买家需要购买产品时,首先需要在第三方跨境电商平台中搜索自己想要购买的产品,才能进入下一个流程。搜索方法有关键词搜索、类目搜索、活动页面、店铺收藏及心愿订单等。

2. 联系卖家

当买家找到所需产品,并对这个产品的信息、店铺服务、物流等有疑问时,就会联系卖家进行咨询。联系方式主要有TradeManager与站内信Message Center。

1) TradeManager即时沟通工具

买家可以通过TradeManger与客服进行实时沟通,该工具支持文件、图片的发送。

2) 站内信Message Center

买家还可以选择站内信Message Center的方式联系客服,如在全球速卖通平台上,买家更倾向于使用站内信联系客服。

3. 拍下产品及付款

当买家找到合适的产品时,通常会先选择产品颜色、尺寸、款式和大小等,然后选择产品数量，接着选择物流方式，最后对单个产品选择立即购买或者将多个产品加入购物车再合并购买。拍下产品后，买家就可以进行付款了。

4. 确认收货

买家在收到购买产品后，可以对订单进行确认收货处理。

5. 评价

以全球速卖通平台为例，评价分为信用评价和卖家分项评价两类。信用评价是指交易的买卖双方在订单交易结束后对对方信用状况的评价，包括五分制评分和评论两部分；卖家分项评分是指买家在订单交易结束后以匿名方式对卖家在交易中提供的商品描述的准确性(item as described)、沟通质量及回应速度(communication)、物品运送时间合理性(shipping speed)三方面服务做出的评价，是买家对卖家的单向评分。买卖双方均可以进行信用评价互评，但卖家分项评分只能由买家对卖家做出。

实操流程2：小组成员共同学习，掌握跨境电商买家付款方式，并分析各种付款方式的特点。

经过多年的实践运用，各个跨境电商平台已拥有上百个国家和地区的海外买家，因此也在不断对接各种支付渠道。各小组以速卖通为例，分析和掌握各种付款方式的特点。

知识窗7.2.2　全球速卖通支持的全球主流支付方式

1. Visa and Master Card Credit Card

以该支付方式创办的专业在线支付平台为国内外贸易商提供安全、便捷的即时到账在线支付服务。持卡人可用Visa、Master Card、JCB、American Express、Diners Club internatinal 来进行支付，轻松完成网上交易。

这种支付方式适用全球市场，只要用户拥有VISA、MC、JCB、AE、DC信用卡，支付额度在50 000美元以下，就可以使用。如果在交易中产生纠纷以致退款，全球速卖通将通过Visa and Master Card Credit Card退款，买家通常可以在10~15个工作日收到退款。

2. Master Debit Card

Master Debit Card 的支付额度在50 000 美元以下。如果在交易中产生纠纷导致退款，全球速卖通将通过Master Debit Card退款，买家通常可以在10~15个工作日收到退款。

3. Western Union

Western Union是世界上领先的特快汇款公司，迄今已有150年的历史，它拥有全球最大最先进的电子汇兑金融网络，代理网点遍布全球近200个国家和地区，支付额度为20.01~50 000美元。如果在交易中产生纠纷导致退款，全球速卖通将通过Western Union退款，买家通常可以在7~10个工作日收到退款。

4. Bank Transfer(TT payment)

该方式是由汇款人以定额本国货币交于本国外汇银行换取定额外汇，并述明受款人的姓名与地址，再由承办银行(汇出行)折发加押电报式电传给另一国家的分行或代理行(汇入行)指示解付给收款人的一种汇款方式。对于此支付方式，银行需要7个工作日以确认买家的付款并更新到全球速卖通，支付额度为20.01～50 000美元。如果在交易中产生纠纷导致退款，全球速卖通将通过Bank Transfer退款，买家通常可以在7～10个工作日收到退款。

5. QIWI

QIWI Wallet是俄罗斯最大的第三方支付工具，其服务类似支付宝，可支持的最大支付额度在5000美元以下，若超额，则买家必须更换其他支付方式。如果在交易中产生纠纷导致退款，全球速卖通将通过QIWI退款，买家通常可以在10～15个工作日收到退款。

6. WebMoney

WebMoney是由日本的WebMoney公司推出的用于网上购物的货币，为一张塑料卡，类似于一张储值卡或预付卡，上面写有由大小写字母和数字构成的16位密码。它可以在日本的零售或数字商店购买，规格有两种：一种是2000日元，一种是5000日元。如果在交易中产生纠纷导致退款，全球速卖通将通过WebMoney退款，买家通常可以在7～10个工作日收到退款。

7. Boleto

Boleto是一种电子钱包付费方式，也是一种本地支付方法，且无须支付额外费用，常用于巴西，支付额度为1～3000美元。对于此支付方式，银行需要7个工作日以确认买家的付款并更新到全球速卖通。如果在交易中产生纠纷导致退款，全球速卖通将通过Ebanx退款，买家通常可以在7～10个工作日收到退款。

8. Yandex. Money

Yandex. Money作为俄罗斯领先的支付电子钱包，拥有近1800万活跃用户，日交易处理能力达到15万笔，在俄罗斯的品牌认知度高达85%。综合多种因素考虑，也为了让买家和卖家体验更好，经过商业上的综合评估，速卖通接入俄罗斯新的支付渠道Yandex. Money。

9. MercadoPago

MercadoPago是拉美eBay旗下的一家支付公司，在Argentina、Brazil、Chile、Colombia、Mexico和Venezuela这六个国家均开展支付业务。速卖通和拉美支付公司MercaoPago达成合作，墨西哥的买家可以使用MreadoPage支付方式在速卖通上购物。这是继巴西Boleto支付和巴西TEF支付后，速卖通对拉美地区再次增加新的支付方式，足见速卖通对拉美市场的重视。

实操流程3：掌握跨境电商订单处理流程、处理方法，整理形成各类订单的处理流程手册。

订单处理是跨境电商运营的重要组成部分。订单处理过程涉及的细节比较多。出色的订单处理能力或者订单处理系统将在店铺运营中节省大量的人力、物力、时间和金钱，同时也能更好地提高客户的体验度。

知识窗7.2.3　跨境电商各种订单

1. 等待买家付款订单

买家已经拍下但还未付款的订单，卖家不可以直接关闭订单。建议通过订单留言、站内信或者旺旺进行催付款，提高产品付款率。

2. 买家申请取消订单

下列各种原因会导致买家申请取消订单：买家放入了错误的产品(buyer order a wrong item)；买家下了重复的订单(buyer place a duplicate order)；卖家拒绝发货；产品缺货；产品与描述不符；卖家未按照约定时间发货；买家联系不上卖家；其他原因。

但是，只有以下三种原因才能同意买家取消订单：买家下了重复的订单；买家放入了错误的产品；其他原因。

如果买家不是因为上述三者之一而取消订单，客服可以拒绝订单取消，同时与买家协商重新选择取消订单的原因，大部分客户经过沟通后是愿意去改变的。

3. 等待发货订单

等待发货订单，是指买家拍下商品且付款资金通过第三方平台审核的订单，即买家已经把资金付到了国际支付宝，客服可以进行订单信息核实并发货，客服也可以更改客户收货信息、修改订单备注等。对处于等待发货状态的订单，买家可以申请取消订单。

4. 部分发货订单

部分发货订单，是指客服完成订单信息的确认和审核后，部分商品已打包发出，并生成对应的国际物流单号，等待卖家持续完成商品打包发出的订单。

5. 等待买家收货订单

等待买家收货订单，是指客服完成订单信息的确认、审核，并且已打包发出商品，也生成对应的国际物流单号，等待买家最后确认收货的订单。在妥投时限内，如果买家还没收到产品，卖家可以适当延长妥投期限。

6. 已结束的订单

已结束的订单包含以下4种情况：买家取消未付款订单；超过付款时间，买家并未付款的订单；买家的商品已收货并确认收货的订单；因买家所付款项未通过资金安全审核已经被关闭的订单。

7. 含纠纷订单

含纠纷订单，是指因物流、海关、商品、服务等问题，导致买家抱怨、不满意，从而提起纠纷的订单。

8. 冻结中的订单

冻结中的订单，是指买家拍下商品付款时选择信用卡付款，订单未完成的时候，向支付银行提出拒付，导致资金冻结的订单。对于这种情况，客服要及时积极联系客户解决问题，解冻资金。

9. 等待确认订单金额

等待确认订单金额的订单，是指因银行佣金或者买家粗心，导致实际到账的国际支付宝金额与订单金额不符的订单。对于这种订单，需要客服进行确认，如果能接受到账金额，即接受买家支付金额，继续进行订单处理。

10. 资金未到账

由于国际支付的方法各不相同，有部分资金不能及时到账，需要第三方平台进行审核，一般24小时内可以完成审核。在资金未到账时，买家不能申请取消订单。

实操流程4：学习纠纷的预防和处理方法，掌握针对不同类目的纠纷处理重点。

第三方跨境平台交易过程中所产生的纠纷属于交易纠纷，即在交易过程中产生了误会或者一方刻意隐瞒，从而无法使交易顺利完成。卖家要充分重视纠纷的预防，做到预防为主，防治结合。

知识窗7.2.4 纠纷的分类和处理流程

1. 纠纷的种类

买家在交易中提起退款申请时有两类纠纷：一类是买家未收到货而产生的纠纷，俗称未收到货；另一类是买家收到货物而货物与约定不符导致的纠纷，俗称货不对板。

1) 未收到货

未收到货的纠纷主要包括无物流信息、物流显示已妥投但买家仍投诉未收到货物、货物在海关被关、货物在运输途中、货物原件退回、卖家私自更改物流方式等。

(1) 无物流信息。卖家填写的运单号在物流网站查不到物流跟踪信息。

(2) 物流显示已妥投但买家仍投诉未收到货物。这种纠纷分为两种情况：一种情况是物流妥投地址与买家下单地址匹配，即物流信息显示已妥投，且物流妥投国家与买家下单地址(如国家、省份、城市、邮编和签收人)均一致；第二种情况是物流妥投地址与买家下单地址不匹配，即物流信息显示已妥投，但物流妥投信息与买家下单地址不一致。

(3) 货物在海关被扣。物流信息显示货物在海关，因涉及进口国海关要求而被扣留。海关扣留货物涉及的原因包括但不限于以下原因：进口国对进口货物有限制；买家因关税过高不愿清关；订单货物属假货、仿货、违禁品；货物申报价值与实际价值不符；卖家无法出具进口国需要的相关文件；买家无法出具进口国需要的相关文件。

(4) 货物在运输途中。包裹在物流公司官方网站的物流追踪信息介于"收寄"和"妥投"之间的情形，包括但不限于以下几种情形：离开中国、发往某地、到达某邮局、未妥投。

(5) 货物原件退回。物流有跟踪信息，且跟踪信息显示货物被退回。

(6) 卖家私自更改物流方式。未经买家允许，卖家使用与买家下单时选择的不同物流方式发货。

2) 货不对板

货不对板是买家收到货物而货物与约定不符，包含货物与描述不符、质量问题、销售假货、货物短装、货物破损、买家收到货物后退货、赠品问题纠纷等。

(1) 货物与描述不符。买家收到的货物与卖家在网站相应的产品详情页面的描述存在颜色、尺寸、产品包装、品牌、款式/型号等方面存在差距。

① 颜色不符，是指所收到货物的颜色与产品描述(图片和描述)有不符。

② 尺寸不符，是指所收到货物的尺寸与产品描述不符。

③ 产品包装不符，是指所收到货物的内包装(产品本身所有的包装)与描述不符(无包装、包装不符、包装破损和有污渍)。

④ 品牌不符，是指所收到货物的品牌与描述不符。

⑤ 款式/型号不符，是指所收到货物的型号/款式(产品的性能、规格和大小等)与产品描述(图片和描述)不符。

(2) 质量问题。买家所收到的货物出现品质、使用方面的问题，如电子设备无法工作、产品的质地差等。

(3) 销售假货。买家收到货物后，因货物为侵权假冒产品或涉嫌侵权假冒产品而提起退款。

(4) 货物短装。买家所收到的货物数量少于订单上约定的数量。

(5) 货物破损。买家所收到的货物存在不同程度的外包装(限产品自身包装，如手机产品的外包装，且邮局、卖家使用的外包装除外)损坏，或者产品本身有损坏的情况。

(6) 买家收到货物后退货。买家收到货物后，经买卖双方达成协议后退货，或者买家未与卖家协商即自行退货。

(7) 赠品问题纠纷。卖家没有按照约定寄送赠品而导致的纠纷。

2. 纠纷仲裁基本流程

1) 买家提起退款申请(即提起纠纷)

卖家填写发货追踪号以后，根据不同的物流方式，买家可以在不同的期限内提起退款申请。

(1) 系统默认的时间有以下几种。

四大商业快递：第6到23天。

EMS/顺丰：第6到27天。

航空包裹发货：第6到39天。

若设置的运达时间小于或等于5天，卖家发货后，买家即可提起纠纷。

(2) 设置的运达时间大于系统默认的运达时间，以卖家设置的承诺运达时间为上限；但买家由于以下情况提交的纠纷，平台将不再进行保护：一是商品影响二次销售；二是买家操作不当导致的质量问题。

2) 买卖双方协商

买家提起退款申请后，需要卖家确认，客服可以选择同意纠纷内容，然后进入纠纷解决阶段,或者拒绝纠纷内容,与买家进一步协商。

(1) 卖家同意纠纷内容。若卖家同意买家提起的退款申请,可单击"同意纠纷内容"并进入纠纷解决阶段。买家提起的退款申请有以下几种类型。

① 买家未收到货,申请全额退款。卖家接受这种退款申请时,平台会提示卖家再次确认退款方案,若同意退款申请,则退款协议达成,会按照买家申请的方案执行退款。

② 买家申请部分退款不退货。卖家接受这种退款申请时,平台会提示卖家再次确认退款方案,若同意退款申请,则退款协议达成,会按照买家申请的方案执行部分退款及部分放款。

③ 买家要求退款退货。若卖家接受这种退款申请,则需要卖家确认收货地址,默认卖家注册时填写的地址;若不正确,则单击"修改收货地址"进行修改。

卖家确认收货地址后,需要等待买家退货,买家需在10天内填写退货单号,若10天内未填写,视作买家放弃退货,系统直接放款给卖家。卖家确认收货地址后,到买家填写退货订单号的30天内,卖家均可以选择放弃退货,则系统直接退款给买家。若买家已经退货,填写了退货单号,则需要等待卖家确认。

(2) 卖家拒绝纠纷内容。若卖家不接受买家的退款申请,可以单击"拒绝纠纷内容"按钮,并填写卖家建议的解决方案,在"拒绝纠纷内容"中所填写的退款金额和拒绝理由均是卖家给出的解决意见,若买家接受,则退款协议达成;若不接受,则继续协商。

① 买家若未收到货提起退款申请,卖家拒绝时必须上传附件证明,包括发货底单、物流公司的查单、物流官方网站的查询信息截图等证据,证明卖家已发货及物流状态。

② 买家提起货不对板的退款申请,卖家拒绝时选填附件证明,卖家可以提供产品发货前的图片、沟通记录、重量证明等证据,证明卖家已如实发货。

拒绝退款申请后,需要等待买家确认。若买家接受卖家的方案,则退款协议达成,会按照双方协商的方案执行放款;若买家不接受卖家的解决方案,选择修改退款申请,再次与卖家确认,继续协商。

(3) 买家取消纠纷。在买卖双方协商阶段,买家可取消退款申请,若买家因为收到货物取消了退款申请并确认收货,则交易进入放款阶段;若买家因为其他原因取消(如货物在运输途中,愿意再等待一段时间),则交易往下一个步骤进行。

◎ 【延伸阅读】

1. 跨境电商第三方平台评价规则(以速卖通为例)

1) 评价时间规则

所有卖家全部发货的订单在交易结束30天内买卖双方均可评价。

对于信用评价,若双方都未给出评价,则该订单不会有任何评价记录;若一方在评价期内做出评价,另一方在评价期间内未评价的,则系统不会给评价方默认评价(卖家分项评分也无默认评价)。

2) 评价积分规则

速卖通的评价积分与商品/商家好评率、商家信用积分有关。商品/商家好评率(positive feedback ratings)和商家信用积分(feedback score)的计算方法如下所述。

(1) 相同买家在同一个自然旬(自然旬即为每月1日—10日、11日—20日、21日—31日,以美国时间为准)内对同一个卖家只能做出一个评价的,该买家订单的评价星级则为单笔评价的星级。

(2) 相同买家在同一个自然旬内对同一个卖家做出多个评价的,按照评价类型(好评、中评、差评)分别汇总计算,即好中差评都只各计一次(包括1个订单中有多个产品的情况)。

(3) 在卖家分项评分中,同一买家在一个自然旬内对同一卖家的商品描述的准确性、沟通质量及回应速度、物品运送时间合理性三项的多次评分只算一个,该买家在自然旬对某一项的评分计算公式为

平均分=买家对该分项评分总和/评价次数(四舍五入)

(4) 以下三种情况无论是买家发布差评还是好评,仅展示留评内容,都不计算好评率及评价积分:① 成交金额低于5美元的订单(成交金额明确为买家支付金额减去售中的退款金额,不包括售后退款情况);②买家提起未收到货纠纷,或纠纷中包含退货情况,且买家在纠纷上升到仲裁前未主动取消;③运费补差价、赠品、定金、结账专用链、预售品等特殊商品(简称"黑五类")的评价。除以上三种情况的评价之外,都会正常计算商品/商家好评率和商家信用积分。不论订单金额多少,都统一为好评+1、中评为0、差评-1。

(5) 卖家所得到的积分决定了卖家店铺的等级标志。

(6) 买家分层。平台根据买家的成交金额、留评次数及活跃度等相关信息进行自动判断并进行标识,将买家分成A0~A4五个等级。数字越高,表明等级越高,买家越活跃,购买力越强。该规定有助于卖家辨识对应购买店铺商品的买家等级,从而对买家有所了解。

3) 评价档案

评价档案包括近期评价摘要(会员公司名、近6个月好评率、近6个月评价数量、信用度和会员起始日期)、评价历史(过去1个月、3个月、6个月、12个月及历史累计的时间跨度内的好评率、中评率、差评率、评价数量和平均星级等指标)和评价记录(会员得到的所有评价记录、给出的所有评价记录以及在指定时间段内的指定评价记录)。相关计算公式为

好评率=6个月内好评数量/(6个月内好评数量+6个月内差评数量)

差评率=6个月内差评数量/(6个月内好评数量+6个月内差评数量)

平均星级=所有评价的星级总分/评价数量

卖家分项评分中各单项平均评分=买家对该分项评分总和/评价次数(四舍五入)

4) 信用评价修改、删除规则

卖家对买家给予的中差评有异议的,可在评价生效后30日内联系买家,由买家对其

评价进行修改；买家可在评价生效后30日内对自己做出的该次评价进行修改，但修改仅限于中差评改为好评，修改次数仅限1次。

同样，买家对卖家给予的中差评有异议的，可在评价生效后30日内联系卖家，由卖家对其评价进行修改；卖家可在评价生效后30日内对自己做出的该次评价进行修改，但修改仅限于中差评改为好评，修改次数仅限1次。买卖双方也可以针对自己收到的差评进行评价解释。

对于卖家分项评分，一旦买家提交，评分即时生效且不得修改。若买家信用评价被删除，则对应的卖家分项评分也随之被删除。

平台有权删除评价内容中包括人身攻击或者其他不适当的言论评价。平台保留变更信用体系，包括评价方法、评价率计算方法、各种评价率等权利。

2. 跨境电商订单处理原则

订单是卖家与客户在商业活动中彼此的协议，涉及产品、资金、物流等信息。一个优秀的店铺运营标准在于买家是否能够及时顺利地收到自己购买的商品并给予店铺满意的评价，返单①并推荐身边的人来再次购买。如果发生订单不能及时处理，或者发生了其他突发状况，会使客户的满意度下降，甚至影响一个店铺的运营，使售后成本升高，从而影响店铺的可持续发展。跨境电商订单处理原则有以下几个。

1) 遵循时间的先后来处理，体现及时性

基于高效的订单处理目标，一般情况下可以根据订单的时间顺序来处理。

(1) 先付款的订单先处理。优先订单处理是指先收到客户付款，同时资金通过平台审核的订单先处理。因为平台对每个订单都有发货时间的限制，考虑到客户的体验度，优先收到的订单必须优先处理，这样店铺才能正常运作和发展。

(2) 承诺优先发货订单先处理。承诺优先发货的订单是指买家在订单留言、站内信中明确要求发货时间，或者我们的业务员与客户承诺优先发货的订单。这就要求客服在订单处理的时候必须严格遵守承诺，在承诺的时间内完成订单处理发货，以保证客户的满意度。

(3) 同类物流订单先处理。同类物流订单是指客户在拍下产品时选择了相同的物流方式，这样处理订单能够有效地提升卖家的操作效率。

2) 遵循订单信息的准确性

在处理订单之前，客服要确保订单信息准确无误，只有这样才能够保证商品按照客户的要求准确送达到客户手中，从而保证客户的满意度及店铺好评率。

(1) 买家留言。客户在下单时没能准确无误地填写相关信息，会给卖家留言，补充或修改信息，如需要快速发货，修改收货人、收货人全名、地址、电话、邮编，更换颜色、更换尺寸等，客服人员在订单审核过程中要对这些信息确认修改，避免后期出现售后问题，导致客户的满意度降低。

(2) 物流核对。根据买家下单时物流方式，选择匹配的物流方式进行订单处理，避

---

① 返单，对上次订货的商品重新购买。

免后期因物流方式引起的派送时间、派送方式或者海关问题引起的纠纷,以有效预防纠纷的发生,并减少售后问题。

3. 跨境电商纠纷影响及处理细则

1) 纠纷对店铺运营的影响

(1) 影响买家的购物体验。这主要体现为买家收到的货物与描述不符、收到的货物质量有问题、运单号无效、长时间无货物跟踪信息等方面所产生的不良购物体验。

(2) 影响买家对平台以及卖家的信任。由于买家的购物体验不好,买家不仅对卖家的信任产生怀疑,还间接地影响买家对平台的信任,因而质疑第三方平台、平台供应商和其产品,最后产生恶性循环。

(3) 影响交易顺利进行。纠纷的产生会直接影响交易的顺利进行,首先,体现在客源流失,即买家对卖家失去信心,因而失去二次交易的机会;其次,体现在延长了资金回款周期,因纠纷订单的款项将被平台暂时冻结,导致无法正常放款和退款,进而影响资金流动。

2) 平台对纠纷的处罚

由于纠纷对买卖双方以及平台都会造成不同程度的影响,平台对卖家纠纷相关的指标进行考核,然后进行处罚。平台对纠纷的处罚措施如表7.1所示。

表7.1 平台对纠纷的处罚措施

指标	考核点	处罚措施
纠纷提起率	买家提起纠纷订单数减去买家主动撤销纠纷订单数的情况	影响卖家的产品曝光
货不对板裁决提起率	卖家未解决的货不对板提交至平台裁决的情况	影响卖家的产品曝光,比率过高会导致产品一段时期内无法被买家搜索到
货不对板卖家责任裁决率	第三方平台裁决的货不对板卖家责任纠纷订单的情况	

(1) 纠纷提起率。买家提起纠纷订单数扣除买家主动撤销纠纷的订单数与发货订单数之比,即为纠纷提出率。计算公式为

纠纷提起率=(考核周期内的买家提起退款订单数−买家撤销退款的订单数)/(考核周期内的买家确认收货订单数+确认收货超时订单数+买家提起退款的订单数)×100%

(2) 货不对板裁决提起率。买卖双方对买家提起的货不对板退款处理无法达成一致,最终提交至平台进行裁决,该订单即进入纠纷裁决阶段。货不对板裁决提起率是指一定周期内提交至平台进行裁决的货不对板订单数与发货订单数之比。计算公式为

货不对板裁决提起率=考核周期内提交至平台进行裁决的货不对板纠纷订单数/(考核周期内买家确认收货订单数+确认收货超时订单数+买家提起退款并解决订单数+提交到平台进行裁决的订单数)×100%

(3) 货不对板卖家责任裁决率。纠纷订单提交至平台进行裁决时,平台会根据买卖双方责任进行一次性裁决。货不对板卖家责任裁决率是指一定周期内提交至平台进行裁

决且最终被判为卖家责任的货不对板订单数与发货订单数之比。计算公式为

货不对板卖家责任裁决率=考核周期内提交至平台进行裁决且最终被裁定为卖家责任的货不对板纠纷订单数/(考核周期内买家确认收货订单数+确认收货超时订单数+买家提起退款并解决订单数+提交到平台进行裁决并裁决结束的订单数)×100%

3) 纠纷处理细则

(1) 纠纷提起时间。纠纷提起的前提条件必须是卖家全部发货后，否则买家无法提起纠纷。如果卖家还没有发货，买家可以选择取消订单，所以也不需要提起纠纷。纠纷提起时间根据卖家设置的承诺运达时间而不同：若设置的承诺运达时间小于5天，则买家在卖家全部发货后可以提起纠纷；若设置的承诺运达时间大于或等于5天，则买家在卖家全部发货后的5天后可以提起纠纷。

(2) 纠纷提起时效。买家可在订单发货后第6天到订单结束15天内提起纠纷，卖家提起纠纷的时效相继变长。一方面，对卖家产品和服务增加了新的考验，更要注重产品的质量以及服务；另一方面，因为订单保证期延长，一定程度上能提高买家主动确认收货的意愿。

(3) 纠纷提起人及提起次数。通常情况下，第三方平台的纠纷只能由买家提出，不可以由卖家提出。只有在买卖双方达成退货协议后，卖家在收货阶段能提起纠纷，其他阶段卖家无法提起纠纷。

买家在订单上升平台之前可以反复提起纠纷，直至双方协商出解决办法。

(4) 纠纷响应时间。无论何种原因的纠纷，当买家提交或修改纠纷后，卖家必须在5天内"接受"或"拒绝"买家的退款申请，否则订单将根据买家提出的退款金额执行，因此卖家要好好把握这5天的反应期，避免损失。

(5) 纠纷上升到平台裁决。如果买卖双方协商达成一致，则按照双方达成的退款协议进行操作；如果无法达成一致，则提交至平台进行裁决。纠纷提交平台进行纠纷裁决后的两个工作日内，平台会介入处理。

若买家提起纠纷退款，只要卖家拒绝了纠纷，在等待买家响应或等待卖家响应阶段，买家都可以将订单升级到平台裁决。

若买家第一次提起退款申请后15天内未能与卖家协商达成退款协议，买家也未取消纠纷，系统会在第16天自动提交平台进行纠纷裁决；若买家提起的退款申请原因是"货物在途"，则系统会在限时到达后的第6天自动提交平台进行裁决。

卖家可以提出裁决，如果卖家与买家达成退货退款协议，买家已填写退货运单号，订单状态为等待卖家收货，退货后的30天内，卖家没有收到退货或者收到的退货有问题，此时卖家可以提出裁决(即将纠纷上升到平台)并上传证明。

【考核方案】

以3~5人形成一个学习小组，小组成员明确分工，落实具体工作。整个学习过程既有独立的思考，又有团队协作、共同实践的任务。成果考核由成员自评、小组内评价和

教师评价构成。小组内成员对本组跨境电商购买、付款、订单处理和纠纷处理流程规范进行自评、完善；小组之间对跨境电商购买、付款、订单处理和纠纷处理流程规范的可操作性、完整性开展互评，并写出评价意见；指导教师对各组的实操演练过程和成果进行评价，各组成员继续完善相关环节。

岗位任务主要考核点如下所述。

(1) 熟练操作跨境平台客服工作台的相关模块；
(2) 掌握跨境电商客户购买基本流程，并能清晰描述；
(3) 掌握不同跨境电商平台买家付款方式及特点；
(4) 掌握跨境电商各类订单处理流程、处理方法；
(5) 掌握针对不同类目的跨境电商纠纷处理重点。

【思考和作业】

(1) 跨境电商客服人员应特别注意客户购买基本流程中的哪个环节？
(2) 请举出3~4个跨境B2C平台买家的付款方式及特点。
(3) 跨境电商客户要取消订单时，客服应如何引导？
(4) 服装类目的纠纷处理有哪些注意点？

任务7.3　工作思路与技巧

【任务布置】

小陈经过一年的工作锻炼，已经胜任跨境电商客服岗位的考核要求。随着公司业务的扩展，需要扩大客服队伍招募新人，公司把培养客服新人的任务交给了小陈，小陈又开始了新的工作准备：

(1) 结合岗位实战经验，整理跨境电商客服岗位的工作思路和工作流程；
(2) 各种不同情境下，跨境电商客服的沟通技巧；
(3) 不同国家和地区的客户，都有哪些文化和习俗差异？应如何有效沟通？

【实操内容和流程】

● 实操内容

(1) 学习和讨论跨境电商客服工作的核心思路和技巧；
(2) 深入讨论并掌握在各种情境下跨境电商客服的沟通技巧；
(3) 依据在实践中掌握的跨境电商客服工作处理方法，整理形成各种情境下的跨境电商客服沟通话术手册。

● 实操流程

实操流程1：小组成员一起学习跨境电商客服工作的思路和技巧，并结合跨境平台实例展开讨论。

作为商务谈判的一种，跨境电商客服人员在工作开展伊始就需要将"引导客户的情绪"作为一个重要的原则与技巧。通常情况下，跨境电商客户联系卖家的客户邮件或留言都是在售后出现的，往往是因为所购买的产品出现了问题，当客户联系卖家时是带着问题来的，通常怀着不满与抱怨的情绪。同时由于物流路径长、客户等待时间久，以及语言与文化的隔阂，进一步加深了客户的不满和抱怨，这直接导致在实际操作中，许多跨境电商客户缺乏与卖家沟通的耐心，不愿相信卖家的解释，所以，跨境电商客服要厘清工作核心思路，掌握客户情绪引导的技巧。

知识窗7.3.1　客服进行客户情绪引导的技巧

当遇到纠纷和投诉后，客服需要进行客户情绪引导，控制客户对事件的认知与情绪，为后面的双向沟通与问题解决打好基础。

1. 淡化事件的严重性，保障问题顺利解决

在跨境电商中，买家作为不专业的一方，不熟悉复杂的国际物流，有时不能清晰地理解某些中国卖家所写出的产品英文说明。因此，当出现问题时，买家普遍会感到问题很棘手，并容易出现焦躁心态，这是非常正常的。

针对这种情况，客服首先需要做到的就是在沟通的每一个环节，特别是在与买家第一次的接触中，就要想方设法淡化事件的严重性，在第一时间向客户保证能够帮助客户顺利解决问题。这就是所谓的"先给买家吃定心丸"的技巧。

2. 向买家展示永远感恩的态度

在欧美文化背景下，"感恩"一直是欧美社会普遍认可的一种美德。美国、加拿大、希腊、埃及等国各自的"感恩节"，就是这种社会认知的集中体现。跨境电商卖家的销量、利润，甚至事业的发展，都来自买家，所以，卖家理应对客户怀着感恩的态度。

在实际的客服工作中，从每一个字里行间的细节里向客户呈现这样一种感恩的态度，对顺利解决投诉或其他问题，说服客户接受卖家提出的解决方案，甚至降低卖家解决问题的成本，都是非常有效的。

3. 从专业的角度解决问题

在跨境电商的交易实现过程中，客户往往不专业或缺乏相关的知识，这就要求客服在帮助客户解决问题过程中，从更专业的角度来提出解决方案。

首先，在解释问题发生的原因时，客服需要清楚明了地向客户解释问题产生的真实原因；其次，针对无论是物流还是产品中涉及的那些专业术语或行业专用的概念，客服需要适当地简化，用通俗易懂的方式简洁地向客户进行说明；最后，在提出解决方案时，客服需要基于对问题产生的真实原因，提出负责而有效的解决方案。

从长远来看，客户就所遇到的问题提出投诉，对卖家来说非但不是坏事，而且当问题得到顺利且彻底解决时，能够有效地增加客户对卖家的信任感，进而形成客户黏性。卖家应当把每一次客户反映的问题都当作展示自己专业能力的一个机会，用专业的方法与态度来解决问题，将新客户转化为自己的长期客户。

4. 最后一次的邮件回复一定来自卖家

在与客户的沟通过程中，绝大部分情况下，卖家都使用电子邮件、站内信或者订单留言的方式。

从商务礼仪的角度讲，双方文字沟通过程中的最后一封邮件理应由卖家发出，这对增加客户对卖家的好感有一定的积极作用。另外，从技术角度讲，许多跨境电商平台都会在后台系统中做出一个自动设置，来扫描卖家所有站内信或订单留言的平均回复时间。平均回复时间越短，时效越高，从一个侧面也能反映出卖家的服务水平。

在实际操作中，当卖家顺利帮助客户解决了问题时，客户往往会回复一封简单的例如"Thanks"或"OK"的信息。许多卖家在操作时不甚精细，对这种邮件可能就不做任何回复了。但各个跨境电商平台的后台系统无法真正识别买家发出的信息内容是否需要回复，这些简短的买家信息如果没有得到及时回复，仍可能影响系统对"卖家回复信息时效"的判断。因此，与客户进行的互动中，最后一封邮件一定出自客服。这既是出于礼貌，也是出于技术角度的考虑。

实操流程2：小组成员用头脑风暴法，列出跨境电商客服工作中会遇到的各种情境，深入讨论并掌握在各种情境下跨境电商客服的沟通技巧。

知识窗7.3.2　跨境电商客服的沟通技巧

1. 坚持卖家承担责任，第三方承担错误

通常情况下，"错误"是出现问题的原因，指的是有一方做出了不符合正常规则或流程的事情，导致交易实现过程中出现了不良的后果。"责任"是问题的解决方案，指的是一方为了解决问题，勇于"承担责任"，做出某些措施或提出某些方案，来解决问题。

1) 寻找合适的解释理由

面对客户的投诉，客服需要为客户找到一个合理的能够接受的理由，并且这个理由最好是由第三方(卖家和买家之外)或者是不可抗力引起的。从顾及买家心理的角度出发，一个合理的理由可以让客户更容易接受卖家提出的善意的解决方案，快速地解决纠纷和争议。

2) 真诚地承担问题的责任

寻找一个合理的理由(无论这个理由是否真实)，并不是说卖家不去承担责任，只是为了让买家能够更容易地接受卖家提出的方案，出发点一定是为了服务客户。把错误合理地转移到第三方身上，并表明"即使错误不在我们，我们仍然愿意为顾客解决问题"，往往更能平息买家的怒气，使其更顺利地接受卖家的方案。

从长远来讲，只有客服把客户当作自己的朋友，以诚意相待，以最快捷、最彻底的方式帮助客户解决问题，才有可能在一次次的实践中积累客户对卖家的信任。出现问题对卖家来讲并不是一件坏事情，有了矛盾不要紧，只要能够让客户感受到卖家的诚意，完美地为他们解决一个又一个的问题，这些客户就更容易成为卖家的长期客户，这种买

卖双方的经历和感情更弥足珍贵。

2. 解决方案由卖家积极提供，让买家有选择

1) 方案应由卖家主动提供，而不是买家提出

很多跨境电商新手客服在遇到问题后，不是主动为客户寻找解决方案，而是往往问买家"那你认为怎么办好呢"，这是一种非常不专业的做法，会给客户留下满不在乎、缺乏专业素养的不良印象，为后面问题的解决增加了困难。另外，由于跨境电商中的客户对这个行业并不了解，缺乏必要的专业知识，由客户提出的解决方案，往往对卖家而言都是执行困难且成本较高的。因此，在出现问题的第一时间，客服应积极地提出解决方案，既能给买家留下专业、负责任的印象，又能够最大限度地降低处理问题的成本和难度。

2) 尽量提供多个方案，供买家备选

在为买家提供解决方案时，客服要尽量一次性提供两个或两个以上的解决方案。这样做的好处有两点：一是多个方案给买家备选，让买家能够充分体会到卖家对他的尊重，使买家更有安全感；二是提供一个主推解决方案，加上一到两个备选方案，也可以防止当客户不接受卖家的主推方案时，单方面向平台提起纠纷或是给卖家留下差评。

3. 尽量为客户提供可信赖的数据与证据

在跨境购物过程中，由于距离远，流程多，加之语言的不同与文化差异的障碍，跨境电商客户必然容易对卖家产生诸多不信任与怀疑。所以，无论是回答买家的咨询提问，还是在售后中应对客户提出的投诉与问题，客服都应当尽量提供可以让客户"看得见，摸得着"的可信赖的数据与证据。

对产品来讲，"可信赖的数据与证据"指的是产品的细节图片，详尽的使用说明，或者是卖家为了说明产品的技术细节而为客户特别拍摄的短片视频等；对物流方面的问题而言，"可信赖的数据与证据"指的是可以追踪的包裹单号、追踪网址(特别是买家所在国的本土包裹追踪网站)、最新的物流信息等。

1) 物流信息务必完整

针对物流问题，当回答买家所购产品的包裹邮寄咨询时，必须同时提供以下三项信息：可跟踪的包裹单号；可以追踪到包裹信息的网站；最新的追踪信息。以上三点缺一不可，只有当这三项信息同时存在时，对买家而言，他才可以找到对应的网站，并查询到真实、可靠的信息，这对增加买家的信任，让买家对日后的国际包裹运输时间持有信心是非常重要的。

2) 国外买家更信任来自本土网站提供的信息

在针对国际物流的相关信息中，"追踪网站"是非常重要的，特别是对国外买家而言，如果能够提供买家所在国的本土追踪网站，并且能够找到客户母语所展示的追踪信息，对增加买家对卖家的信任有极大的帮助。

4. 多样化地解答复杂的、技术性的问题

在跨境电商销售平台上，有许多优质的产品，无论是在使用、组装，还是在后期的

维护中，可能会比较复杂。从一般的做法来说，许多卖家会撰写大量的说明性文本。当买家就相关的技术性问题进行咨询时，客服人员可能会不厌其烦地就各种技术参数、使用方法等进行大段描述与解释。但对于复杂的问题而言，说得多并不一定能彻底解决问题。所以，找寻一些多样化的沟通方式往往会取得更好的效果。

1) 直观有效地解决复杂问题

例如，制作"安装流程图"或是拍摄简单的"使用演示录像"，并将这些资料放在网络空间中传递给买家。当卖家把复杂的语言解释转化为一张张流程图或简单的演示视频时，客户必然可以更直观、更高效地了解卖家阐述的内容。卖家制作一次图例或视频，往往可以在日后的工作中用来解答类似的客户提问，具有"可重复性使用"的特点，起到事半功倍的效果。

2) 超出客户预期的精细服务，提高满意度

在跨境购物过程中，客户接触到的绝大部分售后服务都是文字形式的，而当卖家或客服提供超出客户预期的更新颖、更快捷的服务方式，就能够有效地提升客户的满意度。首先，充分尊重和重视客户的需求，及时快捷响应并解决客户的诉求，会让客户产生愉快的情感体验，从而提升客户忠诚度；其次，可以通过电话、邮件、LiveChat在线聊天和社交媒体等多渠道为客户提供优质的售前咨询、售后服务，提高客户服务质量与体验；最后，还可以通过系统合理设置，针对各类客户，自动发送新品提醒、促销活动、优惠券发放等信息，维护与客户的互动关系。这样，当卖家的客户服务超出客户的预期要求时，客户便容易产生更高的满意度，大部分客户会因希望再次获得相同的良好体验而再次选择该品牌，也能将更多访客快速转化为潜在客户和买单客户，有效提高跨境电商卖家销售成单率和营业额。

实操流程3：依据在实践中掌握的跨境电商客服工作处理方法，整理形成各种情境下的沟通话术手册。

跨境电商客服在实际工作中，面对各个国家和地区的不同客户，要特别注意他们的文化和习俗差异，掌握常用语言沟通技巧，灵活应对不同客户和不同情境下的各种诉求。

知识窗7.3.3 跨境电商客服常用语言沟通技巧

1. 基本功扎实，避免拼写与语法错误

虽然在跨境电商行业中，并不是每一个岗位都需要具备高超的外语技能，但是对客服岗位而言，熟练掌握主要客户的语言是必需的。即使在进入工作岗位后，客服人员也需不断加深对语言的学习，特别需要准确并熟悉地掌握所售产品的专业词汇。尽量避免低级的拼写与语法错误，正确使用客户的母语既表达了卖家对客户的尊重，也可以有效地提高客户对卖家的信任感。

2. 邮件中不要有成段的大写

有些卖家为了在较多的邮件文字中突出展示重点信息(如促销优惠信息等)而采用成

段的大写字母。这样做虽然可以有效地突出重点，让客户一眼就看到卖家所要表达的核心内容，但也会产生一种副作用。在英语中，文本中成段的大写表达的往往是愤怒、暴躁等激动的情绪，是一种缺乏礼貌的书写方式，因此，客服人员需要在日常工作中注意这一细节。

3. 尽量使用结构简单、用词平实的短句

在与客户的沟通过程中，考虑到方便绝大部分客户的阅读，应尽量鼓励使用结构简单、用词平实的短句，这样可以在最短时间内让客户充分理解卖家所要表达的内容。当前大部分跨境电商平台使用最多的语种是英语，但客户来自全球200多个国家和地区，其中绝大部分国家的客户并没有将英语作为自己的母语，因此许多客户仍需通过在线翻译工具来阅读卖家的产品页面与邮件，所以卖家更需要为他们简化书面语言，提高沟通效率。

4. 巧用分段与空行，让客户尽快找到想看到的重点

大部分人在阅读卖家邮件、促销信息等文字资料时，都会采取"跳读"(或"略读")的方式，因此客服人员撰写邮件时，需要特别注意按照文章的逻辑将整篇邮件进行自然分段，并在段与段之间添加空行，这样做有利于客户浏览非重要段落，快速跳至重点信息。这样做，一方面可以有效节省买家的阅读时间，增加买家与卖家的沟通耐心；另一方面可以给客户专业、有条理的印象，增加客户对卖家的信任感。

【延伸阅读】

1. 国外买家本土网站

在针对国际物流的相关信息中，"追踪网站"是非常重要的，特别是对国外买家而言，如果能提供买家所在国的本土追踪网站，并且能够找到客户母语所展示的追踪信息，对增加买家对卖家的信任有极大的帮助。

为了方便跨境电商卖家，考虑到很多卖家使用中国邮政(或香港邮政、新加坡邮政)的挂号包裹服务发寄货物，本教材下面汇集了一些常用国家的邮政包裹到达目的国后，由当地邮政提供追踪信息的网站。

中国邮政：http://intmail.183.com.cn/zdxt/yjcx/#

香港小包：http://app3.hongkongpost.com/CGI/mt/enquiry.jsp

俄罗斯：http:// www.russianpost. ru/tracking20/English.htm(英语)

http:// www.russianpost. ru/tracking20/ Index.htm (俄语)

巴西：http:// www.correios. com.br/

美国：http:// www.usps. com/

西班牙：http:// www.correos.es/comun/Localizador/track. asp

意大利：http:// www.poste.it/

加拿大：http://www.canadapost.ca

德国：http:// www.dhl.de/en.html

希腊：http:// www. elta.gr/en-us/personal/tracktrace.aspx

克罗地亚：http://ips.posta.hr/

瑞典：http:// www. posten.se/sv/Sidor/home.aspx

丹麦：http:// www.postdanmark.dk/da/Sider/Post-Danmark.aspx

爱尔兰：http:// track.anpost.ie

2. 跨境电商客服话术模板

国外买家在下单之前以及付款之前遇到一些麻烦或问题时，客服要在短时间内解决买家的问题，加强买家付款的意愿。以下这些模板取自日常工作中的沟通，但在实际运用时需做个性化改动，不能生搬硬套。

1) 售前模板

(1) 当买家光顾你的店铺，并询问产品信息时，与买家初次打招呼要亲切、自然，并表示出你的热情，尽量在初步沟通时把产品元素介绍清楚。

Hello，my dear friend. Thank you for your visiting to my store，you can find the products you need from my store. If there is not what you need，you can tell us，and we can help you to find the source，please feel free to buy anything! Thanks again.

(2) 以库存不多的名义催促下单时的回复。

Dear X，

Thank you for your inquiry.

Yes，we have this item in stock. How many do you want? Right now，we only have lots of the X color left. Since they are very popular，the product has a high risk of selling out soon. Please place your order as soon as possible. Thank you!

Best Regards，

(Your name)

(3) 回应买家砍价时的回复。

Dear X，

Thank you for your interests in my item.

I am sorry but we can't offer you that low price you asked for. We feel that the price listed is reasonable and has been carefully calculated and leaves me limited profit already.

However，we'd like to offer you some discounts on bulk purchases. If your order is more than X pieces，we will give you a discount of X% off.

Please let me know for any further questions. Thanks.

Yours sincerely，

(Your name)

(4) 断货(out of stock)时的回复。

Dear X，

We are sorry to inform you that this item is out of stock at the moment. We will contact the factory to see when they will be available again. Also, we would like to recommend to you some other items which are of the same style. We hope you like them as well. You can click on the following link to check them out.

http://www.aliexpress...

Please let me know for any further questions. Thanks.

Best Regards,

(Your name)

(5) 若周末休息导致回复不够及时，先表示歉意，因为错过了最佳24小时回复时间，所以可通过主动打折的方式赢取客户。

Dear X,

I am sorry for the delayed response due to the weekend. Yes, we have this item in stock. And to show our apology for our delayed response, we will offer you 10% off. Please place your order before Friday to enjoy this discount. Thank you!

Please let me know if you have any further questions. Thanks.

Best Regards,

(Your name)

(6) 推广新产品时，客服可根据自己的经验，给买家推荐店铺热销的产品。

Hi friend,

Right now Christmas is coming, and Christmas gifts have a large potential market. Many buyers buy them for resale in their own store, they are high profit margin products, here are our Christmas gifts links, please click to check them. If you want to buy more than 10 pieces, we also can help you get a wholesale price. Thanks.

Regards,

(Your name)

2) 售中模板

(1) 提醒客户折扣快结束时的回复。

Hello X,

Thank you for the message. Please note that there are only 3 days left to get 10% off by making payments with Escrow(credit card, Visa, MasterCard, money bookers or Western Union). Please make the payment as soon as possible. I will also send you an additional gift to show our appreciation.

Please let me know for any further questions. Thanks.

Best Regards,

(Your name)

(2) 告诉客户可合并支付及修改价格时的回复。

Dear X,

If you would like to place an order for many items, please first click "add to cart", then click "buy now", and check your address and order details carefully before clicking "submit". After that, please inform me, and I will cut down the price to US$XX. You can refresh the page to continue your payment. Thank you.

If you have any further questions, please feel free to contact me.

Best Regards,

(Your name)

(3) 提醒买家尽快付款时的回复。

Dear X,

We appreciate your purchase from us. However, we notice that you haven't made the payment yet. This is a friendly reminder to you to complete the payment transaction as soon as possible. Instant payments are very important, the earlier you pay, the sooner you will get the item.

If you have any problems making the payment, or if you don't want to go through with the order, please let us know. We can help you to resolve the payment problems or cancel the order.

Thanks again! Looking forward to hearing from you soon.

Best Regards,

(Your name)

Dear X,

We appreciate your order from us. You have chosen one of the best-selling products in our store. It's very popular for its good quality and competitive price. Right now, we only have the X colors left. We would like to inform you that this product has a high risk of selling out soon.

We notice that you haven't finished the payment process for the order. We'd like to offer you a 10% discount on your order. If you purchase now, to ensure that the product doesn't sell out, we will ship your order within 24 hours once your payment is confirmed. If you need any help or have any questions, please let us know.

Best Regards,

(Your name)

PS: We are one of the biggest suppliers on AliExpress. With more than 3 years experience in world trade, we are able to provide the best prices, the highest quality and the superior service. We inspect our products before shipping them out and provide a 1 year warranty for all products. We promise to give you a full refund if the products are not as described.

If you have any questions, please contact us, we are happy to help you.

(4) 订单超重导致无法使用小包免邮时的回复。

Dear X,

Unfortunately, free shipping for this item is unavailable. I am sorry for the confusion. Free shipping is only for packages less than 2 kg, which can be shipped via China Post Air Mail. However, the item you want to purchase weights more than 2 kg. You can choose another express carrier, such as UPS or DHL which will include shipping fees, but also much faster. You can place the orders separately, making sure each package weighs less than 2 kg, to take advantage of free shipping.

If you have any further questions, please feel free to contact me.

Best Regards,

(Your name)

(5) 有海关税(customs tax)时的回复。

Dear X,

Thank you for your inquiry and I am happy to contact you.

I understand that you are worried about any possible extra cost for this item. Based on past experience, import taxes falls into two situations.

First, in most countries, it does not involve any extra expense on the buyer side for similar small or low-cost items.

Second, in some individual cases, buyers might need to pay some import taxes or customs charges even when their item is small. As to specific rates, please consult your local customs office.

I appreciate for your understanding!

Sincerely,

(Your name)

(6) 因物流风险，卖家无法向买家所在国发货时给出的回复。

DearX,

Thank you for your inquiry.

I am sorry to inform you that our store is not able to provide shipping to your country. However, if you plan to ship your items to other countries, please let me know.

I appreciate for your understanding!

Sincerely,

(Your name)

(7) 已发货并告知买家。

Dear X,

Thank you for shopping with us.

We have shipped out your items(order ID: XXX)on Feb. 10th by EMS. The tracking number is XXX. It will take 5-10 workdays to reach your destination，please check the tracking information for updated information. Thank you for your patience!

If you have any further questions，please feel free to contact me.

Best Regards,

(Your name)

(8) 没有直航货机时的回复。

Dear friend!

Yes，actually we can send this item to Lithuania.

However，there's only one problem.

Due to fewer direct cargo flights between Lithuania and China，the items have to be transited from other Europe Countries.

Therefore the shipping time is hard to control.

According to our former experience，normally it will take 25 to 45 days to arrive at your country.

Is that OK for you？

Waiting for your reply!

Sincerely,

(Your name)

3) 售后模板

(1) 物流遇到问题时的回复。

Dear X,

Thank you for your inquiry, I am happy to contact you.

We would like to confirm that we have sent the package on 16 Jan.，2022. However，we were informed the package did not arrive due to shipping problems with the delivery company. We have resent your order by EMS, the new tracking number is:XXX. It usually takes 7 days to arrive to your destination. We are very sorry for the inconvenience. Thank you for your patience.

If you have any further questions，please feel free to contact me.

Best Regards,

(Your name)

(2) 如果买家希望提供样品，但本店铺不支持样品时的回复。

Dear X,

Thank you for your inquiry, I am happy to contact you.

Regarding your request, I am very sorry to inform you that we are not able to offer free samples. To check out our products we recommend ordering just one unit of the product(the price may be a little bit higher than a large order). Otherwise, you can order in full. We can assure the quality because every piece of our product is carefully examined by our working staff. We believe trustworthiness is the key to a successful business.

If you have any further questions, please feel free to contact me.

Best Regards,

(Your name)

(3) 可退、换货时的回复。

Dear friend,

I'm sorry for the inconvenience. If you are not satisfied with the products, you can return the goods back to us.

When we receive the goods, we will give you a replacement or give you a full refund. We hope to do business with you for a long time.

We will give you a big discount in your next order.

Best Regards,

(Your name)

(4) 求好评时的回复。

Dear friend,

If you are satisfied, we sincerely hope that you can take some of your precious minutes to leave us a positive comment and four 5-star Detailed Seller Ratings, which are of vital importance to the growth of our small company.

Besides, PLEASE DO NOT leaves us 1, 2, 3 or 4-star Detailed Seller Ratings because they are equal to negative feedback. Like what we said before, if you are not satisfied in any regard, please tell us.

Best Regards,

(Your name)

(5) 海关速度慢时给客户的回复。

Dear friend!

Yes, actually we can send these items to Italy.

However, there's only one problem.

Due to Spain Customs and Italy Customs are much stricter than any other European Countries, the shipping time is hard to control.

According to our former experience, normally it will take 25 to 45 days to arrive at your country.

On the other hand, due to the coming Christmas Day, most of our customers have been buying Christmas gifts recently. So we can't ensure the parcels can arrive in time.

Is that OK for you?

Waiting for your reply!

Sincerely,

(Your name)

4) 特殊情况回复模板

(1) 受英国大雪影响的回复。

Dear my friend!

Sorry to hear that your still haven't got your item yet.

Your tracking number is RR953599254CN.

You can track it on our post office website:

http://intmail...

The newest information on the above page is:

" RR953599254CN

2020

departure from outward office of exchange

To: GREAT BRITAIN

2020-11-16 "

That means: on Nov-16, the parcel passed China Customs and was transported to your country by air.

As we said in the item's page and last email, normally it will take about 7 to 20 business days to arrive in the UK(Including Saturdays and Sundays, that is 9 to 26 days.)

However, your parcel's shipping time has been 25 days, the longest post time we guaranteed is near.

You know, from the end of Nov., all UK post system was affected by the heavy snow in most of the areas. Thus, delivery services (including speedpost)are subject to delay.

Maybe that's why you still haven't got your parcel.

You can view the related notice on the website of the Hongkong Post:

http://www.hongkongpost.com/eng/publications/notices...

However, We understand your wish to receive items as early as possible. So if you don't want to wait any longer, please tell us.

We can refund you all your money right now.

Or, could you kindly give the post system a little more time?

What's your opinion?

Waiting for your reply!

Sincerely

Olive

(2) 澳洲邮局放假延误的回复。

Dear friend!

Thank you so much for your shopping with us!

Your tracking number is RR947013355CN.

We received your new payment on Dec. 3 and we sent the parcel on Dec. 4.

Normally it will take 7 to 20 working days to arrive in Australia(plus Saturdays and Sundays, it will totally take 9 to 28 days). International shipping requires more complicated shipping procedures, which makes the post time between two countries always longer than domestic post. Thank you so much for your understanding about this matter!

On the other hand, due to Christ mas and New Year's Day, during your parcel's post time, there're totally 5 to 6 days during which the Australia post office and customs will be on vacation, which makes the international parcels take longer time to arrive.

You can view the related notice of the Australia post:

http://auspost.com.au/about-us/christmas ...

We apologize for the holiday delays! And thank you so much for your understanding and patience.

However, we know that you may need the items very urgently. Since your parcel's post time has been 25 days, thus, if you don't want to wait any longer, we would refund you all your money.

Or, would you mind to give the post system a little more time?

(Or, if you still want the item, shall we try to resend you a new one by registered post?)

What's your opinion?

Waiting for your reply!

Thank you again for your understanding and patience on these international post matters!

Best regards and happy new year!

Sincerely

Olive

【考核方案】

以3~5人形成一个学习小组，小组成员明确分工，落实具体工作。整个学习过程既有独立的思考，又有团队协作、共同实践的任务。成果考核由成员自评、小组内评价和教师评价构成。小组内成员对本组跨境电商客服岗位沟通话术手册进行自评、完善；小组之间对跨境电商客服岗位沟通话术手册的可操作性、完整性开展互评，并写出评价意见；指导教师对各组的实操演练过程和成果进行评价，各组成员继续完善相关环节。

岗位任务主要考核点如下所述。

(1) 熟练操作跨境平台客服工作台的相关模块；

(2) 掌握跨境电商客服工作的核心思路和工作技巧；

(3) 掌握跨境电商客服的沟通技巧；

(4) 完成跨境电商客服岗位沟通话术手册编写。

【思考和作业】

(1) 跨境电商客服工作技巧和国内电商客服岗位有何异同？

(2) 在售前、售中和售后情境下，跨境电商客服的关注重点分别是哪些？

(3) 如何提升跨境电商客服的沟通技巧？

模块8　直播电商客服

直播电商是一种新的商品变现模式，直播为途径，电商为基础，通过直播为电商带来流量，达到销售的目的。直播电商本质上是品牌方对私域流量的积累和变现，它打破了现有图式、视频式的电商模式，加强了主播与消费者的实时互动，降低了消费者的出行成本和时间成本。直播电商凭借极具诱惑力的价格优势以及主播强有力的带货技能，激发观看用户的消费欲望，缩短了消费者的决策时间。直播电商已成为一种新的带货模式，开始渗透进消费者的日常生活，成为未来商业变现和数字化营销的重要模式。

在直播电商团队中，客服需要与准备购买或已经购买商品的用户进行交流沟通，其业务能力和综合素质对促进购买与提高用户体验都非常重要。客服需要具备超强的业务能力和综合素质，才能为客户提供优良的服务，促成交易。

【学习目标】

知识目标

- 了解直播电商客服岗位的工作内容和工作特性；
- 理解直播电商客服工作基本流程和工作规范要求；
- 掌握直播电商客服工作效能提升的技巧。

技能目标

- 能收集和掌握目前国内主流直播电商平台客服岗位的工作内容和工作特性，为直播电商客服岗前培训做好铺垫；
- 能整理和归纳国内主流直播电商平台客服工作基本流程和工作要求，为胜任直播电商客服岗位做好准备；
- 能针对不同直播平台、不同类目产品，提出直播电商客服岗位的工作思路与工作技巧，为提升直播电商客服工作质量奠定基础。

课程思政目标

- 牢固树立奋进新时代的主流思想舆论导向，塑造主流舆论新格局；
- 遵守网络综合治理要求，推动形成良好网络生态；
- 自觉维护国家意识形态安全和社会主义核心价值观。

【情境导入】

辛鲍士(浙江)服饰有限公司是一家专营男女皮草服饰，兼营羽绒、针织服饰及配件的互联网服装企业，2012年入驻天猫开始线上销售，2015年旗下品牌SINBOS做到天猫皮草类目第一，2018年服装全品类转型。2019年，SINBOS开始直播运营，从单纯的达人主播转到达人主播+自己店播，达人主播平台从快手平台拓展到快手、抖音、淘宝、拼多多、天猫等平台；店播覆盖抖音、天猫、拼多多、快手、爱库存等多个平台，直播销售取得了可喜的业绩。随着直播运营规模的扩大，网店客服人员需迅速掌握直播客服所需的知识和技能，以满足直播客服岗位的任职要求。

思考题：
(1) 直播客服的主要工作职责是什么？其和网店客服有何差异？
(2) 直播客服的主要工作流程包含哪些内容？
(3) 直播客服如何顺应直播电商特性以提升工作效能？

任务8.1　工作内容和工作特性

【任务布置】

SINBOS准备在国庆节直播售卖皮夹克，以下这款产品(见图8.1)就是李×琦直播间将要售卖的产品。

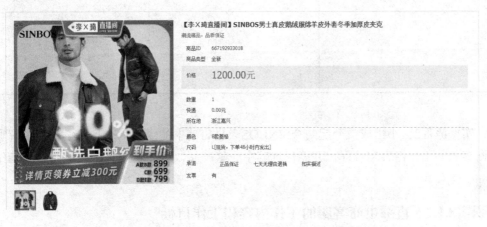

图8.1　李×琦直播间售卖的SINBOS皮夹克

为了配合直播间完成直播任务，直播客服在开播前要做好哪些准备工作？直播过程中注意什么？直播完成后还有哪些工作要做？请分别列出工作详单。

【实操内容和流程】

● 实操内容

(1) 调研直播电商客服的岗位职责、技能要求和素质要求；
(2) 学习和了解直播电商客服的主要工作内容和工作目标；
(3) 收集直播电商客服的工作内容和工作特性，形成直播电商客服岗位说明书。

● 实操流程

实操流程1：小组成员分工，分别在智联招聘网、猎聘网、BOSS招聘网等招聘网站上收集直播电商客服的岗位职责、任职要求,并整理出客服的岗位职责、技能要求和素质要求,在表8.1的基础上补充完善。

知识窗8.1.1　直播客服的岗位职责、技能要求和素质要求

表8.1　直播客服的岗位职责、技能要求和素质要求

岗位职责	技能要求	素质要求
◆负责收集客户信息,了解并分析客户需求,规划客户服务方案 ◆熟悉产品信息,能掌握沟通技巧,正确解释并描述直播产品属性 ◆负责进行有效的客户管理和沟通,了解客户期望值,跟进回访客户,提高服务升级,负责发展和维护良好的客户关系 ◆负责产品电子商务相关数据的收集和维护	◆基础能力:接待客户热情大方,能积极主动帮助客户解决能力范围内的任何销售问题 ◆状态要求:工作主动热情,仔细耐心,能持续保持高效的工作状态 ◆技能要求:打字速度快,能同时应对多人在线咨询,并能及时、正确地做好备注工作	◆具有高度的工作责任心 ◆思维灵活,沟通能力强,有良好的应变能力 ◆熟悉各大直播平台的买卖操作流程 ◆能熟练解答客户提问,推介产品,熟悉促进销售、订单生成等相关流程

实操流程2:小组成员一起结合SINBOS天猫店铺中的经典款产品,学习和了解直播电商客服的工作内容与目标,并能任选其中一款产品,描述直播时客服应开展的工作内容和工作目标。

知识窗8.1.2　直播电商客服的工作内容和工作目标

1. 直播电商客服的工作内容

1) 达人直播客服

(1) 了解直播产品的特性、面料优点、尺码推荐范围、洗涤保养知识等常见问题。

(2) 根据直播发货时间、尺码、面料信息,设置欢迎语、自动回复短语、快捷短语、店小蜜自动回复短语等。

(3) 开播之前,客服可回复产品信息、链接地址、尺码推荐等咨询,但不能告知直播价格,保证直播神秘感;咨询完结后,客服应主动告知客户直播开播时间,引导客户将喜欢的产品加入购物车。

(4) 全程跟进直播,随时上架单一产品时刻准备回复客户。

(5) 店铺产品上架后,需要根据直播间的活动和发货时间灵活变更回复内容。

2) 店铺直播客服

(1) 了解每日上架产品的特性与顺序。

(2) 了解每日活动方式，做好登记。

(3) 店播直播时长以4小时居多，客服无法全程跟进细节时，客服与中控人员的信息对接要及时准确，中控人员要将中奖客户的信息或者赠品规则同步到客服群中。

(4) 跟进客户中奖、赠品名单，做好相关的补发和备注。

2. 直播电商客服的工作目标

直播电商客服的工作目标和直播营销要实现的目标息息相关。直播电商客服工作目标的制定要遵循SMART原则。

1) Specific——具体性

具体性是指要用具体的语言清楚地表明要达到的目标，切中特定指标，不能笼统、不清晰。例如，"借助此次直播营销提高品牌影响力"就不是一个具体的目标；而"借助此次直播营销提高品牌官方微信公众号的粉丝数量"就是一个具体的目标。

2) Measurable——可衡量性

可衡量性是指营销目标应该是数量化的或行为化的，应该有一组明确的数据衡量目标是否达到标准。例如，"利用此次直播营销提高店铺的日销售额"就不是一个可衡量的目标；而"利用此次直播营销让店铺的日销售额达到100万元"就是一个可衡量的目标。

3) Attainable——可实现性

可实现性是指目标要客观，是通过付出努力能完成的。例如，品牌方开展的上一场直播吸引了3万人观看，于是品牌方将此次直播要吸引的用户人数设定为10万人，显然这个目标不切实际，难以实现，而将吸引观看的人数设定为5万～6万人则相对合理，是可能实现的。

4) Relevant——相关性

相关性是指直播营销的目标要与企业或品牌商设定的其他营销目标是相关的。例如，很多企业/品牌商会在电商平台运营网店，企业/品牌商将某次直播营销的目标设定为"网店首页24小时内的访问量提高80%"，这个目标是符合相关性要求的；而如果企业/品牌商将某次直播营销的目标设定为"将商品的生产合格率由91%提升至96%"，则这个目标是不符合相关性要求的，因为直播活动无法帮助商品的生产方提升合格率。

5) Time-bound——时限性

时限性是指目标的达成要有时间限制，这样的目标才有督促作用，避免目标的实现被拖延。例如，"借助直播营销让新品销量突破100万件"这个目标是缺乏时限的；而"直播结束后24小时内新品销量突破100万件"这个目标则是符合时限性要求的。

实操流程3：以小组为单位，分别选择典型直播电商平台，调研和收集直播电商客服的工作内容和工作特性，形成直播电商客服岗位说明书。

首先，分别选择淘宝直播、抖音直播、快手直播等直播电商平台，调研平台特性和对直播电商团队的要求；其次，对比、分析直播电商平台客服的工作内容和工作特性；最后，根据调研结果，形成直播电商客服的岗位说明书。岗位说明书内容主要包括直播电商客服的岗位职责、工作内容、任职条件和绩效考核等。

【延伸阅读】

1. 直播电商平台的差异分析

对企业而言，基于企业的产品特性、营销目标和发展特点选择合适的直播平台尤为重要。

1）淘宝直播

淘宝直播是构建在淘宝生态之上，使用直播技术全景展示商品、实时互动、及时答复消费者咨询的一种新消费场景。淘宝直播依靠淘宝天猫平台强大的供应链优势、品牌优势、平台运营优势、信用保障体系及健全的物流体系，为主播提供实力商家对接，建立直播产业基地、供应链基地，为品牌方和主播提供专业的直播解决方案，给予其流量扶持和活动组织，提供平台培训，帮助主播快速实现流量变现，快速培养头部主播和MCN(multi-channel network)机构，从而吸引到更多的主播、MCN机构和品牌方入驻，构建起淘宝直播的电商生态。

淘宝为目前发展直播电商模式最为成熟的平台，主要分为达人带货和商家自播，90%直播场次和70%成交额来自商家自播。淘宝直播进店转化率超过60%，但退货率也较高。淘宝直播的产生是基于整个淘宝平台的，所以淘宝用户在适当的引导下都有可能成为淘宝直播的用户。用户在淘宝直播中购物需求相对明确，所以用户在使用淘宝直播时，是想更具体、更有针对性地了解某产品。

淘宝直播平台的流量分配评判原则会参考内容建设，内容建设的评判标准包括内容能见度、内容吸引度、内容引导力、内容获客力、内容"转粉"力。内容建设的评判标准如表8.2所示。

表8.2 内容建设的评判标准

评判标准	评判标准内涵	考察内容
内容能见度	内容覆盖的广度越大，被覆盖的人群受众越广，能被看见的概率就越大	直播的运营能力
内容吸引度	在单位时间内，"粉丝"是否在直播间进行停留、互动、购买	产品构成及主播吸引力
内容引导力	把"粉丝"留住并引导其进店主动了解商品的能力，其与内容吸引度息息相关，可依靠主播的话术建设来提升	主播控场力及吸引力
内容获客力	代表内容与消费者购买行为产生引导转化的能力，也就是了解产品后进行了购买行为	全面考察
内容"转粉"力	通过持续性的内容输出，将只是短暂停留的游客变成有目的、停留时间长的铁杆"粉丝"	全面考察

2) 抖音

抖音是一款音乐创意短视频社交软件，由今日头条孵化，是一个专注年轻人音乐短视频的社区平台。用户可以通过这款软件拍摄音乐短视频，形成自己的作品，平台会根据用户的爱好更新用户喜爱的视频。

抖音以"内容"为主要的流量分发逻辑，作为区别于搜索和社交的信息推荐模型，将内容和用户进行匹配。通过系统进行精准推荐是其推荐算法的核心。抖音的流量逻辑如图8.2所示。

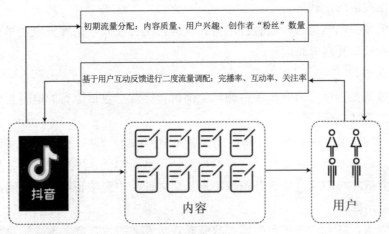

图8.2 抖音的流量逻辑

抖音的流量初期分配主要依据内容质量、用户兴趣和创作者"粉丝"数量，其中内容质量维度包括类别、领域、播放量、评论数、转发数等，用户兴趣包括兴趣、职业、年龄、性别、地点等。抖音基于用户的互动反馈进行二度流量调配，二度考核标准包括完播率、互动率和关注率等。

抖音作为一个原生的流量平台，容易制造爆款，一段视频就能在短时间内积累大量粉丝，产品量级高，粉丝基数大。"抖音直播+电商"的营销模式不仅给抖音达人们提供了一种转化率更高的变现渠道，也为广大的抖音用户提供了一种全新的购物体验。

3) 快手

快手是北京快手科技有限公司旗下的产品。快手基于"社交+兴趣"的逻辑进行内容推荐，运用"技术驱动的分发机制"，将"粉丝"数量被赋予的权重降低，加大了视频质量的权重，只要视频质量高，受到足够数量的用户点击就能够登上快手的推荐页。快手的运营管控直接"链接"内容创作者与"粉丝"，增强双方黏性，沉淀私域流量，诞生了信任度较高的"老铁关系"。快手的流量逻辑如图8.3所示。

图8.3 快手的流量逻辑

快手独有的"老铁"文化，使得平台中的主播与粉丝的黏性普遍较强；以下沉市场为主，聚焦于三四线城市，使得平台的内容生产者和用户基数都非常大；极具特色的"老铁"关系带来平台的高粉丝转化率，使得快手成为目前带货转化率较高的平台。

总体来说，刚进入直播行业或转型直播行业的企业应该从自身的条件出发，选择合适的直播电商平台：企业在既有品牌又有私域流量的情况下，首选快手；企业在既有品牌又有良好的内容能力的条件下，首选抖音；企业在电商基因足够大、数字化基础足够好时，首选淘宝直播。

2. 直播电商运营模式

品牌方的直播电商运营一般有自运营和代运营两种模式，品牌方应根据自身情况，考虑选择哪种模式开启电商运营。

1) 自运营模式

自运营模式是指电商所有事务由商家全部负责运营，包括原有的电商全流程运营，也包括新增的直播电商运营。

目前头部KOL(key opinion leader，关键意见领袖)主导市场，处于流量垄断地位，拥有超级流量。品牌方与KOL合作，存在费用高、产品折扣低、用户留存低、复制难等问题，品牌企业依靠与KOL合作提升销量不是长久之计，也无法长期承受"网红"要求的低折扣和高费用率。

2020年以来，各大直播平台与地方政府对直播人才的培育愈发重视，对当地代表性企业给予更多电商扶持，品牌自营直播模式有望逐渐改善，有实力的品牌也在纷纷探索直播自营模式。直播自营模式包括品牌营销号和主播人设号两种。

(1) 品牌营销号。品牌营销号是一种主打品牌知名度的方式，通过在社交平台持续传递品牌价值、品牌文化，让粉丝获得好感和持续关注，最终让粉丝消费。将品牌作为营销号来打造，围绕品牌的产品、文化、历史、社会价值等，都可做出优质内容，比如三只松鼠这个品牌，通过"鼠小贱""鼠小美""鼠小酷"的卡通形象及有趣的故事，将主营产品坚果及品牌的文化巧妙融合，持续地在粉丝心中留下印记，全力打造品牌形象，让品牌深入人心，积累更多的粉丝，实现了流量变现。

(2) 主播人设号。确定主播后，为了吸引观众、积累人气，清晰、精准的主播人设是直播成功的关键因素。当前各大直播平台入驻的主播呈现爆发式增长，要想让用户选择进入直播间并产生购买行为，主播必须具有清晰鲜明的人设定位，能帮助直播间更好地吸引并留住用户。企业的主播人设打造，应从企业自身的品牌文化和社会价值出发，选择契合企业品牌的人设。从本质上说，直播带货是一个"以人带货"的过程，因此一个辨识度高、难以被轻易取代的人设可以帮助主播形成独特的自我标签，帮助企业形成长期持续的品牌宣传，并不断积累粉丝。

2) 代运营模式

电商代运营是指为品牌电商提供线上店铺全部或部分代运营服务的第三方服务群体，包括咨询服务、店铺运营、商品管理、客户管理、营销推广、仓储物流、IT(互联网技术)服务等,为电商产业链上下游提供服务。

随着直播电商新营销模式快速布局,很多品牌方对直播平台规则及直播技能并不清楚,前期为了快速进入直播领域实现流量变现,会选择与代运营机构或者多频道网络方合作,承担品牌方全部代运营或者代播或者部分内容运营的工作。从合作模式来看,目前电商代运营服务商主要分为三种。

(1) 全流程代运营模式。这种模式的服务商能帮助品牌方管理线上店铺及直播所有环节,并提供直播电商全流程服务。店铺的营销推广费用由品牌方承担,代运营服务商主要承担线上店铺管理的人力成本,并以基础服务费+销售分成的形式获得收入。

市场的激烈竞争对代运营企业的服务能力提出了新要求,大数据技术与新零售紧密结合,代运营服务商持续升级,对营销推广、主播孵化能力、电商运营能力、供应链管理、IT技术、管理系统等提出了更高的要求,需要服务商运用技术手段赋能品牌方全运营需求,向智慧一站式解决方案提供者转型迭代。

(2) 代播模式。有些品牌方有成熟的电商运营经验,属于电商平台的老牌商家,熟悉电商运营全流程,熟悉电商平台规则,有自己的供应链体系和仓储物流体系。品牌方在选择直播电商作为企业的新发展方向时,由于对直播这种新模式不太了解,难以快速实现直播变现,会选择与MCN机构或有直播业务的代运营机构合作,或者直接与头部主播合作,帮助企业快速进入直播领域。

代播这种合作模式,还特别适合企业用来推新品、爆品。这种模式可以在短时间内积累大量粉丝,完成商家品牌宣传和卖货,快速占据市场份额。选择与有经验的代运营机构或者头部主播合作,还能达到商品快速进入消费者市场的目的,企业也能短时间内实现大量曝光。

(3) 内容服务模式。内容服务模式下,代运营服务商为商家直播电商的某一环节提供服务,收取相应的服务费,这种情况下的合作内容是灵活多变的。比如针对某项产品或活动提供营销策划方案,并帮助落地实施;或者代运营机构及MCN机构帮助品牌方培育商家的自有主播,收取相应的培训费;或者代运营机构与商家共同孵化品牌,共同完成后续的直播商业变现,实现深度合作。

另外,很多代运营服务企业都会与MCN机构合作,比如有多家代运营服务商已与头部KOL开展合作,或者自己培养主播,来服务于品牌代运营中的直播电商环节;同样,很多MCN机构的服务链条中也增加了品牌的代运营业务。同时,在优质内容产出方面,MCN机构具有强内容产出能力及流量的运营能力,代运营服务商为了完成对用户更精准的营销,也会考虑与MCN机构进一步合作,而且代运营服务商强大的全链条服务能力也能与MCN机构取长补短,双方是一种合作与互相渗透的关系,有利于电商第三方服务生态更深入地融合和行业健康发展。

3. 直播电商团队工作内容

一场直播想让粉丝跟上节奏,实现预期销售或目标,需要进行预先的策划、充分的协调、良好的演绎,同时要在直播前后提供贴心、及时的客户服务。因此,我们通常可以按照直播电商业务流程,将直播电商团队的直播工作内容进行合理的划分,然后综合考虑每一项工作的内容、复杂程度等因素设置岗位并配备相应的人员。

通常情况下,一项完整的直播工作可划分为直播前的策划、直播实施以及直播前后的客户服务三大项,为了使电商活动与直播活动充分有效地融合,我们将电商运营考虑进来,一项完整的直播电商工作就可以划分为策划、运营和客服三大类工作。

1) 工作岗位

策划:策划主管、电商策划与文案、直播策划与文案、设计师

运营:运营主管、电商运营专员、直播运营专员、主播、副主播、主播助理、场控

客服:客服主管、售前客服(含直播客服)、售后客服

直播电商团队中以上三类岗位人数的多少受诸多因素的影响,比如所售产品的特性、不同电商平台的特点、粉丝喜欢的直播形式等。直播电商团队构成及人数不是一成不变的,需要根据公司的预算和规模来设置。事实上,一个直播电商团队可以只有5人(主管1名,策划、运营、主播及客服各1位),也可以只有2人(主播与助理)。

2) 工作内容

策划工作:包括电商策划、直播策划、文案与设计等工作,具体包含电商运营平台的选择、直播平台的选择、直播脚本的撰写、活动的策划、福利的策划、电商直播过程中的各种设计工作等。

运营工作:既包括电商运营,又包含直播运营,其中直播运营主要包括主播直播、粉丝互动、个人VIP(贵宾)打造等运营活动,也包括运营中的直播节奏把握、场控突发问题的处理等协调工作。

客服工作:主要包括直播电商各环节中的客户服务,直播中的客户服务主要是直播间内或非直播间的粉丝及客户的产品咨询及订单处理等服务,直播前后的客户服务主要包括平台上售前咨询或疑问解答、订单处理、未付款催收、物流及售后追踪、售后退换货处理、反馈及客户回访、客户需求分析等。

3) 直播电商团队主要成员工作职责

(1) 直播电商经理,主要负责电商平台的整体规划以及直播运营销售计划的制订、电商平台上爆款的打造、主播的渠道拓展及发展、直播及销售运营团队的管理、营销绩效管理体系构建等。

(2) 策划主管,主要负责对直播电商涉及的平台、产品及活动等进行总体规划和设计,统筹粉丝需求分析和爆款或重点产品的设计等工作,并指导下属的策划文案。

(3) 运营主管,主要统筹电商运营、直播运营及直播间主播团队的直播工作;指导电商运营专员和直播运营专员开展好电商运营及直播运营工作,指导主播团队在直播间的各项工作,特别是商品展示、粉丝互动及VIP打造等运营活动。

(4) 客服主管,主要指导售前、售中、售后客户服务人员围绕咨询转化率、客户满意度、签单率等关键指标,开展好客户服务工作,以达成既定目标。

(5) 售前客服,主要负责执行相关工作任务,承担咨询转化率责任。具体工作任务

有以下几项：①通过在线聊天工具为顾客服务，解除顾客对产品的疑问，推荐产品，促成购买；②根据电商平台后台操作流程，负责发货、评价、订单备注等工作；③对于拍下未付款的订单要主动联系客户、催付款；④协助处理简单的售后问题，比如查件，跟踪物流信息；⑤定期整理收集客户反馈，进行客户需求分析。

(6) 售后客服，主要负责执行相关工作任务，承担客户满意度责任。具体工作任务有以下几项：①负责处理电商平台售后问题，如物流查询、退换货、产品相关问题等；②做好客户售后退换货各环节服务、投诉处理跟进及回访、客户满意度调查等；③处理店铺的客户评价，积极答复并跟进；④负责店铺后台操作，查看店铺后台退款订单，针对退款单的各种状态进行对应处理；⑤对售后服务实施全程跟踪，做好相应记录，建立客户信息库并做好及时更新，提高售后服务质量。

【考核方案】

以3～5人形成一个学习小组，小组成员明确分工，落实具体工作。整个学习过程既有独立的思考，又有团队协作、共同实践的任务。成果考核由成员自评、小组内评价和教师评价构成。小组内成员对本组直播电商客服的岗位说明书进行自评、完善；小组之间对直播电商客服的岗位说明书的完整性、规范性开展互评，并写出评价意见；指导教师对各组的实操演练过程和成果进行评价，各组成员继续完善相关环节。

岗位任务主要考核点如下所述。

(1) 熟练操作直播平台客服工作台的相关模块；
(2) 完成直播电商客服的岗位职责、技能要求和素质要求信息收集；
(3) 掌握直播电商客服的主要工作内容和工作目标；
(4) 完成直播电商客服岗位说明书编写。

【思考和作业】

(1) 直播电商客服和传统电商客服的工作内容有何差异？
(2) 直播电商客服的工作目标应该如何设立？
(3) 直播电商客服的职业生涯应如何规划？为了实现职业生涯的升迁，应如何做好准备？
(4) 请分析不同直播平台的客户群体的差异性。

任务8.2 工作流程和规范

【任务布置】

天猫狂暑季，SINBOS准备在旗舰店反季直播售卖毛呢大衣，图8.4就是旗舰店将要直播售卖的产品。

图8.4 反季直播售卖的SINBOS毛呢大衣

在直播过程中，直播电商客户服务的基本流程是怎样的？直播客服应如何有效处理各类订单？直播活动后，会有大量的售后工作要做，直播客服应如何应对？请分别列出工作重点和工作流程。

【实操内容和流程】

● 实操内容

(1) 学习和掌握直播电商客户服务基本流程；

(2) 掌握直播订单的处理流程、处理方法，整理形成各类订单的处理流程；

(3) 学习和掌握直播售后工作重点和工作技巧。

● 实操流程

实操流程1：小组成员一起学习直播电商客户服务基本流程，并选择淘宝、抖音和快手等直播平台的其中之一讨论其工作流程中的重点和难点。

在直播电商团队中，客服需要与准备购买或已经购买商品的用户进行交流沟通，所以客服的业务能力和综合素质对促进购买与提高用户体验都非常重要。直播电商客服人员要掌握基本工作流程，并不断在日常工作中培养和提升业务能力和综合素质。

知识窗8.2.1 直播电商客户服务的基本流程

1. 熟悉商品

客服人员要对直播电商涉及的商品有足够的了解，能够系统、专业地为客户讲解产品的特性、材质、型号、功能、使用方法、注意事项等，打消客户的疑虑，给客户留下良好印象。

2. 接待客户

接待客户是客服工作的重要内容，接待客户时要注意使用礼貌用语，如在客户咨询时，客服要先问好："您好，我是客服×××，很高兴为您服务，请问有什么可以帮您呢？"客户提问时，客服要及时给予答复，遇到需要查询的问题，可以告知客户预计等待时间，或索要客户联系方式，找到答案后及时告知客户。

3. 了解库存

店铺中显示的库存可能与实际库存有所差异，客服人员必须及时了解这种差异，避免出现客户下单后却无法正常发货的情况。

4. 核对订单信息

大部分情况下，客户下单时提供的订单是正确的，但有时客户会因为一时大意而提供了错误的地址、联系电话等，导致物流配送环节出现问题。虽然这种错误是客户造成的，但也会影响其购物体验。如果客服人员能在客户下单后，及时向客户确认订单信息，就可以大幅度降低这种问题发生的概率。与客户核对订单时，可以告知客户使用的快递公司。如果客户对快递公司有意见，或者对物流时效性要求较高，可以与客户协商更换物流公司。

5. 修改订单备注

有的客户临时改变想法，订单信息可能发生变化，如更改商品型号、送货地址等。为了确保客户诉求能够得到满足，客服人员有必要对这订单做好备注，用醒目的符号(如小红旗)提醒工作人员，并写明变动事项。

6. 发货通知

订单发货后，客服人员可以发送信息告知客户订单已经发货，提醒客户可以随时查看物流进度，并注意收货，这些细节可以提高客户对店铺的好感。有的客户下单后未付款，客服可以在适当的时间(如截单时间快到时)提醒客户及时支付。

7. 引导客户评价

交易完成后，客服人员可以通过赠送代金券等方式引导客户分享商品体验，在提高店铺的口碑的同时，还能促进二次购买。

8. 处理中差评

当发现客户给出中差评时，客服人员要在第一时间联系客户，询问客户给出中差评的具体原因，大部分情况下，客户是不会随意给商家中差评的。与客户沟通时，客服要注意语气和态度。如果是店铺方面的问题，客服要向客户真诚道歉，并给出补救方案；如果是恶意中差评，客服要注意取证，并将证据提交给平台管理人员。

直播客服处理售中和售后咨询量远远大于售前咨询，在直播中后期，如果是预售产品，则会遇到大批量的售中催货订单，此时客服需要耐心解释发货时间和发货进度，解释预售订单的特性，安抚客户，减少投诉。

实操流程2：掌握直播订单的处理流程、处理方法，整理形成各类订单的处理流程。

处理直播订单是直播售后客服的重要组成部分。为了有效地提高订单交易成功率，直播运营团队需要采取标准的订单处理机制。直播订单处理流程主要包括订单确认、订单分配、订单发运和订单收款。

知识窗8.2.2　直播订单的处理流程

1. 订单确认

在主播直播结束后，客服需将直播间的订单导出，进行汇总处理。若当场直播是直播间与某线上店铺的合作，店铺的客服将通过线上联系或电话联系的方式向客户确认订单信息。若当场直播销售的是直播间自营商品或者合作方是线下商店，确认订单的任务将由直播运营团队的工作人员完成。确认内容主要包括客户填写的收货地址是否真实有效，以及商品的相关信息是否准确。针对第三方平台支付订单和款到发货订单，客服还需要通过支付系统后台或银行账户系统确认客户的支付信息，以确定是否成功到款。信息存在错误或无法核实的订单将被视为无效订单，客服可以通过后台系统对其进行取消。

2. 订单分配

订单确认无误后，团队便可以进行货物准备，并进行下一步操作，即把订单分配给物流部门或不同的物流公司发货。第三方平台支付的订单需要客服自行打印电子面单，货到付款和款到发货的订单则由物流部门或物流公司根据订单信息出具电子面单。拥有多家网络店铺的客服需要对应多家店铺订单，如果每家店铺都出具电子面单，管理麻烦且成本高，此时可以使用打单工具来进行统一的管理。如淘宝店铺的客服可以通过"旺店宝"→"打单发货"→"打单设置"的进入路径，选择"关联店铺"功能即可实现多店铺相互关联。客服只需要登录一个卖家账号，就可以管理多家店铺订单。一家店铺开通电子面单，多家店铺共享，提升统计结算的效率，同时也便于快递对账，查询异常件，以此大大提高订单处理效率。

3. 订单发运

确认电子面单信息后，物流部门或物流公司将发运货物。网络购物时，消费者所感知到的物流服务质量会显著正向影响满意度与忠诚度，而物流服务质量包括"网站订单处理的速度"。因此，日常订单发运应严格按照发货时间执行，尽量做到当天订单当天发货，提升物流服务质量，为对接下来的售后工作开展和客户维护工作奠定基础。

4. 订单收款

订单收款主要有货到付款(包含第三方平台支付到款)和款到发货两种处理方式。在收到货款的情况下，如果直播所在店铺有单独的财务部门，付款确认通常由财务人员完成，否则需要主播关注这一环节。订单收款环节是整个订单处理过程中一个相对独立的环节，它不依赖于其他任何环节，只要确认为有效的订单，就可以跟踪和处理其收款情况，因此需要确保该项工作执行人的专业度和责任感。款到发货订单的收款环节在订单确认环节之前完成。

实操流程3：学习和掌握直播售后工作重点和工作技巧，在实际工作中熟练使用，并形成直播客服售后工作重点和工作技巧手册。

良好的售后服务是巩固客户群体、实现可持续经营的必要条件。对直播带来的订单而言，客服人员在提供订单售后服务的过程中，一定要掌握工作重点，并能灵活运用工作技巧处理各类售后问题。

知识窗8.2.3　直播售后工作的技巧

1. 与客户保持联系，及时回复客户消息

除了直播间里的互动，客服应与客户保持联系。直播电商的后续订单可能因管理不到位发生各类突发情况，顾客的反馈是运营团队获取到此类信息的重要渠道。因此，客服应随时关注客户的反馈。除了及时回复客户有关产品适用、安装的咨询外，当有客户反馈商品与直播中的宣传不符或者未在规定时间内送达时，客服应该及时向客户表态并及时处理。客服及其团队应在24小时内予以回复并提出解决方案，在48小时内对客户做出补偿，以最大限度地挽回客户对产品的信任。

2. 跟进二次服务

二次服务是针对曾经在店铺购买过商品的客户进行的后续跟踪服务，这类服务主要涉及退货或者退款订单。如果客户退货原因不涉及商品质量问题或使用问题，客服应先解决客户问题，安抚客户情绪，尽量挽留客户，说服客户不退货。如果客户确定退货，客服应及时处理退货申请，帮助客户尽快完成退货退款流程，降低客户的购物成本(时间、精力、感情等)。在此过程中，客户可能因为被再次服务而感受到店铺的诚意，从而提升客户的"回头率"。

3. 提供与商品无关的服务

必要时客服还可以为客户提供售卖商品以外的服务，如商品相关信息的查询、其他配套商品的购买地址，以及商品的延伸使用方法等。通过这些服务，店铺可以与客户建立起朋友般的信任感，从而提升客户的"回头率"。

4. 定时查看客服聊天记录和商品评分

客服应每2～3天抽查与客户的聊天记录，查看客户的评价反馈，以便及时改进相关服务。例如，客服团队可以每周(具体周期视工作量来确定)组织召开聊天记录的分享会，以典型案例来补充、规范售后话术技巧；可以定时排查店铺评分低于4.8分的商品，关注客户收货情况及对产品的评价情况等。

5. 推送后续店铺活动

对于营销而言，维持一位老客户的成本要远低于获取一位新客户。因此，客服团队应该积极挖掘曾经在直播间购买产品的客户群体价值，协助直播团队安排针对老客户的优惠及促销活动。主播也可以将直播安排和店铺活动结合起来，把店铺活动信息通过直播及时介绍给客户，引导客户在店铺活动期间多下单。直播中，可重点推荐评价多、评价好的商品，利用店铺活动增加订单。

【延伸阅读】

1. 直播电商团队的组建模式和管理

1) 直播电商团队的组建模式

直播电商团队组建模式主要与电商企业自身的经济实力以及电商对行业的熟悉程度有关。总体来讲，直播电商团队可以分为三类。

(1) "自营直播团队"模式。这一模式适合行业经验较为丰富且预算无障碍的商家。这里说的"经验较为丰富"是指对互联网、电商、新媒体比较熟悉，能够基本把握住这个行业运行的规律及基本要点。这类商家适合构建自营直播团队，且自建团队的成员最好都是专职。自营直播团队相对稳定，但运营和管理成本是所有模式中最高的。

(2) "专兼结合的直播团队"模式。这一模式适合没有丰富行业经验且预算不太充裕的商家。兼职主播有成本低、调整灵活的优势，但也存在稳定性差的弊端。选择这一模式构建的直播团队稳定性相对较弱，成本相对较低，管理的重心应放在兼职主播遴选与激励、专兼职主播团队的建设以及兼职主播和其他团队成员之间的协作上。

(3) "第三方专业直播团队代运营"模式。这一模式适用于有品牌、有优质产品、有足够预算的大中型企业。直播代运营机构可以为商家提供主播、运营直播场地及设备、直播内容策划、直播引流等一站式直播营销解决方案。把专业的事情交给专业的人做，商家在直播卖货这件事情上面，基本上可以当"甩手掌柜"。这一模式构建的团队，专业性是毋庸置疑的，但正因为如此，也是所有模式中成本最高的，其稳定性受诸多因素的影响。

2) 直播电商团队的管理

直播电商团队的有效建设和管理，需要依靠规范、流程、培训及奖惩，这四个方面可以理解为直播电商团队管理的四大支柱。

(1) 规范。规范用以确保团队在一定的规矩或约束下开展工作。没有规矩，不成方圆，一个团队没有了规矩的约束，就无法形成良性风气，散漫、随意等恶习将逐渐滋生，从所谓的不重要小事开始，最终蔓延到所有的工作环节。可以想象，如果直播间里的主播没有规矩，没有约束，与粉丝互动时毫无章法，毫不避讳，主播、助理或场控不分场合和对象地随意乱说，丝毫不顾自己的言行会给主播和粉丝带来怎样的混乱，那样的直播及其效果将会是多么的难堪。

(2) 流程。流程用以确保团队成员按照一定的秩序或标准有序开展工作。直播团队及成员如何提高效率、保障效果？怎么才能快速上手、执行到位？对这类问题，流程的明确是关键。统一的操作标准、具体的细节要求会让所有人成为合格的职业人，因此做好流程管理无论是对新人的成长，还是降低管理的难度，都有着一劳永逸的效果。直播电商工作应该遵循什么样的流程或标准，是组织、团队领导者及团队成员需要共同明确和清楚的。没有流程，缺乏标准，擅自行事，不计后果，将对团队工作及其成效产生致命的影响。

(3) 培训。培训是确保团队持续有效开展工作、促使团队成员个体不断成长及发展的重要保障。直播电商团队的每一个成员都担负着实现团队目标的重任，加强对团队成员的实操练习能更好地提升他们的能力。团队中的成员，不管是负责电商运营还是直播运营，不管是策划还是设计，也不管是主播还是场控，他们开展工作都需要具备一定的知识和能力。同时，这些知识和能力也需要在工作中不断优化或提升，才能确保团队持续有效开展工作，也唯有不断地优化或提升，团队成员个人才能不断得到成长和发展，这无论是对团队还是团队中的成员，都是大有裨益的。

(4) 奖惩。奖惩既是对团队及其成员工作成效的反馈，也是促使其取得更佳绩效的手段和方式。合理的奖惩制度有利于促进工作的推进。直播团队中必须有一套奖励和惩罚的制度，在明确团队及其成员的工作要求和绩效目标的基础上，明确奖惩标准，确定团队及其成员获得奖惩的条件、形式以及内容，做到达标必奖、超标有奖、不够必罚，严格要求，奖罚分明，确保团队目标如期实现。

2. 直播过程管理

直播过程中难免会遇到突发情况，这时除了依靠主播临场的应变能力外，还需要直播团队针对各类突发情况做好预案准备工作，并妥善应对突发情况。

1) 直播中产品链接常见问题

(1) 产品链接失效。产品链接失效一般是由商家的商品下架导致的。部分商家特别是美妆类商家会将优惠活动的商品放在小链接中提供给主播，这类链接不会24小时有效，需要主播与商家进行对接，在失效后让商家重新提供链接。

(2) 产品优惠额度不一致。在直播过程中，商家给粉丝提供的优惠与主播在直播中宣传的优惠不一致。此时需要分情况处理，若是商家在直播时给出的优惠大于之前与主播协商的优惠，主播可以让粉丝向商家报出主播名称，先拍下商品，但不要付款，经协商后如果商家要求补差价，则告知粉丝根据自身的接受程度决定是否付款；若是商家在直播时给出的优惠小于之前与主播协商的优惠，此时处理方式与第一种情况相同，先让粉丝拍下商品，但不要付款，跟商家协商后确定最终优惠额度。不宜因为某款商品的优惠信息错误而暂停或阻碍直播进程，以免给粉丝留下不好的印象。

(3) 粉丝无法加群。粉丝无法加群是因为粉丝拥有商家身份，遇到这种情况，只需要让粉丝自查是否为商家身份即可。

(4) 粉丝互动不可见。遇到粉丝发言对主播和其他用户不可见的情况，通常是粉丝的账号或者发言的内容存在违规问题，此时就需要主播耐心地向粉丝解释，并说明看到粉丝的留言后会立刻回复。

(5) 商家问题。遇到优惠取消、客服无人回复、优惠券无法领取等情况，主播应主动与商家协商解决，若无法解决，也要站在粉丝的立场维护粉丝利益，切忌将商家的错误揽到自己身上。

2) 直播危机公关管理

主播在直播过程中,不可避免地会出现一些意外、口误等"翻车"情况,有时这类失误会造成比较严重的影响,对直播运营团队、主播、品牌都会造成一定的伤害。因此,直播过程中我们需要进行危机公关管理。

(1) 设置专业的危机公关专员。自媒体时代,媒体平台庞大、网民数量数以亿计,直播运营团队想要在最短的时间内解决危机,必须由专业人员进行科学的运作。专业的危机公关人员的职能包括以下几项:①监管直播现场,及时制止主播及其他工作人员一切不当的言行;②监测自媒体平台上关于直播团队话题内容的细节,实现全媒体监控,直接控制核心传播渠道;③对外宣布经过整个危机公关小组成员协商后的危机公关决议;④跟自媒体建立良好的公关关系和沟通形式,定期跟媒体进行交流、沟通,从而在处理危机事件的过程中得到媒体的信任与支持。

(2) 以最诚恳的态度向公众及媒体致歉。绝大多数情况下,直播出现危机都是因为激起了媒体和公众的愤怒情绪或者敏感神经,才会使得事件不断发酵;媒体和公众的质疑持续加深,才会使得突发事件演化成为一场网络灾难,给直播运营带来致命打击。因此无论事件大小,只要有危机爆发,运营团队就要敢于面对媒体和公众,以最真诚的态度向媒体和公众致歉,获得多方的原谅,至少保证逐步平息媒体和公众的愤怒情绪。

(3) 立即采取措施解决问题。如果仅仅是公布事件的发展状态,不断向公众道歉,对于消除网络危机还远远不够,因为事件一旦爆发,就可能触碰各方面群体的利益,必须合理地化解矛盾,对事件进行合理解释,给出最佳的问题解决方案,提出相应的改进措施,方能真正消除公众的疑惑,取得公众的理解。如遇到客户直接投诉至主播售后时,主播售后应将问题直接反馈给公司售后部门,售后部门接到反馈要第一时间在平台上联系顾客,必要时电话联系,确保当天事当天完结,以免影响品牌形象;如客户在直播间直接反馈售后问题时,售后客服要当即电联客户咨询情况,当天处理完结,避免问题升级。

(4) 合理利用评论消除余波。危机公关大多发生在事件爆发之后,所以很多信息已经通过媒体平台高速大范围地散布开来。有时候尽管运营团队已经对问题做了全面、认真的改进,同时也得到了权威机构的认可,但是仍然会有很多公众无法获悉其中的详细情况,导致这种负面影响一时难以挥散。所以团队可以考虑合理利用评论,在一段时期内对事件进行正面引导和评价,帮助团队在一定程度上消除突发事件带来的负面影响。

3. 直播电商客服销售话术的技巧

客户在直播间购物时,因为只能看到主播的演示、商品的图片或视频,没办法看到实物,所以会向客服询问商品的有关信息。面对这种情况,直播客服必须借助一些销售技巧促使客户做出购买决定。

1) 假设法

在客户纠结不定,但购买意向又比较强烈的时候,客服可以使用"两者选其一"的销售技巧。例如,客服可以向客户说:"请问您是想要这款黑色的羽绒服,还是想要红色的？"，也可以说："请问您是想发韵达，还是想发中通？"从表面上看，这种提问方式只是在让客户做出选择，事实上是在帮助客户做决定，促使客户尽快下单。

2) 站位法

在某些情况下，客户虽然已经决定购买商品，但还会不断地向客服询问商品款式、尺码、发货时间等方面的问题，迟迟不肯下单。面对这种情况，客服需要改变方式，热情、真诚地为客户解答问题，而不催促客户下单。当客户所有的问题被解决后，自然会主动下单。

3) 巧用"买不到"的心理

很多客户都会有一种"买不到"的心理，即越难买到的东西就越要买到。客服用好这种心理，就可以达到促成下单的目标。例如，在与客户交流时，可以说："亲，这款包包直播间已经剩最后一个了，再不购买的话就没有了，而且近期店里也不会再补货这款包包了。"也可以说："亲，这件衣服的优惠活动仅限今晚直播哦，明天就会恢复原价，再不下单就要失去机会了。"

4) 尝试购买法

客户有时对商品质量存在顾虑，虽然看中了某商品，却迟迟无法做出购买决定。面对这种情况，客服可以对客户说："您可以先买一个试用，如果感觉还不错就再来下单。"如果商品质量确实过关，这种销售技巧就可以为店铺积累大量客户，增加许多订单。客服可以用这种方法促使很多客户做出购买决定，但前期的订单数量可能会少一些。

5) 晾晒法

还有一些客户明明非常喜欢一款商品，但就是犹豫不决，不断地衡量利弊得失。对于这种客户，客服可以使用晾晒法，即暂时先不回复，假装正忙着接待其他客户，给客户更多考虑时间，促使客户最终做出购买决定。

6) 反问式回答

客服有时可能会遇到这种情况，即客户询问的商品正好没有了。这时，客服就可以运用一种反问式的销售技巧来促使客户下单。例如，客户打算购买某款颜色的毛衣，问道："你们家这款毛衣有灰色的吗？"客服不要直接说没有，可以巧妙反问："非常抱歉，亲，这一款我们现在有黑色、红色和白色的，这几种颜色中，您最喜欢哪一种？"

7) 快刀斩乱麻式

如果上面几种销售方法都已经用过，客户还是没有做出购买决定的话，客服必须快刀斩乱麻，在确认客户确实有购买意向的前提下，用更直接的语言催促客户下单。可以说："您好！亲，如果您对这件宝贝还比较满意的话，请迅速购买吧！"

8) 虚心学习法

如果客户已经决定不购买商品，客服发现使用很多方法都无法促使客户下单，这时虚心学习法就派上了用场。客服可以对客户说："您既然来到了我们家店铺，说明您对我们的商品很感兴趣，也许是我个人的问题，让您对商品质量产生了怀疑，您可以说一下我哪里出现了问题吗？可以给我一个提升的机会吗？"这种低姿态的话语能够极大地满足客户的虚荣心，让客户瞬间对客服产生亲近感。这样，客户可能会真诚地指出客服的缺点，并对客服的努力表示认可，甚至会被客服的态度所感动，继而下单。

【考核方案】

以3～5人形成一个学习小组，小组成员明确分工，落实具体工作。整个学习过程既有独立的思考，又有团队协作、共同实践的任务。成果考核由成员自评、小组内评价和教师评价构成。小组内成员对本组直播客服售后工作重点和工作技巧手册进行自评、完善；小组之间对直播客服售后工作重点和工作技巧手册的可操作性、规范性开展互评，并写出评价意见；指导教师对各组的实操演练过程和成果进行评价，各组成员继续完善相关环节。

岗位任务主要考核点如下所述。

(1) 掌握直播电商客户服务基本流程；
(2) 掌握直播电商各类订单的处理流程；
(3) 掌握直播电商售后工作技巧。

【思考和作业】

(1) 直播电商客户服务流程中，你认为哪个环节难度最大？应该如何应对？
(2) 直播电商各类订单的处理中，要遵循什么原则？
(3) 直播售后工作如何提高工作效率？
(4) 你觉得服装类目直播电商团队的组建模式选用哪种合适？说说理由。

任务8.3 效能提升技巧

【任务布置】

SINBOS公司根据企业全年的经营目标，给达人直播团队下达了11月的绩效指标：月度直播销售目标1000万元，产品清仓率达到50%，回款额达到700万元，退款率保持在30%以下；对直播客服的考核目标是：直播活动客服群内问题处理响应时效为10分钟内，解决时效为24小时内；所有售后问题单个回复，必须有明确处理结果，并同步回复。作为该直播团队中的客服，你该如何提升工作效能，完成客服考核指标，并配合直播团队完成直播绩效指标呢？请列出直播活动客服工作预案。

【实操内容和流程】

● 实操内容

(1) 梳理和讨论直播电商客服工作的核心思路和技巧；
(2) 深入讨论并掌握在各种情境下直播电商客服的解决方案；

(3) 依据在学习和实践中掌握的直播电商客服工作处理方法，整理形成各种情境下的沟通话术；

(4) 学习和讨论直播电商团队的考核数据，分析并掌握直播电商客服效能提升技巧和方法。

● 实操流程

实操流程1：小组成员一起梳理直播电商客服工作的思路和技巧，并结合直播平台实例展开讨论。

首先，根据上述任务布置，结合任务8.1和任务8.2的学习，梳理出本次直播活动的客服工作思路；其次，小组充分讨论，列出直播活动客服工作预案。

实操流程2：小组成员用头脑风暴法，列出直播电商客服工作情境中会遇到的各种问题，深入讨论并掌握在各种情境下直播电商客服的解决方案，填入表8.3中。

表8.3 直播电商客服各种工作情境的解决方案

客服工作情境	遇到问题	解决方案
售前	1. 2. 3.	1. 2. 3.
售中	1. 2. 3.	1. 2. 3.
售后	1. 2. 3.	1. 2. 3.

实操流程3：依据在学习和实践中掌握的直播电商客服工作处理方法，整理形成各种情境下的沟通话术，填入表8.4中。

表8.4 直播电商客服各种工作情境的沟通话术

客服工作阶段	客服工作情境	沟通话术
售中阶段	进门招呼	
	咨询回答	
	产品推荐	
	议价回复	
	付款跟进	
	订单核实	
	结束道别	
售后阶段	发货通知	
	签收后回访	
	好评回复	
	中差评解释	

实操流程4：学习和讨论直播电商团队的考核数据，并从直播若干数据分析中，提炼和掌握直播电商客服效能提升技巧和方法。

【延伸阅读】

1. 直播数据分析

与传统的电视购物频道相比,互联网平台直播带货的用户数据是可控与可视的,这意味着我们能够通过分析数据的方式来衡量直播的效果。

1) 数据分析的基本指标

(1) PV,即page view,指的是直播间浏览量,常称为流量。直播间每被浏览一次,就产生一次PV流量。但是,PV并不直接决定直播间访客数量,PV高也不一定代表访问直播间的客户数量就多。一个客户(一个独立的IP地址)通过不断刷新页面也可以制造出非常高的PV,因为他每刷新一次页面,就会产生1次PV;刷新100次页面,PV记录就是100次。

(2) UV,即unique visitor,指的是独立访客数,也就是单次直播活动中通过各种途径访问直播间的客户数量。与PV不同的是,一个客户(一个独立的IP地址)访问直播间只产生一次UV,无论他刷新多少次页面,反反复复多少次进入该次直播活动,UV记录都是1。值得一提的是,整场直播的流量总PV和总UV非常重要,显示了直播受欢迎的程度。

(3) 驻留时长。粉丝的驻留时长可以从侧面反映直播间热度、粉丝活跃度及内容专业度。驻留时长的计算公式为

粉丝驻留总时长= [直播总时长(单位为秒)/总UV] ×平均在线人数

粉丝平均驻留时长=直播总时长(单位为秒)/总UV。

粉丝在直播间驻留时长越久,说明主播的内容越能吸引粉丝和客户,同时直播间售卖时间也越久,相应直播间的下单转化率也就越高。

(4) 粉丝回访次数。粉丝回访次数即直播活动中粉丝进出直播间观看直播的次数。这在一定程度上可以反映出直播活动及内容的吸引力,也影响着直播间的复购率、转化率等。

(5) 粉丝互动频率,即直播活动中与主播进行交流的人数与已关注主播的人数的比值,计算公式为

粉丝互动频率=互动人数/粉丝总数

粉丝互动频率越高,说明直播间粉丝活跃度越高,直播间氛围越好;反之,说明直播间场面冷清。

(6) 取关粉丝数。取关粉丝数是直接影响直播间数据权重的一项数据,可用累计粉丝数量减去现有粉丝数量求得。

(7) 粉丝画像,即根据粉丝年龄特征、性别特征、职业属性、粉丝习惯及偏好、粉丝行为等信息而抽象描述出来的标签化粉丝模型。例如,淘宝粉丝画像以三四线城市宝妈、学生、女性人群为主。粉丝画像是主播设计有效营销活动、开展针对性营销的重要依据。

(8) 粉丝回访时段,就是粉丝的消费时段,在这些时段开播,观看直播的粉丝数量可能会比较多,粉丝的回访率和直播间的转化率也较高。

(9) 粉丝转化率，即直播间客户转为粉丝的人数和直播间客户人数的比例计算公式为

粉丝转化率=直播间内成为粉丝的客户/直播间内总客户人数×100%

(10) 下单转化率。直播间下单转化率能清楚地反映直播效果与产品吸引程度。下单转化率的计算公式为

下单转化率=下单成交客户数/UV×100%

了解这些基础数据之后，主播可以更清楚地了解直播间客户的消费习惯，能够更有的放矢地做好直播内容。

2) 数据分析的基本方面

(1) 直播大盘数据。直播大盘数据是指整个直播行业的排行及各种指数。直播大盘数据能够科学地反映整个直播市场的行情，主要包括主播排名、大盘数据转化、主播活跃度、地域分布和产品信息等。部分直播平台(如抖音直播平台等)官方会汇总给出该数据，主播可直接查找观看，也可从某些第三方数据平台(如直播眼、知瓜数据、灰豚数据等平台)中获得该类数据。通过了解直播大盘数据，主播能更清楚地了解各主播的排名动态(排名靠前的直播行业情况、直播间活跃度、粉丝数等)、观看直播的人群特征(如年龄段分布及性别比例等)，以及直播行业的实时动态(如直播排名靠前的相关商品类目)等。

(2) 直播效果数据。带货类直播间的直播效果数据包括观看效果数据(UV、PV)、互动数据(点赞数、评论数)、销售数据(交易件数、成交额)。

(3) 目标用户数据。对于娱乐型的个人直播而言，直播电商运营团队仅关注直播人气即可，参与直播的观众越多越好，而直播电商需要借助直播实现营销目的，因此，直播电商需要关注的不只是参与人数，还要关注观众的精准度及有效性。一场有10万名不相关用户参与的直播，从营销层面来看，其效果不及1万名精准用户参与的直播。直播电商运营团队可以通过直播平台互动数据分析、页面浏览数据分析、问卷抽查数据分析三类方法，对目标用户数据进行获取和分析。目标用户数据分析一般涉及粉丝属性、年龄、地域、性别、生活习惯、偏好的产品类目等。

(4) 口碑数据。在新媒体时代，消费者的口碑不仅具有巨大的传播作用，还对其他消费者的购买意愿有着深远影响。对于依托新媒体基数的直播电商而言也是如此。在直播电商中，用户口碑数据包括了用户的群体态度、情感、感兴趣的话题等。直播电商运营团队通过对直播电商口碑数据进行分析，能够找到直播运营团队的优势与缺点，以及消费者真正感兴趣的领域。

(5) 竞品数据。直播竞品数据是指与自己经营同类商品的主播的有关数据。主播需要选择适当的竞争对手进行分析，如同时段开播、同标签、同产品定价、同等级流量的主播。通常，主播需要分析的直播竞品数据包括主播个人流量情况、同时段主播数据、主播个人销售转化、同标签主播数据、同期主播数据、同产品主播数据、同等的流量主播数据和指定主播数据等，基于这些数据分析确定与自己相匹配的竞争对手，进而取长

补短,促使自己不断提升直播能力。

2. 直播电商客服沟通技巧

客服在直播电商运营中占据着相当重要的位置,好的客服团队有助于增加商品成交。而且,客服的售中和售后表现也在很大程度上决定着客户对主播的认可程度,客服只有为客户提供优质的售中和售后服务,主播才能赢得用户的喜爱,获得长远发展。客服为了给客户提供更好的售中和售后服务,除必备的客服经验外,还要掌握一些售中和售后沟通技巧。

1) 客服售中沟通技巧

(1) 招呼的技巧。当客户询问"在吗"的时候,客服要在第一时间用积极热情的态度回答:"您好,亲,等您很久了,有什么可以为您服务的吗?"因为客户购买商品时经常货比三家,同时询问好几家店铺的客服,所以为了抢占先机,客服必须以最快的速度回复客户。为了能够及时回复,商家可以设置自动回复。

(2) 回答的技巧。对于客户询问的商品,如果还有库存,客服要将商品的优点、功效、性能等详细地告知客户;如果没有库存,要讲究回答技巧,不能直白地告诉客户没有库存了,要将客户的注意力吸引到其他商品上。例如,客服可以回复说:"非常抱歉,亲,现在有其他几个相似的款式,并且都是新款,我发个链接给您,您可以看一下。"

(3) 推荐的技巧。客服在为客户推荐商品时,要根据客户需求进行精准推荐,同时要表现出自己的专业性,让客户感到客服很用心。例如,客服可以在推荐时说:"不好意思,让您久等了,这两款商品简约大气、个性时尚,非常适合年轻人使用,这是商品链接,请您看一下。"

(4) 议价的技巧。直播电商开播时一般都会将店铺优惠告知客户,并告诉客户优惠力度已经非常大了,概不议价,当客户听到这些就不会再找客服议价了。如果改变一下,主播开始就给客户可以议价的感觉,且面对客户议价,客服可以稍稍让步,但给的价格不能太低,争取让客户做出购买决定。如果在做出价格让步后,客户仍然不依不饶,就不要再次让价了,可以改变一下销售方式,如送客户一个赠品,让客户感觉虽然没能再次让商家降价,但还是占到了便宜。

客服在议价时需要注意,回复速度一定要快,一次回复的字数不用太多,以免客户失去耐心。如果客户认为商品价格过高,客服可以承认商品价格确实高,但必须委婉表达出一个意思:"我们家的商品在功效、质量、价格、包装等各个方面都比同类商品好,是其他店铺比不上的,一定会让您感觉物有所值。"通过这种方式打消客户的疑虑,让客户放心购买。

(5) 核实的技巧。客户下单付款后,为了避免出现纰漏,客服要在第一时间将订单上的客户信息发送给客户,让客户确认信息是否正确,让客户感受到客服认真负责的态度。

(6) 道别的技巧。无论最后买卖成交与否,客服与客户道别时都要客气、礼貌。买卖成交时,可以这样说:"非常感谢您对小店的支持,我们会尽快发货,祝您生活愉快！就不多占用您的时间了。"这样的话语既简洁明了，又礼貌得体。

(7) 跟进的技巧。当客户已经下单但迟迟没有付款时，客服要实时跟进客户的付款情况，最好根据订单中的客户信息主动联系客户。客服可以这样说："您好！亲，宝贝已经为您准备好了，付款后可以立即发货。"稍微给客户施加一点压力，可以更快地完成交易。

联系客户时最好不要打电话，以免引起客户反感，最好通过短信或站内信联系客户。注意不要直接问客户还买不买，以免客户直接回复："哦，我不买了。"如果最后没有成交，客服在保持礼貌的同时，还要适度表现出惊讶与谅解的情绪，并说道："欢迎您下次再来。"

2) 客服售后沟通技巧

(1) 订单信息确认，发货通知。客服一定要做好客户订单信息确认工作，让客户在下单后确认相关信息，降低未来发生纠纷的可能性。对于没有发货提示的物流，客服要将相关的物流信息通过短信或站内信发给客户，让客户放心，让客户对客服、主播及店铺产生很好的印象。

(2) 在客户签收货物后，及时进行跟踪回访。店铺为了提高自己的好评率，必须在客户签收货物后及时进行跟踪回访。店铺在确认客户已经收货后，可以就客户对商品的满意度进行电话或短信回访。如果客户对此次购物很满意，客服一定要对客户表示衷心的感谢，并且欢迎客户再次前来选购商品，同时备注好客户的偏好等相关信息，为下次接待客户做好准备；如果客户对商品表示不满意，客服首先要认真道歉，解释清楚原因，如果商品需要退换，就安排退换。这样不仅能发现与改进店铺的不足之处，还能改善服务模式，提高客户服务水平。

(3) 收到好评后要回复。店铺要重现客户的晒图好评，不能认为客户已经给出了好评，就没必要再关注了。其实，回复客户好评不仅能够提升客户好感，还有可能使客户成为回头客。因此，在收到好评后，客服要向客户表示感谢，感谢客户购买商品及对店铺的支持。

但在客户的好评中有这样一种情况，那就是客户明明给了好评，在好评中却说商品质量一般，购物体验并不是很好，只是习惯性好评而已。面对这种情况，客服应该在不泄露客户信息的前提下诚恳道歉，认真解释原因，然后私信客户，再次致歉，力争感动客户，赢得谅解。

(4) 收到差评时要摆正心态，诚恳道歉。首先，收到差评后，客服一定不要通过电话或者短信去骚扰客户，更不能对客户进行人身攻击，必须主动承担责任，否则，会使客户对店铺的印象更差，导致客源流失；其次，客服要表示出真诚的歉意，耐心询问客户为什么给出差评，是因为商品物流太慢，还是因为实物与图片描述不符；最后，客服应再次诚恳道歉，就差评原因向客户解释清楚，或安排商品退换，并感谢客户对店铺的支持。只有客服做到真诚道歉、耐心询问、详细解释、衷心感谢，客户才能被其周到的服务与诚恳态度打动，才能表示出宽容与谅解。

【考核方案】

以3～5人形成一个学习小组，小组成员明确分工，落实具体工作。整个学习过程既有独立的思考，又有团队协作、共同实践的任务。成果考核由成员自评、小组内评价和教师评价构成。小组内成员对本组直播电商客服沟通话术和直播电商客服效能提升技巧进行自评、完善；小组之间对直播电商客服沟通话术和直播电商客服效能提升技巧的可操作性、完整性开展互评，并写出评价意见；指导教师对各组的实操演练过程和成果进行评价，各组成员继续完善相关环节。

岗位任务主要考核点如下所述。

(1) 掌握直播电商客服工作的核心思路和技巧；

(2) 完成各种情境下直播电商客服的解决方案；

(3) 完成各种情境下直播电商客服的沟通话术手册；

(4) 掌握直播电商客服效能提升技巧和方法。

【思考和作业】

(1) 作为一名电商客服，当给你一个直播活动方案后，你将从哪几个方面准备？

(2) 直播过程中若遇询单量激增，电商客服应如何应对？

(3) 以某几个直播数据为例，分析其客服工作中存在的问题，并提出解决方案。

项目管理篇

【导言】

随着电子商务的深度发展,客户服务毫无疑问已经成为当今电子商务企业在竞争愈来愈烈的买方市场中战胜对手赢得客户的一大法宝。面对经营规模、运营实力、产品特色、技术含量和价格定位等都近乎一致的众多同行业对手,如何建立一套科学而富有特色,并对客户具有吸引力的客户服务体系显得尤为重要。电子商务客户服务体系是电子商务企业的重要构成部分,客户服务体系通常是由明确的客户服务理念、相对固定的客户服务人员、规范的客户服务内容和流程,以及以提升企业知名度、美誉度和客户忠诚度为目的的企业商业活动构成。由此可见,客户服务体系的内容庞大,涉及的环节多样、内容丰富，客户服务团队建设与管理作为其中的重要部分，起到了承上启下的作用。

客户服务是一个过程，是使客户合适的需求得到满足，价值得到提升的活动过程，在此过程中，客服团队的建设与管理始终贯穿相随。电商客户服务团队建设内容主要包含客服团队的快速组建、客服团队文化的形成和团队激励机制的确立，这些是客服团队各项工作开展的有力支撑，也是达成团队所设定目标业绩的有力保障。电商客户服务团队管理的核心是客服各项管理制度的建立，绩效考核体系的形成、细化和执行，这是电子商务企业业务执行层最关注的问题，它们的执行有效与否是稳定业务执行层最直接的因素，也是提高客户满意度和忠诚度、最大限度开发客户价值的核心。

模块9　客服团队建设

电商企业欲提升客户的消费体验，拥有专业的客服团队是很关键的。如今电商企业的客户服务体系通过建立以客户为中心的售前、售中和售后服务体系，实现对客户的全程服务。电商客服是客户在网上购物过程中的沟通桥梁，每当客户在线上购物出现疑惑和问题的时候，只有客服的存在才会给客户更好、更完整的购物体验。在与客户的沟通中，客服不仅仅代表自己，更代表整个企业，客服在接待客户、解答客户疑问、处理客户投诉的态度直接决定了客户的体验及企业形象。因此，电商企业要做大做强，需要创建一支专业化、规模化的客服团队，塑造优秀的客服团队文化，并制定切实可行的客服管理和激励机制，使客服系统对销售业绩的稳步增长起到有力支撑，发挥举足轻重的作用。

【学习目标】

知识目标

- 了解电商企业客服团队建设的基本流程；
- 理解电商企业客服团队管理的各项制度；
- 掌握电商企业客服团队激励机制的主要内容。

技能目标

- 能看懂并描述不同规模电商企业客服团队建设的基本流程，为顺利成为合格的客服人员奠定基础；
- 能了解并尝试制定电商企业客服团队管理的主要制度，成为一个遵章守纪的客服人员；
- 能看懂并理解客服团队激励机制中的竞争和晋升、奖励和监督主要内容的含义，为职业生涯升迁做好准备。

课程思政目标

- 加强团队合作多赢的意识培养；
- 倡导爱岗敬业、奋斗拼搏和工匠精神；
- 树立终身学习和职业技能培训意识。

【情境导入】

秉承"团结、求实、高效、创牌"的匹克精神，匹克集团未来五年的计划是要继续以篮球、跑步为核心，拓展网球、足球、排球、自行车等领域，在产品线和产业链方面进行延伸，不断完善体育产业生态圈，实现从单一的体育用品公司到综合性的体育产业集团的跨越。而匹克天猫官方旗舰店也计划未来要跻身天猫运动类目排名前3,因此在配合公司和店铺的未来五年规划中,客服团队的创建、管理、提升和优化将是一项非常重要的工作。

思考题:

(1) 电商企业客服团队建设主要包含哪些内容?

(2) 电商企业客服团队的各项管理制度如何建立和执行?

(3) 如何激励客服团队成员发挥各自的优势,使团队效益最大化?

任务9.1 客服团队组建

【任务布置】

工欲善其事,必先利其器。为了实现未来五年企业和店铺的发展目标,请为匹克天猫官方旗舰店重新规划客服团队的岗位设置和客服人力资源规划,并制定相应的培训和考核制度。

【实操内容和流程】

- 实操内容

(1) 了解和学习客服团队组建的基本流程;

(2) 学习和编制客服岗位设置和客服人力资源规划;

(3) 根据模块1所学知识,编制客服团队培训计划和考核定岗方案。

- 实操流程

实操流程1:以小组为单位,团队成员一起了解和学习客服团队建设的基本流程(见图9.1),并学习每一个环节的主要工作内容,掌握工作要点。

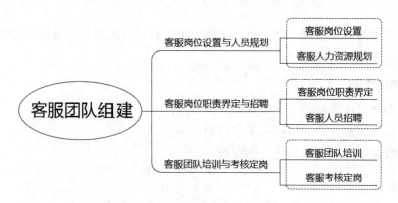

图9.1 客服团队组建基本流程

实操流程2:小组成员分工合作,收集和学习各类电商企业组织架构中,设置客服岗位的部门和岗位名称，掌握编制客服人力资源规划的方法和内容。

知识窗9.1.1　客服岗位设置和客服人力资源规划

1. 客服岗位设置

电商企业的客服团队主要由客服主管和各职能客服组成，其中各职能客服按照所担负的职责不同而进行相应的设置，围绕客户服务这个中心，通常设置的岗位主要为售中客服、售后客服、客户关怀客服等。电商企业通常会根据自身实际发展需要进行个性化的岗位设置。

2. 客服人力资源规划

客服人力资源规划一般会涉及5个方面，即战略规划、组织规划、制度规划、人员规划和费用规划。

(1) 战略规划，通常是根据总体发展战略的目标，对客服人力资源开发和利用的方针、政策和策略的规定，是与客服相关的人力资源具体计划的核心，是事关客服工作全局的关键性计划。

(2) 组织规划，通常是对客服团队整体框架的设计，包括组织信息的采集、处理和应用，还包括组织结构图的绘制、组织调查、诊断和评价、组织设计与调整以及整体组织机构的框架设置等。

(3) 制度规划，通常是客服人力资源总规划目标实现的重要保证，包括客服人力资源管理制度体系建设的程序和客服制度化管理等内容。

(4) 人员规划，通常是对客服人员总量、构成以及流动的整体规划，包括客服人力资源现状分析、客服定员、客服人员需求和供给预测，以及客服人员供需平衡等。

(5) 费用规划，通常是对客服人工成本以及客服人力资源管理费用的整体规划，包括客服人力资源费用的预算、核算、结算，以及客服人力资源费用控制等。

实操流程3：根据"模块1"所学知识，学习编制客服团队培训计划和考核定岗方案。

在电商企业或店铺的发展初期，很可能是一人多岗，随着企业或店铺发展的成熟，会是一岗多人。因此要加强培训和考核，为客服的岗位胜任和升迁奠定基础。

知识窗9.1.2　客服团队培训和考核定岗

1. 客服团队培训

客服人员一旦招聘到位，马上就要开展上岗前的培训。在培训前，电商企业需要制订培训计划，设计培训内容和对应的培训目标，以保证培训的顺利进行，如表9.1所示。

表9.1　新客服人员培训内容和目标

培训对象	培训内容	培训目标
售中客服	日常工作流程培训及工作表格的流转	熟悉日常工作流程
	产品知识培训	了解所销售的产品知识
	掌握礼仪及在线沟通方式等	掌握网店客服礼仪及沟通技巧
	买家心理分析及销售技巧培训	掌握销售导购的技巧及买家问题解决的技巧
售后客服	日常工作流程培训及工作表格的流转	熟悉日常工作流程
	买家关怀方式及沟通技巧	掌握与买家的后续沟通服务技巧
	买家数据库的登记及分析	掌握买家数据库的整理及分析技能
	交易纠纷处理及退换货流程	掌握退换货流程，并能够处理投诉

2. 客服考核定岗

在2～3周系统培训的过程中，每结束一个环节，新客服人员都会经历一次考核，考核方式一般为笔试和上机操作，以满分制为准，分数的高低为分岗及转正考核的依据。客服主管的职位原则上优先考虑内部竞选，次要选择为外部招聘。售中客服、售后客服和客户关怀客服要考虑客服人员意愿，结合考核分数合理定岗。

通过系统的培训和考核之后，综合考查新客服人员的综合情况，本着"品德第一，能力第二"的原则合理定岗，电商企业还可以根据实际情况进行衡量取舍。

总体而言，鉴于客服岗位的特殊性，新客服人员的软实力(人品方面)应该作为重要的考核依据，而对一个人人品方面的考查需要全面观察与注意，需要管理者具备"识人、用人"的能力。

【延伸阅读】

1. 客服培训与考核

客服的培训与考核主要分为新客服人员培训与考核、客服轮岗培训与考核、客服团队培训与考核、客服技能培训与考核、客服产品培训与考核5个方面。

1) 新客服人员培训与考核

新客服人员培训主要包括价值观、基本操作、岗位技能等内容，培训流程如图9.2所示。价值观培训包括企业文化、企业经营理念和职业道德。这类培训有利于新客服人员融入已有的成熟团队，加强客服人员对企业的认同感以及自身的归属感；系统地学习操作平台的各类规则及各类系统工具，增强客服人员专业素养。岗位技能的培训主要是学习日常销售技巧、客服基本会话礼仪、岗位技能及产品知识。待新客服人员完成培训后，将通过技能考核记录表和产品考核记录表对新客服人员的培训结果进行评估。

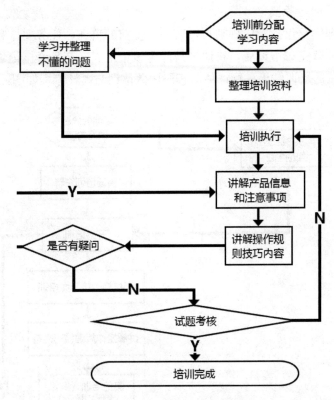

图9.2 新客服人员培训流程

2) 客服轮岗培训与考核

轮岗培训是指客服人员在某一个工作时间内变换工作岗位,使其获得不同岗位工作经验的形式。轮岗培训能够让轮岗客服人员对新的工作环境和业务有所了解,补充新的知识和能力,使客服人员对未来的岗位有更清晰的了解,同时扩大受训客服人员对工作各个环节的了解。

(1) 轮岗培训的意义。轮岗培训能够加强电商企业工作的系统化和整体性;增加工作乐趣,避免对同一岗位产生厌倦感;加强各岗位客服人员之间的互相理解配合,降低内耗;增强客服人员的多项工作技能。

(2) 客服工作的轮岗培训集中在售中、售后和客户关怀等岗位,看似不同岗位的工作,却有着无比密切的联系。售中客服的关键在于销售,售后客服的关键在于售后服务,两个岗位在培训时的侧重点是不一样的,如表9.2所示。

表9.2 客服轮岗培训的侧重点

培训对象	工作性质	培训目标
售中客服	销售类	对商品的熟悉度、与顾客的交际能力、商品销售能力、商品的搭配能力
售后客服	售后服务类	对快递单号查询的熟悉度、异常快递单处理的能力、及时反馈的能力、抗压能力、解决问题的能力、淘宝规则的熟悉度

3) 客服团队培训与考核

客服团队培训主要包括操作规则与技巧、大促前的培训、任务安排和活动实施规划等内容。待客服团队完成培训后，将通过技能考核记录表、产品考核记录表、实施效果监督表对客服团队的培训结果进行评估。客服团队培训与考核流程如图9.3所示。

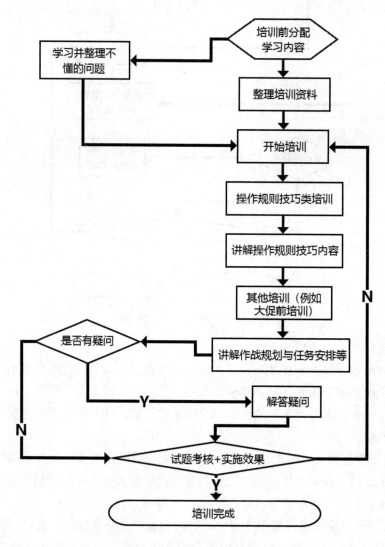

图9.3　客服团队培训与考核流程

4) 客服技能培训与考核

客服技能培训主要分为客服的基础操作和聊天操作两个方面。基础操作是指客服人员的打字速度，一般以60字/分钟为合格；聊天操作是指客户分组操作、千牛(以淘宝为例)常见操作(如聊天设置、漫游设置、添加好友等)、快捷操作以及个性签名操作等。具体的考核表如表9.3所示。

表9.3 客服技能培训与考核表

技能点	考核点	细则	参考答案	考核结果 自我评价	考核结果 主管评价
客服操作基础	打字速度	初级客服≥60字/分钟	使用在线金山打字通测试3次，取平均值		
聊天操作	客户分组操作	新建组、删除组	显示聊天窗口→在分组名上单击鼠标右键→添加组、删除组→完成		
聊天操作	客户分组操作	重命名组	显示聊天窗口→在分组名上单击鼠标右键→重命名组→完成		
聊天操作	客户分组操作	向组员群发短信/消息	显示聊天窗口→在分组名上单击鼠标右键→向组员群发消息→完成		
聊天操作	千牛常见操作	添加/查找好友	显示聊天界面→在左上角的搜索框中搜索好友旺旺→完成		
聊天操作	千牛常见操作	漫游/聊天/个性/安全设置	打开"系统设置"对话框→漫游/聊天/个性/安全设置→确定		
聊天操作	千牛常见操作	设置挂起	单击联系人→单击聊天窗口右上角的"挂起"按钮→完成		
聊天操作	千牛常见操作	查看所有旺旺的聊天记录	单击联系人→单击"查看消息记录"按钮右侧的下拉按钮→单击"查看在线消息记录"按钮→选择旺旺账号和时间段→查看聊天记录		
聊天操作	千牛常见操作	客户转给其他客服服务	单击联系人→单击聊天窗口左上角的"转发消息给团队成员"按钮→选择团队成员→转过去		
聊天操作	快捷操作	设置自动回复	打开"系统设置"对话框→单击"客服设置"→自动回复设置→设置→确定		
聊天操作	快捷操作	设置快捷回复	最近联系人→快捷短语→设置→保存		
聊天操作	个性签名操作	新增、修改、删除个性签名	打开"系统设置"对话框→个性设置→个性签名→设置→确定		
聊天操作	个性签名操作	不同方式设置个性签名	①直接在旺旺昵称下输入个性签名 ②打开"系统设置"对话框进行设置		

5) 客服产品培训与考核

客服的产品培训包括产品属性、产品热卖点和店铺活动的培训，还包括日常交接工作、店铺情况和客服操作等培训，具体考核细则如表9.4所示。

表9.4 客服产品培训与考核细则

考核内容		是否合格	
产品方面	产品属性	是	否
	产品热卖点	是	否
	店铺活动	是	否
日常交接工作	日常/售后交接人	是	否
	日常/售后交接人上班时间	是	否
店铺情况	发票/收据问题	是	否
	发货时间	是	否
	默认快递及邮费	是	否
	备选快递及邮费	是	否
	发货/退换货地址	是	否
	赠送礼物详情	是	否
	好评返现详情	是	否
	打包方式	是	否
客服操作	客服权限	是	否
	整理快捷短语	是	否
汇总	合格率		

备注:合格率低于80%的不予通过,重新考核;高于80%即可通过

2. 客服工作特点及适合做客服工作的人群

客户购买商品时追求性价比,电商企业在聘用客服人员时也追求"性价比",总是希望客服人客服人员工作能力强,但工资要求不太高。此外,招聘兼职客服也是个不错的方法,兼职客服可以只在网购高峰期工作,工资比全职客服低。

1) 客服工作特点

(1) 适应不同的工作时间。电商企业的客服人员服务时间一般从早上八九点一直持续到晚上十点甚至十二点,至少需要两班客服人员进行倒班。招聘的客服人员要适应这样的工作时间。

(2) 善于交际与表达。客服归根结底是一个与人交流的工作,不善于交际与表达的人,可能就无法胜任这个工作。这里需要注意的是,有的人在现实中不太擅长言语交流,在网上交流时却能够很好地表达自己的意思,这样的人是可以做网店客服工作的,毕竟网店客服是以线上交流为主。

(3) 能够接受较低的底薪。固定的收入无法刺激客服人员的工作积极性,销售提成才是他们的工作动力。要让销售提升的效果最大化,底薪就不能设置得太高,如果不能接受这一点,可能就不太适合做网店客服的工作。

(4) 记忆力好,领悟力强。网店客服要熟记各种工作流程,还要熟悉几十种甚至上百种商品的特点,这就对网店客服的记忆力和领悟力提出了较高的要求。

2) 适合做客服工作的人群

根据以上客服工作特点的分析,有以下几种类型的人群适合做网店客服,如图9.4所示。

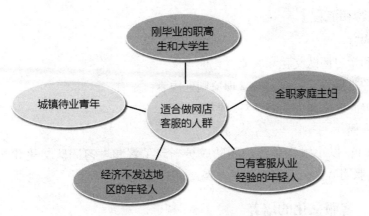

图9.4 适合做网店客服的人群

【考核方案】

以3~5人形成一个学习小组，小组成员明确分工，落实具体工作。整个学习过程既有独立的思考，又有团队协作、共同实践的任务。成果考核由成员自评、小组内评价和教师评价构成。小组内成员对本组客服人力资源规划、客服团队培训计划和考核定岗方案进行自评、完善；小组之间对客服人力资源规划、客服团队培训计划和考核定岗方案的可操作性、规范性开展互评，并写出评价意见；指导教师对各组的实操演练过程和成果进行评价，各组成员继续完善相关环节。

岗位任务主要考核点如下所述。

(1) 熟练搜索招聘网站的信息并进行汇编；
(2) 掌握电商企业客服团队建设的工作流程和工作内容；
(3) 掌握客服岗位设置和客服人力资源规划的编制方法；
(4) 完成客服团队培训计划和考核定岗方案的编写。

【思考和作业】

(1) 电商客服团队组建中最重要的工作是什么？工作中要注意哪些问题？
(2) 客服人力资源规划和企业规划之间有哪些联系和区别？
(3) 电商客服团队在职培训应该包含哪些内容？

任务9.2 客服团队文化

【任务布置】

客服人员直接面对客户，工作压力较大，薪资与销售额相关联，对其管理颇考验企业管理者的水平。明确权责、奖惩有度是管理好客服团队的保障。请结合匹克天猫官方旗舰店的特点，为其客服团队的文化建设、制度建设制定相应的方案。

【实操内容和流程】

- **实操内容**

(1) 了解和学习团队文化和客服文化的含义；
(2) 学习和掌握电商客服团队管理原则的内容；
(3) 掌握电商客服岗位的各项管理制度。

- **实操流程**

实操流程1：以小组为单位，团队成员一起了解和学习团队文化和客服文化的含义，并掌握客服团队文化建设的主要内容。

知识窗9.2.1　客服文化的培养

电商企业面临不断变化的外部环境和激烈的市场竞争，企业之间的竞争不仅仅局限在产品和价格之间，还体现为店铺内客服人员做事方式的竞争，也就是客服服务文化的竞争。文化是一种无形资产，也是一种潜在投资。作为企业管理者，应从以下几个方面完善客服文化。

1. 团队意识

团队意识是指整体配合意识，包括团队的目标、团队的角色、团队的关系、团队的运作过程等方面。店长要培养客服的团队意识，让客服明白，团队是一个整体，是拥有不同技能的人员的组合，各成员致力于共同的工作目标、相互负责的处事方式和共同的工作目的，通过协作，组成战术小组，达到共同目的。

2. 以客户为中心

以客户为中心就是以买方(客户群)的要求为中心，其目的是从客户的满足之中获取利润，是一种以消费者为导向的营销观念。

以客户为中心的经营理念对客服的服务方式有严格要求。首先，客服不能生搬硬套商品详情页面中的内容，要以自己的生活经验和真实体验给客户提出贴心的、有建设性的意见或建议；其次，客服在确认客户的购买需求和个性化要求时，要尊重客户的选择，不能一味地推荐介绍，而不管商品是不是客户所需要的，要有针对性地提供不同的服务；最后，全程满足客户的个体需求，为客户创造完美的购物体验。

3. 文化理念

企业文化理念是指企业所形成的具有自身特点的经营宗旨、价值观念和道德行为准则的综合。文化理论的确定与企业的创业经历有着密切关系。

首先，文化理念是店铺经营价值观的核心所在，决定了客服的思维方式和处理问题的法则；其次，文化理念决定了店铺的发展方向，代表着店铺的发展方向，客服就是在这一理念指导下从事销售服务活动的；最后，文化理念具有无形的凝聚力，能在客服中形成团结友爱、相互信任的和睦氛围。由此可见，文化理念支撑着店铺的发展，也对调动客服工作的积极性起着关键性的作用。

实操流程2：小组成员一起学习客服团队管理的主要内容，并掌握如何在客服岗位上遵从团队管理准则、服从客服团队管理的方法。

知识窗9.2.2　客服团队管理原则

由于电商客服的特殊性，客服团队的管理原则与一般公司团队的管理原则是有区别的，主要体现在店铺分配、排班、数据监督、客户投诉处理等方面。

1. 店铺分配原则

店铺分配是指店铺管理人员对客服人客服人员工作的分配。店铺分配时，应遵循以下原则。

(1) 专属服务。根据类目和咨询量来分配客服人员，客服与买家建立专属关系，可以为客户提供最贴心的服务，让买家更信任店铺，从而实现更多的消费。

(2) 保证服务质量。每个客服日咨询量控制在250次，超量则考虑增加客服人员，以保证客服的服务质量和响应时间。

(3) 轮班制度。基本上安排一个小组负责一个店铺，一个店铺最少设置3个客服，以安排客服轮班上岗和休息。

2. 排班原则

为了保证客服人员有充沛的精力投入工作，保障各部门有序、高效运作，店铺管理人员在对客服进行排班时，应遵循以下原则。

(1) 均匀。每个人的休息要均衡，不要出现差异化。

(2) 合适。优先考虑专人做专事，每个客服负责自己熟悉的店铺。

(3) 平衡。每个客服的咨询量尽量均匀化，避免出现严重失衡情况。

3. 数据监督原则

作为一个客服管理人员，要学会通过观察数据挖掘客服问题，这个至关重要，因为数据是最直观体现客服问题的。客服管理人员在进行数据监督时，应遵循以下原则。

(1) 监督。优先挑选重点店铺进行监督，以尽早发现问题并解决。

(2) 统计。数据定期监督统计，可以安排一周3次左右的统计次数。

(3) 改善。数据一定要落实到个人，紧抓个人问题与落实改善。

4. 客户投诉处理原则

有效处理客户投诉，提升客户满意度，应遵循以下原则。

(1) 及时。必须2小时内给出问题产生的原因，24小时之内给出最终处理结果与方案。

(2) 落实。要及时落实跟进处理投诉的责任人与落实改善措施。

(3) 反馈。一定要主动跟企业/店铺负责人或客服管理人员反馈投诉内容处理情况。

实操流程3：收集两三家典型电商企业的客服各项管理制度，学习、理解并编制匹克天猫官方旗舰店客服应遵循的各项管理制度。通常，电商企业的客服管理制度主要包括客服工作制度、客服工作流程和规范、客服礼仪规范。

知识窗9.2.3 客服各项管理制度

1. 客服工作制度

(1) 上班时间。早班为9：00—18：00；晚班为17：00—24：00，每周单休，做六休一，具体按组长排班表轮班、轮休。上下班时，必须做好交接工作，做好记录。

(2) 严格遵守公司和职场各项制度，按时出勤，不得在上班时间从事与工作不相关的事情。

(3) 上班时间不得迟到、早退，有事离岗需向主管请示，如需请假，事先联系部门经理。

(4) 每周开部门例会，由部门经理主持会议，每位客服都需要汇报一下自己上一周的完成目标情况，工作中遇到的问题及接下来需要改进的地方。

(5) 新产品上线前，由商品部给客服上课，介绍新产品，客服必须在新产品上架前掌握产品属性。

(6) 保持桌面整洁，保持办公室卫生，每天上班前清洁办公室，轮流清理；有事不能打扫的，提前换好班。

(7) 其他未尽事项由部门经理决定。

2. 客服工作流程和规范

(1) 客服人员应保持良好的状态和仪容仪表，工作认真，热情，有耐心，责任心强。

(2) 接待客户咨询要热情，要运用专业术语，认真解答客户提出的疑问。

(3) 熟练掌握公司运营流程和服务项目，全面了解客户的情况，严格按照公司规定进行客户服务工作。

(4) 接待好咨询客户，用语文明，礼貌待客，不影响公司形象，一个月内因服务原因收到买家投诉，罚款50；被二次投诉，罚款金额按双倍逐渐递增。

(5) 每位客服准备一本备忘录，在工作过程中遇到问题或有好的想法马上记录下来，相关办公文件到行政部登记领取，并每周上报工作总结与计划。

(6) 每完成一笔订单，都要到交易订单里面备注自己的工号，插上小红旗，以便计算提成；如没备注，少算的提成损失由自己承担。

(7) 无客户咨询时，多巡视网店后台、推荐橱窗位，发现上架的宝贝数量低于10件的，第一时间到网店管家中查看库存，然后将该宝贝的实际库存通知其他同事。

(8) 在接到客户投诉时应主动致歉，妥善处理，并视情节轻重上报上级领导。

3. 客服礼仪规范

1) 办公礼仪

(1) 注意仪容仪表，遵守公司相关规定。

(2) 言行举止要得当。

(3) 办公室工作区域要整洁，大方，美观。

(4) 在和其他人沟通时音量要得当，避免影响他人。

(5) 礼貌对待客服人员同事及客户，构建和谐氛围。

(6) 同事之间互助友爱，热心主动帮助客服人员以及同事，有团队意识。

(7) 部门之间积极配合，共同完成公司安排的任务，培养团队协同意识。

(8) 服从公司管理，积极沟通，养成服从习惯。

2) 在线沟通礼仪

(1) 问候语示例：您好、早上好、下午好、晚上好、您回来了。

(2) 祝贺语示例：恭喜、祝您节日愉快、祝您圣诞快乐、祝您新年快乐、祝您生日快乐、祝您新婚愉快、祝您新春快乐。

(3) 告别语示例：再见、晚安、明天见、祝您愉快。

(4) 道歉语示例：对不起、请原谅、打扰了。

(5) 道谢语示例：谢谢、非常感谢您。

(6) 应答语示例：是的、好的、我明白了、不客气、没关系、这是我应该做的。

(7) 征询语示例：请问您有什么需要帮助？请问我能为您做什么吗？请问需要我帮您做什么吗？请问您还有其他需要帮助吗？

(8) 基本礼貌10字用语：您好、请、谢谢、对不起、再见。

(9) 商量语示例：您看这样可以吗？您看这样好不好。

(10) 避免使用负面语言，如我不能、我不会、我不愿意、我不可以、但是。

【延伸阅读】

1. 客服的成长目标

企业/店铺管理者作为管理人员，应该帮助客服制定成长目标，帮助客服成长。一个典型的客服成长目标如表9.5所示。

表9.5 客服成长目标

培训期目标	3个月目标	6个月目标
① 了解电子商务基本概况 ② 熟悉店铺商品 ③ 熟悉店铺商品的相关行业基本知识，如服装行业要求进行简单的推销，了解面料、尺码测量、洗涤注意事项 ④ 熟悉网店工作流程，掌握相关软硬件操作 ⑤ 进一步提高打字速度 ⑥ 掌握客服所用的基本话术	① 如为售前客服，应了解产品卖点，熟练使用话术，能推荐关联商品和单价高且利润也高的商品，针对客户询问解答问题；如为售后客服，应熟悉售后流程，并能对售后问题有相当程度的了解，与客户进行电话沟通，解决问题 ② 进一步提高普通话水平 ③ 进一步提高打字速度 ④ 能顺畅地与仓储物流部门沟通	① 咨询转化率进一步提高 ② 客单价进一步提高，熟悉搭配套餐，善于推荐 ③ 付款率进一步提高，熟练掌握催付技巧 ④ 深入了解商品知识，可根据客户特点推荐关联商品，如最佳服装产品搭配等 ⑤ 进一步强化打字速度 ⑥ 进一步提高普通话水平，如能达到二级甲等证书水平更好 ⑦ 遇到特殊的售后问题能主动跟进并解决，提高客户满意度 ⑧ 能主动回访客户，提高客户回购率

有了成长目标，客服才能有方向，有意识地朝着目标努力，按照店铺需要将自身一步一步"塑造成才"。

2. 防止和避免客服人员跳槽

电商企业客服是一个人员流失率很高的职业，通常一名客服人员在一家企业工作三四个月就会产生跳槽的想法。出现这种情况的原因主要有两个：一是客服的门槛普遍较低，工作内容也很容易上手，很多人在工作一段时间后，对市场有了一定了解，会萌发自己创业的想法；二是客服的工作劳动强度大，工作内容复杂，心理承受压力过大。企业要努力做到以下几点，才能防止和避免客服人员跳槽。

1) 实施人性化管理

电商企业客服是一个相对来说比较辛苦的工作，需要整天对着电脑，跟各种各样的人进行网络沟通，还必须要保持良好的服务态度。作为企业管理者，应该尽量对客服人员友好，不要太限制客服的工作自由，应尽量给他们营造一个轻松的工作环境；同时应采用轮班制、调休等工作制度，给予客服足够的休息时间；在电商活动大促等时间给予客服一定的奖励也很有必要。

2) 激励客服人员的工作热情

客服工作是繁杂而枯燥的，企业管理者必须想尽一切办法调动客服人员的工作热情。对于客服人员来说，适当的奖励能激励他们的工作热情，提高工作绩效。企业管理者可以根据客服的接单工作量、成交率等，制定规章制度，实行奖励政策。

3) 给客服人员提供足够的空间让其发展

客服人员积极上进，渴望有更好的发展是一件很正常的事，企业管理者应该以开阔的胸怀去看待这件事，不应该去限制客服人员的发展。企业管理者需要适当引导客服人员，给他们提供足够的发展空间，让他们安心地在自己的企业里学习和积累经验。比如，企业多给客服人员提供锻炼的机会，对优秀的客服人员进行提拔，让客服人员接触和学习网店的运营等。

3. 怎样缓解客服人员的压力

每天重复着繁杂枯燥的工作，面对着挑剔严苛的顾客，常常使客服人员承受着很大的压力。压力管理是需要理性、技巧和方法的，那么作为客服管理人员该如何帮助客服人员缓解压力呢？

1) 创建良好的工作环境

在工作区域摆放一些绿色植物和有趣的小摆件；保持室内良好的通风，充足的光线、适宜的室内温度；为客服人员选择舒适的办公桌和座椅；及时地维修或置换有问题的办公设备；最好能有一个宽松舒适的休息室。

2) 明确客服人员的工作职责

企业人力资源部门为客服人员制定一份详细的工作说明书，确定客服人员的工作职责和权利，避免由于职责不清引发的各种内部冲突。

3) 对客服人员进行有针对性的培训

企业需要完善客服的管理制度、工作流程并及时给客服进行相应的培训、指导和反馈。通过有针对性的培训，帮助和提升客服人员对角色的认识，掌握必要的工作技巧。

4) 团队及文化建设

企业可以多为客服人员组织一些集体活动。通过团队及文化建设来有效提高客服人员的凝聚力，创造出一种轻松、上进的工作氛围。

5) 加强与客服人员的沟通

企业/店铺管理者应该加强与客服人员的沟通，及时了解客服人员的心声，比如定期与客服人员进行沟通或设立企业邮箱接收客服的建议或投诉等。

【考核方案】

以3~5人形成一个学习小组，小组成员明确分工，落实具体工作。整个学习过程既有独立的思考，又有团队协作、共同实践的任务。成果考核由成员自评、小组内评价和教师评价构成。小组内成员对本组所收集的电商客服团队文化和管理制度进行自评、完善；小组之间对各组收集的电商客服团队文化和管理制度的完整性、规范性开展互评，并写出评价意见；指导教师对各组的实操演练过程和成果进行评价，各组成员继续完善相关环节。

岗位任务主要考核点如下所述。

(1) 熟练掌握资料收集的方法和途径；

(2) 掌握电商企业客服团队文化的构成、特点和作用；

(3) 掌握电商客服团队管理原则、内容和方法；

(4) 收集完成电商客服岗位的各项管理制度。

【思考和作业】

(1) 企业文化和客服团队文化的联系和区别有哪些？

(2) 客服在遇到工作问题时，应如何寻求组织的帮助和支持？

(3) 电商客服岗位的各项管理制度制定有何重要作用？

任务9.3　客服团队激励

【任务布置】

客户服务并不是一件轻松的事情，繁忙的工作和负面的情绪会让客服感到厌倦、失落、缺乏活力。此时，企业负责人或客服管理人员就应采取必要的激励机制，来帮助客服人员应对这种负面情绪。那么建立怎样的激励机制才能让客服人员活力四射呢？请为匹克天猫官方旗舰店客服团队制定激励方案。

【实操内容和流程】

● 实操内容

(1) 了解和学习客服人员的竞争和晋升机制内容；

(2) 了解和学习客服人员的奖惩和监督机制内容；

(3) 掌握客服人员激励机制的重要性，并为匹克天猫官方旗舰店制定客服激励机制方案。

● 实操流程

实操流程1：以小组为单位，团队成员一起了解和学习客服人员的竞争和晋升机制，并掌握竞争和晋升机制的主要内容。

知识窗9.3.1　客服人员的竞争机制和晋升机制

1. 客服人员的竞争机制

竞争机制是市场机制的内容之一，是商品经济活动中优胜劣汰的手段和方法。竞争机制对网店的客服团队管理有着不可小觑的力量，如促进客服通过不断提高自己的知识与技能来获得客户的满意。可一旦这种竞争机制失衡，则会造成客服之间的钩心斗角、客服人员心理压力增大等各种负面影响。那么，网店管理者应该从哪些方面来实施良性的竞争机制呢？科学有效的竞争机制一定要以有说服力的数据作为支撑。

表9.6为某网店客服工作的数据对比，通过这些数据如实反映了客服的工作能力和状态，以这些数据作为佐证，不仅可以在客服之间形成良性竞争环境，还可以及时发现客服工作中的不足。

表9.6　客服工作数据对比

客服	销售额/元	咨询人数/人	成交人数/人	询单转化率	平均响应时间/秒	客单价/元	退款率
小何	32 500	500	200	40%	45	162.5	1.2%
小刘	25 638	800	300	37.5%	40	85.46	2.3%
小杨	2200	100	50	50%	32	44	3%
小叶	1980	60	10	16.7%	30	198	3.02%

2. 客服人员的晋升机制

为达到人尽其才、各尽所能的目的，电商企业在企业内部按照专业划分了多种职位，这些职位又被细分为多个等级，客服人员便有了提升自己的平台与空间。客服不同等级划分如图9.5所示。

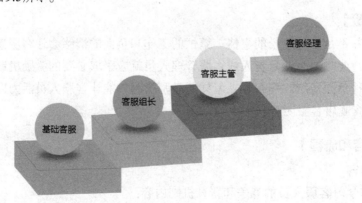

图9.5　客服不同等级划分

客服人员晋升是指客服人员由较低层级职位上升到较高层级职位的过程。网店为了充分调动客服工作的主动性和积极性，打造团结协助、能攻善战的团队，在网店内部营造公平、公正的晋升机制是很有必要的。客服人员的晋升应遵循以下4点。

1) 规范制度

规范管理人才的培养、选拔和任用制度，推动管理人才水平不断提高。

2) 建立晋升通道

建立管理人员晋升通道，激励客服人员不断提高业务水平，以卓越的现场管理能力推动电商企业的发展。

3) 职位可升可降

根据绩效考核结果，客服人员职位可升可降。当更高级别的职位空缺时，首先考虑内部人员，在没有合适人选时，考虑外部招聘。

4) 树立标杆

树立客服人员学习的标杆，不断引导其他客服终身学习、不断改进，保持公司的持续发展。

客服的晋升体制主要分为逐级晋升和薪酬晋升，两者是不可拆分的。当客服的职位提升时，相应的待遇也要得到改善。当然，客服的晋升要有一定的制度参考，而晋升的制度和条件需要店铺根据自己的实际情况进行制定。

实操流程2：以小组为单位，团队成员一起了解和学习客服人员的奖惩和监督机制内容，并掌握奖惩和监督机制的主要内容。

知识窗9.3.2　客服人员的奖惩机制和监督机制

1. 奖惩机制

电商客服人员能力参差不齐，有的客服认真负责、热情踏实，而有的客服缺乏耐心、粗心大意。为了让整个客服团队保持积极向上的工作作风，电商企业需要制定客服人员奖罚机制。

1) 奖励机制

电商企业的奖励机制一般会采取物质奖励和精神奖励两种形式。对于调动客服人员的积极性而言，物质奖励和精神奖励两者缺一不可，一般以精神奖励为主，物质奖励为辅。

(1) 精神奖励。精神奖励能够激发人的荣誉感、进取心、事业心和责任心。从心理学上来说，精神奖励能引起精神愉快，任何人都希望得到社会和他人的赞赏。电商企业可以根据自己店铺客服的指标完成情况及工作质量对客服进行精神奖励。表9.7为某电商企业对客服的精神奖励标准。

表9.7 客服精神奖励标准

奖项名称	精神奖励标准
最佳新人奖	① 工作时间未满3个月的正式客服人员 ② 在职期间出勤率高，无迟到、早退、旷工等现象 ③ 工作态度积极认真，注重服务礼仪 ④ 具有较强的工作能力，能高质量地完成本职工作 ⑤ 维护网店形象，能妥善处理各种关系 ⑥ 客户对其满意度高，销售业绩排名在整个客服团队的前30名内
优秀客服人员奖	① 工作半年以上的正式客服人员 ② 在职期间出勤率高，无迟到，早退、旷工等现象 ③ 具有较强的工作能力，尽职尽责，询单转化率、客单价、平均响应时间等指标业绩排名在整个客服团队的前30名内 ④ 客户对其满意度较高，能维护网店形象，能妥善处理各种关系
杰出客服人员奖	① 工作一年以上的正式客服人员 ② 获得过优秀客服人员奖或最佳新人奖 ③ 熟练掌握网店的产品知识、营销知识、沟通技能等 ④ 工作能力突出，考核综合指标达到店铺前三分之一 ⑤ 在工作中献计献策，能够提出一些建设性的意见

(2) 物质奖励。基于客服人员良好的工作表现而增加他的薪酬、福利待遇，对调动客服工作积极性有显著作用。物质奖励的金额是多少？达到怎样的标准才实现这样的奖励？这些都需要店铺根据自己的实力进行设置。

2) 惩罚机制

对不合格的客服人员，电商企业管理人员一定不要抱着"睁一只眼闭一只眼"的态度，发现问题就要及时解决。电商企业可以根据客服的工作失误、违规的严重性来权衡惩罚的轻重，可以参考的惩罚一般有警告、通报批评等，屡教不改者则应淘汰。

2. 监督机制

监督机制是对客服工作情况的跟踪监督，从客服的工作状态、工作绩效、客户满意度以及客服人员认可度等方面进行监视、督促和管理，促使客服的工作结果达到预定的目标。

电商企业在对客服进行监督工作时，可以采用数据监控和问卷调查两种方式。其中，数据监控可以对客服的工作成效和开展的进度质量进行评估；问卷调查可以从客户的反馈中对客服的工作进行有效监督。

【延伸阅读】

1. 双因素激励理论

双因素激励理论(dual-factor-theory)又称激励因素—保健因素理论(herzberg's motivation-hygiene- theory)，它是由美国的行为科学家弗雷德里克·赫茨伯格(Fredrick Herzberg)提出的。

该理论主要围绕两个问题：在工作中，哪些事项是让他们感到满意的，并估计这种积极情绪持续多长时间；又有哪些事项是让他们感到不满意的，并估计这种消极情绪持续多长时间。结果发现，使职工感到满意的事项都属于工作本身或工作内容方面，属于激励因素；使职工感到不满的事项都属于工作环境或工作关系方面，属于保健因素，如图9.6所示。

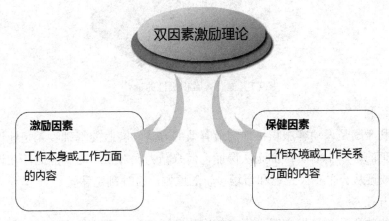

图9.6 双因素激励理论

1) 激励因素

那些能带来员工积极态度、满意和激励作用的因素都归结为"激励因素"，包括工作本身、领导和同事的认可、工作成就感和责任，主要涉及员工对工作的积极因素，也与工作本身的内容有关。对于电商客服而言，和客户交流是他们主要的工作内容，但对于这份工作的喜爱程度，则因人而异了。要让客服从内心真正热爱这份工作要从两方面出发：一是在提高客服工作积极性方面要张弛有度，不能让其在工作上一直处于繁忙状态；二是在管理方面需要有一些激励措施，如客服人员关怀、奖励、表扬等。

2) 保健因素

双因素激励理论中的保健因素包括公司政策和管理制度、薪资待遇、工作条件以及人际关系等，主要涉及员工对工作的消极因素，也与工作的氛围和环境有关。也就是说，对工作和工作本身而言，这些因素是外在的，而激励因素是内在的。

外在因素主要取决于薪资待遇、公司政策和制度；而诸如出色地完成任务的成就感之类的内在因素，则在很大程度上属于客服人员个人的内心活动，企业政策只能对其产生间接的影响。例如，企业只有通过确定出色绩效的标准，才可能影响客服人员，使他们认为自己已经相当出色地完成了任务。

2. 合理提升客服积极性的途径和方法

客服人员的积极性是指客服人员主动在工作中付出智慧的意愿和行动，具有极强的主人翁意识，脱离了被动性的工作行为。要想在工作中合理调动客服的积极性，可以通过以下4种途径来实现(见图9.7)。

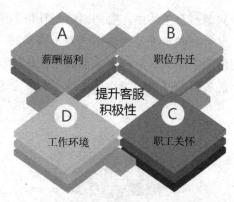

图9.7 提升客服积极性的途径

1) 薪酬福利

薪酬福利激励是调动客服积极性的最有效的方法。客服的基础收入是他们生活的保障，如果员工的基本生活质量都无法保证，何来精力面对工作呢？因此，在设定客服薪资水平时，要遵从公平、公正、和市场接轨的原则，合理制定薪资。

2) 职位升迁

客服职位的晋升，是指客服由原来的岗位升迁到另一个较高岗位的过程。这样既能发挥客服工作的无限潜力，也能增加客服在电商企业的存在感，从而对这份岗位有更多的依赖和付出。

3) 职工关怀

作为企业/店铺管理者，要时时刻刻让自己的客服人员感受到企业的温暖，贴心为客服人员考虑，如客服人员生日送上慰问。当客服人员感觉到来自企业的温暖后，才会以一种感恩的心面对自己的工作，在工作中自然会达到事半功倍的效果。

4) 工作环境

客服工作的环境会对其工作的状态产生直接的影响。在竞争环境中，会刺激客服不断努力攀登；而在消极环境下，客服往往会表现出消极怠工的状态。因此，企业/店铺管理者一定要营造出积极向上、轻松愉快的工作环境，这样对客服工作的有效开展有很大帮助。

【考核方案】

以3～5人形成一个学习小组，小组成员明确分工，落实具体工作。整个学习过程既有独立的思考，又有团队协作、共同实践的任务。成果考核由成员自评、小组内评价和教师评价构成。小组内成员对本组客服岗位激励机制方案进行自评、完善；小组之间对客服岗位激励机制方案的可操作性、完整性开展互评，并写出评价意见；指导教师对各组的实操演练过程和成果进行评价，各组成员继续完善相关环节。

岗位任务主要考核点如下所述。

(1) 熟练掌握资料收集的方法和途径；

(2) 掌握电商企业客服人员的竞争和晋升机制主要内容；

(3) 掌握电商企业客服人员的奖惩和监督机制主要内容；

(4) 完成客服激励机制方案编写。

【思考和作业】

(1) 应如何开展客服人员之间正当的竞争？

(2) 请为自己规划未来3年的晋升计划。

(3) 客服岗位的奖惩制度应如何体现公平？

(4) 客服岗位的监督机制应如何有效执行？

模块10　客服绩效考核

绩效是客服人员或团队的工作表现、直接成绩、最终效益的统一，绩效考核是电商企业对客服的正当要求和标准规范，是以工作标准为依据，对客服行为及结果进行测定，并确认客服的工作成就的过程。作为一名优秀的客服人员，除了耐心解答客户提出的各种疑问，并读懂客户的需求外，更重要的是将自己的服务转化为店铺的实际盈利，因此，客观、公正地考核客服人员的工作业绩、工作能力及工作态度，可以促使客服不断提高工作绩效和自身能力，提升店铺的整体运行效率和经济效益。优秀的绩效不仅对企业有帮助，对客服个人成长更是意义重大。

【学习目标】

知识目标

- 了解电商企业客服绩效考核重要性和考核流程；
- 理解电商企业客服数据监控与分析的渠道和方法；
- 掌握电商企业客服绩效考核指标的含义和提升方法。

技能目标

- 能看懂和掌握不同规模电商企业客服岗位的绩效考核内容和考核流程，遵守绩效考核规范；
- 能根据电商企业不同客服岗位和层级，采用相应有效的数据监控与分析方法，并为通过岗位绩效考核做好准备；
- 能深入理解和掌握客服岗位各项绩效考核指标的含义，采取有效的措施，努力提升岗位绩效考核各项指标。

课程思政目标

- 坚持问题导向和系统观念的习近平新时代中国特色社会主义思想的世界观和方法论；
- 维护多劳多得、勤劳致富、公平竞争的制度体系；
- 遵守按劳分配为主体、多种分配方式并存的分配制度。

【情境导入】

匹克天猫官方旗舰店经过前期的客服招聘和培训，已经创建了一支专兼职的客服团队。为充分发挥专兼职客服团队的工作积极性，超额完成各项工作任务和团队考核指标，公司客服管理部门需要协同人力资源部门为客服团队建立绩效考核机制，以激励客服团队的工作积极性和创造性。

思考题：
(1) 电商企业客服团队绩效考核主要包含哪些内容？
(2) 电商企业客服团队的绩效考核流程如何建立和执行？
(3) 电商企业客服团队的绩效考核指标应该如何根据企业目标设立？

任务10.1　绩效考核流程

【任务布置】

为了更好地引导客服行为，加强客服的自我管理，提高工作绩效，发掘每位客服人员的潜能，创建一个具有发展潜力和创造力的优秀客服团队，绩效考核势在必行。请为匹克天猫官方旗舰店制定客服的绩效考核流程和绩效考核方案。

【实操内容和流程】

● 实操内容

(1) 了解和学习客服岗位绩效考核的目的和重要性；

(2) 学习制定客服岗位绩效考核相关内容，形成绩效考核方案；

(3) 掌握客服岗位绩效考核的监控方法和流程。

● 实操流程

实操流程1：以小组为单位，小组成员一起学习和了解客服岗位绩效考核的目的、实质和重要性。

要做好客服岗位的绩效考核，就要了解绩效考核的目的、实质和重要性，这样才能制定具有可操作性的绩效考核方案。

知识窗10.1.1　客服岗位绩效考核的目的、实质和重要性

1. 客服岗位绩效考核的目的

客服岗位绩效考核的目的是规范电商企业客服部门和客服岗位的日常销售工作，明确工作范围和工作重点，使企业对客服工作进行合理掌控并明确考核依据。

2. 客服绩效考核的实质

简单地说，客服绩效考核就是一份合同，这个合同由管理者制定，由客服团队执行，并根据客服的完成情况，管理者给予客服人员相应的激励，这个激励一般为奖金。绩效考核不是制定条条框框来管理客服、限制客服，而是为客服制定目标和方向，帮助客服获得更为丰厚的收益。

3. 客服绩效考核的重要性

客服绩效考核不是为了管理客服，而是为了提升整个店铺的销量，以及提升客服的

服务水平,实现店铺和客服的双赢。因此,客服绩效考核应该是受客服欢迎的,而不是让客服感到束缚的。

图10.1给出了与店铺利润相关的3个公式。

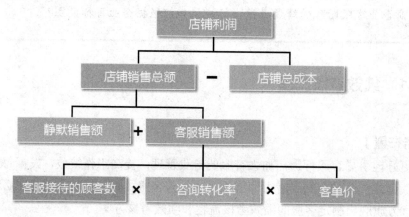

图10.1　店铺利润影响因素

店铺利润=店铺销售总额−店铺总成本

店铺销售总额=静默销售额+客服销售额

客服销售额=客服咨询量(客服接待的顾客数)×咨询转化率×客单价

由上述公式可知,绩效数据直接影响客服以及店铺的销售额数据,根据绩效数据的直观反映,对于客服绩效考核的重要性就不言而喻了。所以,店铺管理人员一定要重视客服的绩效考核,帮助客服明确自己的努力方向和目标,提升客服的工作效率,尽量营造出良性的竞争氛围,能者多劳,多劳多得。

实操流程2:小组成员一起学习制定客服岗位绩效考核相关内容,并根据企业客服岗位和店铺的实际情况,形成绩效考核方案。

知识窗10.1.2　客服岗位主要绩效考核内容

企业通过客服岗位各量化指标的考量,能对客服人员的工作能力、工作态度、工作业绩做出判定。结合各企业经营目标、业务结构特点、网店产品特点,客服的绩效考核侧重点有所不同,其考核方案也略有不同。某店铺售前、售后客服的关键考核指标如表10.1所示。

表10.1　客服关键考核指标

岗位	考核指标	指标定义/计算公式
售中客服	客服销售额	客户通过咨询客服或经客服推荐等方式购买的商品总金额
	咨询转化率	客户向客服咨询的人数到最终下单的个比率,咨询转化率=最终下单人数/咨询人数
	平均响应时间	指每一次自客户咨询到客服做出回应这一过程之间的时间差平均值。响应时间控制在20~30秒为佳

续表

岗位	考核指标	指标定义/计算公式
售中客服	答问比	指客户与客服的对话各占的比率，即客服消息数/买家消息数。客服的答问比应在110%~140%，即客户输入1句话，客服至少要输入1.1句话
	回复率	客服回应客户咨询人数的比例，回复率=回复过的客户数/接待人数
	服务态度	表达清晰，回复及时
	评价回复	对有问题的评价及时、正确地给出解释
售后客服	退款速度	退款速度=(本店退款速度/行业退款速度)×100%
	退款纠纷率	纠纷率越低，则该项得分越高；纠纷率高的，则酌情扣分；纠纷率过高的，则该项以0分处理
	退款原因正确归类	采用扣分制，分类不正确的，一次扣2~5分
	服务态度	根据店铺客服好评率、中差评率酌情加、减分
	问题处理及时率	对于各类售后问题，能做到及时处理
	独立处理能力	由客服主管灵活打分，如该月独立处理售后问题在90%以上(包含90%)，该项为满分；独立处理售后问题仅达到60%，该项为0分；对于咨询已经处理过的情况，再次发生时不知道怎么解决或者需要再次询问的，直接扣3分/次

除了以上关键考核指标，企业客服主管还可对客服人员的部门协作能力、工作主动性和学习能力等指标进行考核。

(1) 部门协作能力：十分积极主动，参与部门内外配合协作，遇事主动参与付出不计较，得5分；能主动积极配合部门工作，并取得部门满意，得4分；团结协作性一般，但能配合部门间工作要求，得1~3分；不注重团结协作，部门工作勉强配合，得0分。

(2) 工作主动性：工作积极主动，能分清轻重缓急，遇到问题及时解决处理，得4~5分；工作上不能分清轻重缓急，按部就班，按自己的节奏工作，得1~3分；工作被动，对交办的工作或事项不闻不问，没有结果，得0分。

(3) 学习能力：进步速度快，岗位相关专业水平不断提升，办事效率明显提高，得5分；进步明显，能随着公司的发展需要，逐步提升岗位能力，办事正确率提高，得4分；进步一般，在领导指导下，能胜任岗位要求，得3分；进步不明显，安于现状，不思进取，得2分。

需要引起客服主管注意的是，绩效考核一定要与奖励挂钩，如每月评出综合分数最高的客服应获得最高的奖励(如500元现金)；评出综合分数最低的客服应给予约谈或罚款的处罚。

实操流程3：小组成员通过资料收集和学习，熟练掌握客服岗位绩效考核的监控方法和流程，为通过客服岗位绩效考核做好准备。

知识窗10.1.3　客服数据监控的渠道

数据最具说服力，能提供科学化的考核标准。客服主管可通过数据快速分析客服的缺点，给予客服人员最大的帮助。客服主管可通过多种方式，对客服数据进行监控，如抽查聊天记录、查看数据报表、使用赤兔软件等。

1. 抽查聊天记录

客服日常工作的效率情况、服务态度、回答问题是否得当可以从聊天记录中查看。所以，客服主管可通过抽查聊天记录的方式来判断客服人员的工作情况。在淘宝平台，客服主管或店长，可通过子账号功能抽查客服的聊天记录。首先，进入淘宝官网，进入"卖家中心"页面，选择"店铺"，单击"店铺管理"模块下的"子账号管理"，如图10.2所示。

图10.2　"子账号管理"页面

打开的"子账号"页面，单击"聊天记录"，如图10.3所示。

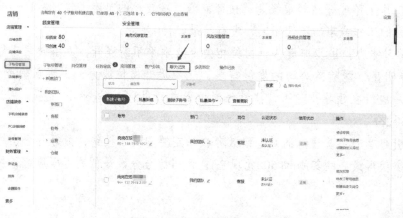

图10.3　查询聊天记录路途

打开的页面如图10.4所示，单击页面中"聊天记录查询"，输入相应的客户昵称号和员工账号，即可跳转到相应的聊天记录页面。通过查看客服与客户的聊天记录，可以了解客服人员工作中的问题，及时指出，给出改进建议能帮客服人员成长。

图10.4　聊天记录查询页面

2. 查看数据报表

电子商务往往需要数据报表来体现，如日报表、周报表、月报表、季报表、年报表等。表10.2为某网店2022年7月1日—7月4日的日报表节选。

表10.2　数据报表

统计日期	星期	流量			转化率			客单价	
		浏览量/次	访客数/人	平均停留时长/分	询单转化率	老访客数/人	成交单数/个	客单价/元	成交金额/元
2022-07-01	周五	100	80	4.52	10%	1	8	86	688
2022-07-02	周六	91	73	3.64	15%	2	11	56	616
2022-07-03	周日	124	101	4.69	11%	4	11	59	649
2022-07-04	周一	119	95	3.95	20%	1	19	65	1235

3. 使用赤兔名品软件

赤兔名品是一个客服绩效考核中常用的软件，用来统计客服的销售额、转化率、客单价、流失分析、绩效管理。赤兔名品可在服务市场中查询、购买，根据客服数量的不同，购买费用也有所不同。图10.5为赤兔名品软件购买页面。

图10.5　赤兔名品软件购买页面

赤兔名品软件除了监控客服数据外，还包括交易管理、订单管理、打单发货、催单催付等功能，十分适用于网店。

【延伸阅读】

1. 客服绩效考核管理办法

第1章 总则

第1条 考核目的

1. 为了客观、公正、有效地评价员工的工作业绩、工作能力及工作态度,及时纠正偏差,改进工作方法,促使员工不断提高工作绩效和自身能力,激励争先创优,优化整体客服团队,从而全面提升客服质量和企业效益,特制定本考核方案。

2. 对客服人员进行的业绩考核结果将作为公司进行人员薪资调整、培训规划、职位晋升和岗位调动的决策依据。

3. 将绩效考核融入公司管理过程,在考核中形成员工与公司双向沟通的平台,增进管理效率,推动公司良好运作。

第2条 考核原则

本着公平、公正、引导、激励的原则实施考评,客服人员的考评结果将与公司业绩和个人业绩直接挂钩,业绩考评也将作为薪资的主要参考依据,直接决定着个人收入。

第3条 考核形式

以业绩考核为主,采取多元考核形式并用来进行综合考量,以求考核效益最大化。

第4条 适用对象

本方案适用于公司所有的客服人员,但考评期内未到岗累计超过两个月(包括请假及其他原因缺岗)的员工不参与当期考核。

第2章 绩效考核内容

第5条 工作业绩

工作业绩主要根据客服的月销售额、咨询转化率、平均响应时间等量化指标和对上级主管安排任务的完成情况来体现。

第6条 工作能力

根据客服实际完成的工作成果及各方面的综合素质来评价其工作技能和水平,如专业知识掌握程度、学习新知识的能力、沟通技巧及语言文字表达能力等。

第7条 工作态度

主要对客服平时的工作表现予以评价,包括客户纠纷、积极性、主动性、责任感、信息反馈的及时性等。

第3章 绩效考核实施

第8条 考核周期

基于客服岗位特质,客服人员的绩效考核将实行月度考核,每一个月作为一个考核单位,考核周期是每月的1日—30(31)日,考核实施时间分别是次月的5日—10日。

第9条 考核实施

1. 考核者依据制订的考核指标和评价标准,对被考核者的工作业绩、工作能力、工作态度等方面进行评估,并根据考核分值确定其考核等级。

2. 考核者应熟悉绩效考核制度及流程，熟练使用相关考核工具，及时与被考核者沟通，客观公正地完成考评工作。

3. 为保证客服考核制度的完善和考核结果的有效、公正，设定考核申诉程序，如客服对考核结果有异议，可提起申诉，由绩效考评小组进行复议，并将复议结果告知本人。

第4章　考核结果应用

第10条　根据员工的考核结果，将其划分为5个等级，主要应用于职位晋升、培训需求、绩效提成发放、岗位级别和岗位工资调整等方面，具体应用如表10.3所示。

表10.3　考核结果应用表

评估等级	考核得分	所需培训强度	职位晋升	岗位级别
卓越	95～100分	无	推荐	资深客服
优秀	85～94分	一般	储备	二级客服
良好	75～84分	较强	——	一级客服
一般	65～74分	很强		初级客服
不及格	65分以下	很强		见习客服

第11条　个人销售绩效提成计算方法

个人销售绩效提成计算方法如表10.4所示。

表10.4　个人销售绩效提成计算方法

销售额	绩效提成
15 000元以下	1.5%
15 000～20 000元	超出15 000元部分×2%+150元
20 001～25 000元	超出20 000元部分×2.5%+250元
25 000元以上	3%

第12条　公共销售绩效提成计算方法

公共销售绩效提成=公共销售业绩总额×0.5%÷客服人数

第13条　最终工资计算方法

当月工资=岗位工资+个人绩效提成+公共绩效提成+工龄工资

第14条　连续3个月考核排名第一的，将给予一次性500元的奖励；连续3个月考核不及格的，予以岗位淘汰。

第5章　附则

第15条　本制度由公司人力资源部制定，报总经理审批后实施，修改时亦同。

第16条　本制度自××××年××月××日起执行。

2. 客服数据监控的重要意义和主要内容

作为客服主管，要对客服工作进行监督管理。和人为的点评不一样，数据更具说服力，也能更直观地体现问题所在。所以，客服主管可定期监控客服人员数据，查看客服人员的工作情况。

1) 客服数据监控的重要意义

电商企业可以通过员工日常工作数据来了解一个店铺的运营和管理情况。监控客服数据可从客服服务和营销计划两方面入手。

(1) 客服服务。良好的客服服务，能给客户留下好印象，从而加强客户对店铺的信任感。客服服务的监控数据包括客户接待数据、客服销售数据及客单价等。如果客服主管发现以上数据中存在不足，应给予建议进行调整修改，以便在提升客服服务能力的同时，为店铺带来更多收益。

(2) 营销计划。客服是直接与客户联系的工作人员，直接影响客户的下单意向。通过监测客服数据，可以帮助企业及时调整营销计划。如客服发现某款商品咨询量很多，但在询问商品特性后，只有少量客户下单，此时客服主管可与营销人员沟通，查看并分析商品特性是否不能满足客户需求，从而进行改进。

2) 客服数据监控的主要内容

客服数据监控的内容很多，如咨询量、销售量、客单价、咨询转化率、退款率等，如图10.6所示。

图10.6 客服数据监控内容

(1) 咨询量。咨询量主要受店铺、商品运营推广效果的影响，如某款商品正在参加聚划算活动，则相应的咨询量肯定有所提升。

(2) 销售量。销售量主要和客服的知识储备相关，客服人员如果熟悉店铺中每款商品的性质、用途等相关知识，并能及时、准确地传达给客户，更易提高销售量。

(3) 客单价。客服只有掌握一定的销售技巧，做好关联销售，才能有效提升客单价，为自己和店铺带来更多收益。

(4) 咨询转化率。影响咨询转化率的因素主要包括客服是否熟悉商品专业知识、是否熟悉店铺促销信息、是否掌握销售技巧和是否有良好的服务态度。

(5) 退款率。店铺中的退款率包括静默退款率和通过与客服交流后产生退款的退款率。对于客服而言，无法控制静默退款率，但可以劝说部分客户放弃退款。如果客服能降低退款率，则说明该客服工作能力较强。

【考核方案】

以3～5人形成一个学习小组，小组成员明确分工，落实具体工作。整个学习过程既有独立的思考，又有团队协作、共同实践的任务。成果考核由成员自评、小组内评价和教师评价构成。小组内成员对本组编写的客服绩效考核方案进行自评、完善；小组之间对客服绩效考核方案的可操作性、规范性开展互评，并写出评价意见；指导教师对各组的实操演练过程和成果进行评价，各组成员继续完善相关环节。

岗位任务主要考核点如下所述。
(1) 熟练掌握资料收集的方法和途径；
(2) 掌握电商企业客服岗位绩效考核的目的和重要性；
(3) 掌握电商企业客服部门绩效考核的监控方法和流程；
(4) 完成客服岗位绩效考核方案的编写。

【思考和作业】
(1) 电商企业客服岗位绩效考核对企业和对个人都有什么意义？
(2) 电商客服人员应该如何加强数据化管理？
(3) 电商客服人员绩效考核过程中，如何加强双向沟通？

任务10.2 绩效考核指标

【任务布置】
要对客服的工作进行考核，首先应量化客服的工作成效。只有基于量化数据的考核才相对客观，也更有说服力。请为匹克天猫官方旗舰店制定客服的关键绩效和日常绩效考核指标。

【实操内容和流程】
● 实操内容
(1) 调研和学习电商企业客服岗位的绩效考核指标；
(2) 学习和掌握电商企业客服岗位的各项绩效考核指标的含义；
(3) 掌握提升电商企业客服岗位的绩效考核指标的技巧。

● 实操流程
实操流程1：小组成员一起调研3～4家典型电商企业客服岗位的绩效考核指标，并学习和汇总客服岗位各个层级人员的关键绩效指标和日常绩效指标，填入表10.5中。

表10.5 客服岗位各个层级人员的绩效考核指标

岗位	考核指标		指标定义/计算公式
客服人员	关键绩效指标		

(续表)

岗位	考核指标		指标定义/计算公式
客服人员	一般绩效指标		
客服主管	关键绩效指标		
	一般绩效指标		
客服经理	关键绩效指标		
	一般绩效指标		

实操流程2：小组成员一起学习和掌握电商企业客服岗位的各项绩效考核指标的含义。通常客服主要绩效考核指标包括客服销售量、咨询转化率、客单价、客服平均响应时间、退款率等。

知识窗10.2.1　客服主要绩效考核指标释义

1. 客服销售量

客服销售量是指客服在一定工作时间内销售商品的金额。客服销售量既可以是整个客服团队的销售量，也可以是具体某个客服的销售量。统计客服销售量，有利于直观地考核客服的业绩，通过横向对比客服之间的销售额，可以找到业绩不佳的客服人员，帮助他/她分析自身不足，提高其业务水平。

2. 咨询转化率

有购买意向的客户到店询问客服以后，不一定会下单购物，有可能会因为各种原因不购买。客服接待的询单客户数量与下单购物的客户数量之比，就是咨询转化率，其计算公式为

咨询转化率=下单购物的客户数量/接待的询单客户数量×100%

3. 客单价

客单价是指每个订单的平均单价，其计算公式为

客单价=总销售额/总订单数

同样，客单价也分店铺客单价和客服客单价两种。通过上述计算公式可以看出，影响客单价的两个因素是销售额和订单数量(只计算有效订单)。要提高自己的客单价，客服就要在每一单里尽力说服客户多买商品，只有让每一笔订单的销售金额变得更多，才能让客单价变得更高，因此可以说客单价是衡量客服关联销售能力的一个指标。

4. 客服平均响应时间

客服平均响应时间是指客服在回复客户的过程中，从客户咨询到客服回应的每一次的时间差的均值。客服平均响应时间越短越好，一般中小型网店的平均响应时间为20～30秒。

5. 退款率

开网店有两件事情是避免不了：一是差评；二是退款。任何店铺都会产生退款。那么，统计退款率，找到问题所在进行纠正，就很有必要了。退款率是指退款商品的数量与销售商品数量之间的比值，其计算公式为

退款率=退款商品数量/销售商品数量×100%

退款率也可以用退款商品的金额除以销售商品的金额来计算，其计算公式为

退款率=退款商品金额总数/销售商品金额总数×100%

实操流程3：组内成员一起从获取的各项绩效考核统计数据中，进行实际值和目标值的比较、客服之间的横向比较，找出问题，并深入讨论采取哪些方法来提升客服岗位的各项绩效考核指标，进而掌握提升电商企业客服岗位的绩效考核指标的技巧。

知识窗10.2.2　客服岗位几个关键绩效考核指标分析

1. 咨询转化率

客户进店咨询时，说明他/她已经产生了购买意向。无论客户有没有确定的购买目标，客服都应该有技巧地引导客户，尽量促成交易。一般来说，一名成熟的客服可将60%以上的咨询客户转化为购买客户。客服人员的咨询转化率越高，说明他/她的工作能力越强。

影响咨询转化率的因素如图10.7所示。

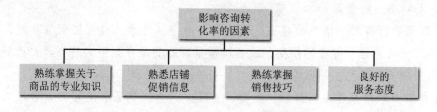

图10.7　影响咨询转化率的因素

(1) 客服必须熟练掌握关于商品的专业知识，这是基本要求。如果客服能够快速清晰地回答客户的问题，就能够在客户心中建立起可以信任的感觉，从而增加客户下单的可能性。万一被问到了不熟悉的问题，客服要马上和同事沟通，得到该问题的答案，再

反馈给客户,而不要用"这个其实不重要"或"说明书里讲得也不是很清楚"等话语来搪塞客户。

(2) 客服要熟悉店铺促销信息。当客户犹豫是否购买商品时,客服要看准机会,抛出店铺促销信息,促使客户下定决心购买。

(3) 客服熟练掌握销售技巧,能够迅速判断出客户的需要、客户的类型,有针对性地引导客户下单。

(4) 客服要有良好的服务态度,让客户感到自己受到了认真、热情的对待,从而对客服、对店铺产生好感,这样客户下单购物的可能性也就增加了。

咨询转化率是一个比较考验客服综合能力的指标,如果一名客服人员的咨询转化率比较稳定,而且保持在较高水平,说明该客服人员的工作能力是比较值得信赖的。

2. 客单价

咨询转化率主要用于衡量客服的销售能力,而客单价主要用于衡量客服关联销售能力。需要说明的是,客单价只有在客服之间的销售量和销售金额相差不太大的情况下,才有指导作用,否则它将失去意义。比如某店铺有一位客服,月销量仅为80,客单价为75元,其他客服的月销量为200左右,客单价为50元左右。虽然这位客服的客单价比其他客服都高,但其实他的销量和销售金额都不高,还有很大的提升空间,所以研究客单价的前提条件是客服之间的销售量和销售金额相差不太大。

那么,有哪些方法可以提高每一单的销售金额呢?一般来说有以下几个方面,如图10.8所示。

图10.8　提高客单价的方法

(1) 店铺设置搭配套餐。很多店铺在商品详情页下面都设有搭配推荐,比如西装搭配领带、长裤搭配皮带等。

(2) 客服自行为客户推荐的搭配。当店铺没有为一件商品设置搭配推荐时,往往需要客服自行为客户推荐相应的搭配,或者店铺推荐的商品搭配不太符合客户的需要,客服就要灵活地调整搭配,并推荐给客户。

(3) 客服为客户推荐系列商品。比如,当客户只询问购买护肤霜时,客服可以向客户推荐同一系列的护手霜、眼霜等护肤产品。这是因为当客户询问某款产品时,其实对于该款产品的品牌是比较认可的,向他/她推荐同品牌的系列产品,成功率较高。

(4) 主动向客户提示促销活动。当客户没有留意到店铺正在搞活动时,客服可以主动向客户提示参加活动,购买更实惠。通过这样的方式,让客户一次性购买更多的商品。

总之，客服要善于寻找"借口"让客户尽可能多地购买商品。比如一位客户咨询一件外套的相关信息时，那么客服可以在回答问题的同时，向客户推荐外套的搭配方法，如裤子、毛衣、T恤、项链、围巾等，通过不令人反感的话术，让客户多买商品，从而提高自己的客单价。

3. 客服平均响应时间

影响客服平均响应时间的因素有以下几个。

(1) 店铺接待压力。店铺接待压力是指在某一个时间段内客服人员同时接待客户的人数。接待客户人数越多，客服人员的接待压力也就越大，客服人员接待压力的大小将直接影响客服平均响应时间。店铺客服主管要根据店铺实时客户流量状况及客服接待能力，及时调整客服接待量及替补工作，确保客服工作有序、顺畅、高效开展。

(2) 客服人员对商品的熟悉程度。客户向客服人员咨询的问题，主要与所要购买的商品有关，客服人员对所销售的商品必须熟悉。当客户向客服人员咨询有关商品质量、功能、材质、颜色、尺寸等问题时，客服人员必须以最快的速度做出回应，这样才能保证较高的客服平均响应时间。

(3) 客服人员的打字速度。打字速度对客服平均响应时间的影响也很大，一般情况下，打字速度越快的客服人员平均响应时间越短。客服管理人员需要定期对客服人员的打字速度进行培训，鼓励和帮助他们提高打字速度。

(4) 客服人员的首次响应时间。客服人员的首次响应时间是指客户联系客服人员进行咨询时，从客户发送消息进行咨询到客服人员回应第一句的时间差。客服人员首次响应时间越短，留住客户的机会也就越大，正常情况一般在20秒左右。想要提高首次响应时间，除了客服人员自身反应速度要快以外，客服人员还可以设置快捷短语来快速回复客户的咨询。

4. 退款率

常见的退款原因包括两类：卖家可控原因和卖家不可控原因，具体如图10.9所示。

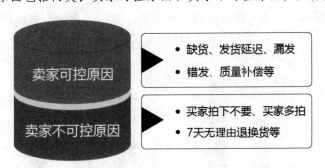

图10.9　常见商品退款原因

当客户出现退款意愿时，客服一定要想办法进行补救，尽可能地降低退款率。针对不同的退款原因，具体分析，找到根源，对症下药。

【延伸阅读】

1. 客服绩效考核指标的横向比较

1) 客服销售量

(1) 客服销售量与总销量进行对比。一个店铺的商品总销量通常是由两部分组成：一部分是静默销售量，另一部分是客服销售量。静默销售量，也就是客户不通过询问客服人员，直接下单购买的商品数量。很多资深的网购客户通过商品详情页面的介绍，就获得了足够的商品信息，从而不询问客服人员就自助下单购买。也就是说，静默销售量与客服人员是无关的。

相对而言，客户通过咨询客服或经客服推荐等方式购买的商品数量，称为客服销售量。

经统计发现，客服销售量与静默销售量的比例一般为3∶2，即客户销售量占店铺总销量的60%左右是正常的水平。此占比和店铺规模有一定的关系，一般来说，店铺规模越小，客服销售量占比越高；店铺规模越大，客户销售量占比越小，但一般都会在60%左右。这是因为店铺越大，其商品详情页面就做得越专业，提供信息就越详细，视觉效果也就越好，评价起的正面作用也越多，在各种因素的共同作用下，很多客户就倾向于直接购买，而不询问客服。

如果客服销售量占比较低，如只有50%，说明客服团队的工作效率还有待提高；如果客户销售量占比较高，如80%，则说明商品详情页问题较多，有待进一步优化。

(2) 横向对比客服之间的销售量。衡量客服之间的工作效率与工作态度，一般是通过横向对比客服的销售量和销售金额等指标来进行。需要注意的是，销售量最高的客服，其销售金额不一定最高；销售金额最高的客服，其销售量不一定最高。这其实是很好理解的，有的客服善于向客户推荐高价值的商品，所以该客户的销售量可能不是最多的，但销售金额会比较高。图10.10为某网店5位客服一个月的销售量统计柱状图。从图10.10中可以看出，客服平均销售量为3716件，客服小婷和小冉月销售量低于平均值；而客服小新、小薇和小琪的月销售量高于平均值，其中，客服小新是该月销量冠军。

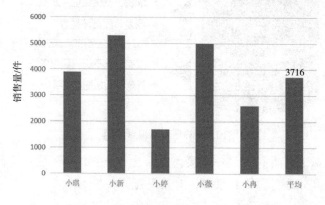

图10.10 某网店5位客服的月销售量统计

通过客服之间销售量的横向对比,可以更加准确地判断出哪些客服的工作效率高,哪些客服的工作效率存在提升的空间。除此之外,还可以通过对比结果,重新将客服分组,使各个组之间的工作效率大致相当,这样对店铺平稳分流客户是比较有帮助的。

客服之间销售量的对比是查看每一位客服工作情况的必要手段,对于检验客服的工作状态具有积极的效果。

2) 咨询转化率

从咨询转化率的计算公式中可以看出,在询单客户人数不变的前提下,付款客户人数越多,咨询转化率越高。但我们也要意识到,咨询转化率是一个比值,体现不了询单客户与付款客户的具体数量,如果仅以咨询转化率来衡量客服的工作能力,可能会比较偏颇。举一个简单的例子:客服A一周接待询单客户1000人,其中付款客户有800人;而客服B一周接待询单客户800人,其中付款客户有640人。两者的咨询转化率都为80%,但两人的工作量是不一样的,销售业绩也不同,客服A为店铺带来的利润明显高于客服B,如果出现这样的情况,客服主管就要考虑为什么客服B接待的客户数量要少于客服A。这可能有两个原因。

(1) 店铺的客服分流设置不合理。当客户点击店铺中的"和我联系"图标时,该客户会被按照一定的规则分流给客服子账号。这个规则比较复杂,简单来说平台按照"是否发送给主账号→是否有联系过的客服账号→是否有空闲的客服账号"的顺序来进行判断。此外,客服主管设置的总分流、组分流规则也会影响客户的分配。当客服之间分配的客户数量相差太大时,首先就要检测店铺的分流设置是否合理。

(2) 客服B接待客户的时间过长。当一名客服过于细心,过于耐心,或者没有足够的技巧来终止客户的喋喋不休时,他/她接待一位客户所用的时间就会比较多,在同样的时间内,该客服接待的客户数量就会比其他客服少。当出现这样的情况时,该客服需要有针对性地训练自己的聊天技巧。

所以,在考核客服的咨询转化率时,也要将他们的询单人数进行比较,这样才能比较全面地查看本质,发现问题。

3) 客单价

(1) 店铺客单价和客服客单价的对比。店铺客单价等于店铺在一段时间内的总销售额除以总订单数。其中,部分订单是静默订单,没有通过客服的服务,这就决定了店铺的客单价要比客服的客单价低,如果通过客服人员的服务所带来的收益还不如静默订单高,那么说明客服在销售上并没有起到什么作用。正常情况下,客服客单价会高出店铺客单价的15%~30%,比如,店铺客单价是30元,客服的客单价至少要达到34.5元,才算是基本合格。表10.6为某网店三位客服的客单价与店铺客单价的对比。

表10.6 客服客单价与店铺客单价对比

客服	4月销售额/元	有效订单数/个	客单价/元
晓天	12 402	325	38.16
晓星	11 095	331	33.52
晓月	11 282	307	36.75
店铺	47 616	1536	31

可以看到，客服晓星的客单价只比店铺客单价高8.13%，这说明客服晓星的关联销售技能还有很大的上升空间，需要客服主管对其进行专门的培训。

(2) 客服之间客单价的横向对比。通过横向对比客服之间各客单价，可以直观地反映出客服的销售工作水平，客单价高的客服相对来说就更善于关联销售。

表10.7为某网店三名客服下半年的客单价对比。从表10.7可以看出，客服小赵在11月份、12月份的客单价较高，超过了客服小王。但客服小王下半年6个月的客单价比较平均，表现很稳定。这说明客服小赵逐渐在成长，销售技巧在不断提高；而客服小王客单价波动不大，稳定性强，是店铺客服的中坚力量；客服小孙客单价波动较大，工作状态不稳定，还有待进一步加强学习。

表10.7 客服客单价对比

单位：元

客服	7月	8月	9月	10月	11月	12月
小赵	115	118	123	120	145	155
小王	128	125	130	131	140	142
小孙	140	124	125	119	138	136

其实客单价稳定且一直处于中上水平的客服是很难得的，这说明该客服对工作非常熟悉，对销售技能掌握得非常熟练，进入了一种稳定工作的状态，这样的客服可以多加培养逐渐成为客服主管，也可以在交流会上向大家传授销售经验。

4) 退款率

(1) 横向比较客服之间的退款率。客服退款率是指某位客服退款商品数与该客服销售商品数量的比值。店铺退款分两种情况：一种是静默退款；另一种是通过客服交流后产生的退款。其中，通过客服交流后产生的退款就会产生客服退款率。当然，也有静默退款率和店铺总退款率等数据。

通过横向对比客服的退款率，可以找出退款交涉技巧欠佳的客服，进行重点培训，以降低整个客服团队的退款率。当客户联系客服要求退款时，客服要尽量说服客户不要退款，改用其他方式来处理，如更换商品、适度补偿、送赠品等，对于比较愤怒的客户，客服要尽量安抚对方的情绪，在对方比较平静后，再提出退款以外的解决方法。

表10.8为某网店客服退款率统计，其中，客服张兰的个人退款率低于整个客服团队的退款率，说明客服张兰的退款拒绝技巧是相当高明的。

表10.8　客服退款率统计

客服	6月销售商品数量/个	6月退款商品数量/个	6月退款率
张兰	245	6	2.45%
赵红	253	12	4.74%
王薇	239	13	5.44%
李嘉	240	11	4.58%
客服团队	987	42	4.26%

处理客户退款是一项很具有挑战性的工作，申请退货退款的客户对店铺或商品已经感到相当不满了，客服一定要尽自己最大的努力安抚好客户，说服客户不要退货退款，努力减少店铺的退款率。

(2) 从客服退款率和店铺总退款率中找问题。店铺总退款中包含了静默退款和客服退款，从实践中来看，客服退款量一般占店铺总退款量的1/5左右，即20%左右，属于正常的情况。如果与此比例偏差过大，店铺与客服存在一些问题。表10.9为某网店7月份店铺整体退款量和客服退款量的统计数据。

表10.9　店铺退款量和客服退款量统计

单位：个

店铺总销售量	2033
店铺总退款量	468
客服销售量	1179
客服退款量	43

从表10.9中，我们能发现该店铺存在以下问题。

① 店铺的总退款率达到了23%(468/2033)，也就是说每五件商品里面就有一件退货，这是一个不容乐观的退款率。

② 客服退款量与店铺总退款量的比值约为9% (43/468)，低于正常情况下的20%，这说明店铺的静默退款量比较高，很多客户不询问客服，直接就申请退款了，同时表明店铺的商品质量存在较严重的问题，客户不满意的比例较高。店铺后期应该大力调研客户对商品不满意的原因，进行改进。

③ 客服退款率约为 4%(43/1179)，远低于店铺总退款率 23%，这说明客服的工作是卓有成效的，因为经过客服的工作，很多本来想退款的客户都改变了主意。

正常情况下，客服退款率总是小于店铺总退款率的，如果不是这样，说明客服劝说客户不退货的工作没有做到位，需要寻找原因，有针对性地进行二次培训，以期改善这个现象。

2. 影响客服销售额的因素

1) 客服服务态度差

当客户对产品已经做了非常多的了解，而且购买意向十分强烈，只是对价格或者邮费有疑惑，希望客服人员给予一定的优惠时，如果客服人员非常生硬地告诉客户产品不能打折，邮费无法优惠，而且语气不够委婉和礼貌，客户的购物体验就会下降，最终导致客户流失。

2) 客服盲目替客户做主

客服在无法确定客户的实际需求情况下，如果以自己的眼光帮助客户选择产品的大小、颜色等，那么售后的责任将不好明确。客服可以通过另外的方法来促进客户下订单，告知促销活动即将结束等侧面信息，让客户知道目前的商品价格非常实惠，如果不快下手可能会需要付出更多的代价才能得到同样的产品。客服人员传递的信息不仅要准确，还要考虑到商品的售前售后问题，避免不必要的争端。

3) 客服响应时间过长

如果一个客服能同时响应多个顾客的提问，那么说明这个客服对业务很熟悉，打字速度也快。根据调查表明，如果客服人员不能在60秒内对顾客提问做出回应，顾客满意度就会下降90%，离开率就会超过70%。因此，客服管理人员必须对售前客服做出硬性要求，要求他们在20秒内(此数据可根据具体情况而定)必须对顾客的咨询做出回应，不能出现不回应顾客的情况。

【考核方案】

以3～5人形成一个学习小组，小组成员明确分工，落实具体工作。整个学习过程既有独立的思考，又有团队协作、共同实践的任务。成果考核由成员自评、小组内评价和教师评价构成。小组内成员对本组编写的客服岗位绩效考核指标提升对策方案进行自评、完善；小组之间对客服岗位绩效考核指标提升对策方案的可操作性、完整性开展互评，并写出评价意见；指导教师对各组的实操演练过程和成果进行评价，各组成员继续完善相关环节。

岗位任务主要考核点如下所述。

(1) 熟练掌握资料收集的方法和途径；
(2) 理解电商企业客服岗位的各项绩效考核指标构成；
(3) 掌握电商企业客服岗位的各项绩效考核指标的含义及提升技巧；
(4) 完成客服岗位绩效考核指标提升对策方案。

【思考和作业】

(1) 作为电商客服人员，如何提高客单价？
(2) 客服平均响应时间越短越好，在大促活动时如何应对？
(3) 电商客服人员应如何有效降低退款率？

参考文献

[1] 猫课. 客服无忧：金牌电商客服实战[M]. 北京：清华大学出版社，2021.

[2] 张烜搏. 电商客服快速成交实战手册：高满意度+高好评率+高转化率+高客单价[M]. 北京：人民邮电出版社，2021.

[3] 崔恒华，孙效宸. 电商多平台客服实战：淘宝、京东、拼多多[M]. 北京：电子工业出版社，2021.

[4] 大麦电商学院. 淘宝网店金牌客服全能一本通[M]. 北京：人民邮电出版社，2018.

[5] 左文明. 电子商务服务设计与管理[M]. 北京：科学出版社，2017.

[6] 老A电商学院. 淘宝网店金牌客服实战[M]. 北京：人民邮电出版社，2015.

[7] 崔恒华. 电商客服实操[M]. 北京：电子工业出版社，2018.

[8] 门怡. HL公司社会化网络招聘对策研究[D]. 天津：天津科技大学，2020.

[9] 郭婉冬. 评估招聘渠道的有效性[J]. 人力资源，2022.(13).

[10] 樊金琪，吴莎莎. 跨境电子商务客服与沟通[M]. 北京：电子工业出版社，2021.

[11] 李悦. 跨境电子商务[M]. 上海：同济大学出版社，2021.

[12] 陈秀梅，冯克江. 跨境电商客户服务[M]. 北京：人民邮电出版社，2020.

[13] 徐娜. 跨境电商客户服务与管理[M]. 北京：北京理工大学出版社，2019.

[14] 速卖通大学. 跨境电商客服[M]. 北京：电子工业出版社，2017.

[15] 徐骏骅，陈郁，宋文正. 直播营销与运营[M]. 北京：人民邮电出版社，2021.

[16] 张云青，隋东旭. 直播电商全能一本通[M]. 北京：电子工业出版社，2021.

[17] 余以胜，林喜德，邓顺国. 直播电商理论、案例与实训[M]. 北京：人民邮电出版社，2021.

[18] 周莉，邓凤仪，徐小斌，等. 直播电商实务[M]. 成都：西南财经大学出版社，2021.

[19] 安贺新. 客户关系管理实务[M]. 北京：国家开放大学出版社，2021.

[20] 伍京华. 客户关系管理[M]. 北京：高等教育出版社，2021.

[21] 陈政峰. 新媒体运营实战指南[M]. 北京：人民邮电出版社，2019.

[22] 任昱衡. 微信公众号运营全攻略[M]. 北京：电子工业出版社，2017.

[23] 杨志远. 微淘数据化运营：淘宝天猫店内容运营与网店[M]. 北京：电子工业出版社，2020.

[24] 蒲昱辰. 微营销实战全攻略[M]. 北京：经济管理出版社，2018.

[25] 梅琪，王刚，黄旭强. 新媒体内容营销实务[M]. 北京：清华大学出版社，2021.